I

인플루언서는
가까이에 있다

브랜드
스토리의
예찬자를
찾아라

Kelly
Keenan

캘리 키넌 지음

최소영 옮김

Everyone is an
Influencer

이콘

추천사

사람들은 획기적인 아이디어를 끊임없이 모색하는 일이 사업체를 운영하는 사람의 고충이 아닐까 짐작하겠지만, 정말로 힘든 점은 그런 아이디어에 생명력을 불어넣어 직원과 파트너, 고객으로 하여금 그 아이디어를 수긍할 뿐 아니라 예찬하도록 만드는 일이다. 켈리 키넌은 이 군더더기 없고 실용적이며 영감 가득한 책에서 자신이 고객사를 상대로 직접 검증한 브랜딩 기법을 선보이며 '진정한' 인플루언서라는 수식어가 결코 모순된 표현이 아님을 증명한다.

_『Body of Work』와 『The Widest Net』을 저술한
베스트셀러 작가이자 도서상 수상자, **패멀라 슬림**PAMELA SLIM

한 마디로, 켈리 키넌은 브랜드 스토리를 올바른 방식으로 진실되게 구축해야 하는 이유를 누구보다 잘 알고 있다. 그가 고안한 체계와 구

조는 규모와 분야를 불문하고 어느 비즈니스에나 적용할 수 있다. 브랜드 스토리를 필요한 곳에 알릴 마음의 준비가 된 사람들에게 이 책을 적극 추천한다.

_ 링크드인 탑보이스 기업가정신 부문 1위에 선정된 바 있는
디지털 세일즈/마케팅 분야의 국제적인 기조연설가이자
『They Ask, You Answer』의 저자, **마커스 셰리던**MARCUS SHERIDAN

영향력은 자연스레 발생하는 결과지 억지로 일으키는 것이 아니다. 키넌은 이 책을 통해 영향력을 바라보는 관점을 거래관계에 의한 소셜미디어 활동에서 비즈니스를 조망하는 보다 폭넓은 사고방식으로 일거에 전환시킨다. 영향력에 대한 그릇된 관념을 바로잡고자 몸소 인플루언서 마케팅에 대한 책을 쓴 사람으로서 나는 이런 유의 책들에 지극히 냉소적인 편이다. 그러나 이 책은 다르다. 키넌은 인플루언서들과의 연대가 얼마나 중요한지 잘 알고 있다. 이러한 연대는 단지 더 많은 조회수와 '좋아요'를 얻기 위함이 아니라 브랜드 가치와 일체감을 제고하고 공동의 목표를 추구하기 위함이다. 이러한 이해를 바탕으로 키넌은 오래도록 지속될 문화와 관계를 형성하고 성공적인 매출을 달성할 로드맵을 제공하고 있다.

_ 『The Influencer Code』를 저술한 강연자이자 마케팅 전략가,
어맨다 러셀AMANDA RUSSELL

소속된 조직이나 업계, 인간관계에서 변화를 주도하고 영향력을 끼

칠 수 있다면 어떨까? 이제 당신도 그럴 수 있다! 지난 20년간 브랜드와 문화 부문에서 세계 최고의 전문가로 손꼽혀온 켈리 키넌은 이 선구적인 저서에서 스스로 입증한 프로세스를 공유한다. 이 책은 생각을 자극하는 데 그치지 않고 실질적인 변화를 불러일으킨다. 책을 읽으면서 변화되는 당신의 모습을 확인하라.

_ TEDx 강연자, 올림픽 코치, 프로테니스 올해의 선수이자 베스트셀러

『Game. Set. Life. Peak Performance for Sports and Life』의 저자,

에드 쳉ED TSENG

영향력은 리더십과 일맥상통한다. 인플루언서는 리더이기도 하다. 이 책은 기업인과 그 조직이 진정한 변화를 일구고 영향력을 미칠 수 있는 문화와 경로를 창출할 수 있도록 전략적 로드맵을 제시한다. 자신을 변화시킬 계획을 세우면서 책을 읽어나가라. 책 속의 진리를 하나하나 적용해나가는 동안 조금씩 나아지는 자신을 발견하게 될 것이다.

_ 『Leadership isn't for Cowards』를 저술한 강연자이자 2018년 「트레이닝」지 선정

'최우수 연수 프로그램'의 설계자, **마이크 스테이버**MIKE STAVER

2009년부터 브랜드 스토리 구축 프로세스의 실행과 개선에 힘써온

우리 브랜드스토리엑스퍼츠 임직원들에게 이 책을 바칩니다.

저와 이 여정을 함께해주셔서 감사합니다. 여러분의 지원과 열정 덕분에

힘이 나고 우리가 하는 일에서 큰 보람을 느낍니다.

일러두기

1. 원서에서 이탤릭체로 강조한 부분은 굵게 표시했다.
2. 본문에서 인용한 책은 『』, 신문, 잡지는 「」, 방송, 영화는 〈 〉로 표시했다.

브랜드 스토리와
인플루언서

INTRODUCTION

브랜드 스토리 개발은 내 평생의 과업이다. 기업이 보유한 스토리로 최상의 결과를 이끌어낼 수 있다는 단순한 개념을 나는 사회 초년생 시절부터 진지하게 받아들였다. 이런 개념에 매료되면서 내가 고객사에 제공하는 서비스의 내용도 달라졌다. 한 조직이 문화를 굳건히 다지고 모두에게 보다 나은 경험을 선사할 스토리를 자랑스럽게 밝히도록 돕는 것보다 뜻깊은 일이 또 있을까. 이런 생각에서 나는 2009년에 10년간 운영해오던 광고대행사를 접고, 종합적인 서비스를 제공하는 마케팅 대행사인 브랜드스토리엑스퍼츠Brand Story Experts: BSE를 새로 설립해 본격적으로 스토리텔링과 스토리 개선 및 예찬 그리고 그러한 스토리를 활용해 각계각층의 인플루언서들을 참여시키는 작업에 착수했다.

운이 좋게도 나는 방문수리업, 건축업, 기술업 등을 망라하는 다양한 업종의 기업들 수백 곳은 물론이고, 심지어 피츠버그 파이리츠Pittsburgh Pirates 야구팀과도 제휴를 맺어 그들 조직 안팎의 인플루언서들에게 감동을 줄 스토리를 발굴할 기회를 가졌다. 앞으로 이 책에서 핵심적인 주제로 다루게 되겠지만, 브랜드의 경험과 문화는 마음이 맞는 사람들과 같은 경험을 함께할 때 더욱 윤택해진다. 요즘 나는 우리 브랜드스토리엑스퍼츠 직원들과 브랜드 스토리를 발굴, 개발, 공유하기 위한 프로세스를 지속적으로 개선해나가고 있으며, 그 프로세스를 여러분에게 기꺼이 소개하고자 한다.

이 책에서 다룰 소주제들은 다음과 같다.

- 브랜드 스토리를 예찬할 기회
- 문화개발 마케팅 프로세스
- 브랜드란 무엇인가(그리고 브랜드가 아닌 것은 무엇인가)
- 인플루언서란 어떤 사람인가(그리고 인플루언서가 아닌 사람은 누구인가)
- 활력과 공감이 넘치고 성과가 증진되는 스토리 기반의 문화 조성하기
- 누구나 인플루언서가 될 수 있다는 인식이 오늘날의 비즈니스에서 무엇보다 중요한 이유

위의 항목들을 보고도 아직 이 책이 당신에게 쓸모가 있을지 의문이 든다면, 회사에 더 큰 행복과 안정, 성공을 가져다줄 방법을 배우는 데 스스로 관심이 있는지 자문해보기를 바란다. 그 답이 "예스"라면 이 책은 당신을 위한 책이 맞다.

아니, 그 정도로는 부족하다.

이 책의 제목으로 미루어 어쩌면 당신은 **"인플루언서**만 많이 확보하

면 만사형통이겠구나” 하는 성급한 판단을 내렸을지도 모른다. 하지만 인플루언서는 해결방안이 아니라 브랜드가 들인 노력을 널리 알려줄 후방지원군일 뿐이다. 우리의 목표는 공동의 비전과 가치를 예찬하는 문화를 확립해 신뢰관계를 구축하는 데 있다. 이렇게만 하면 뒷일은 저절로 해결된다.

이 책에서 나는 어째서 참된 영향력이 브랜드와 사람들 간의 상호교류와 개입, 참여를 통해서 얻어지는지 설명할 것이다. 이 획기적인 관점을 개인 생활과 직업 생활에서 활용하면 훨씬 유능한 팀장이나 팀원, 부모나 코치가 될 수 있다.

브랜드 스토리와 **인플루언서**라는 말을 워낙 귀가 따갑게 들은 탓에 아직도 활용되지 않은 신선한 스토리 개발 프로세스가 있을지 상상이 잘 안 갈 수도 있다. 물론 내가 상표로 등록한 스토리 개발 프로세스도 이미 2009년에 고안된 것이기는 하지만, 그 주된 작용원리와 원칙은 지금도 여전히 획기적이다.

올인하는 모든 기업에 통하는 프로세스

우리 에이전시는 처음부터 브랜드 스토리 개발을 전문으로 해왔으며, 이러한 작업의 필요성은 지속적으로 증대되고 있다. 실제로 지난 2년간 우리 에이전시의 수익은 코로나바이러스의 확산으로 전 세계가 휘청거리던 와중에도 200퍼센트 이상 증가했으며 직원의 규모도 3배로 커졌다.

구체적으로 우리는 브랜드의 명료성을 확립하고, 리더들에게 힘을 실어주며, 기업을 예찬하는 스토리로 브랜드 경험을 충족시키는 일을 한다. 어느 브랜드에서든 그들에게 있는 가장 감동적인 면모를 부각시켜 최상의 결과를 이끌어낼 수 있다. 다만 이 프로세스를 작동시키기 위해서는 조직 전체가 이 과정에 동참해 혼신의 힘을 기울여야 한다. 우리 브랜드스토리엑스퍼츠는 기업을 바로 세우고 문화를 굳건히 다지며 자신들의 스토리를 예찬하고자 하는 브랜드들을 열과 성을 다해서 돕고 있다.

이 책에서 나는 우리 회사와 고객사들에게 성공의 발판을 마련해준 개념들을 설명하고, 어떻게 이러한 발상이 기업과 문화를 변화시키는지 설명할 것이다. 인플루언서와 영향력에 대한 탁월한 이해력을 지닌 기업들과 리더들의 면면도 소개해놓았다. 이 책을 읽으면 스토리 예찬이 지닌 특별한 힘과 그러한 예찬이 진정한 인플루언서들의 열정적인 활동을 통해 어떻게 증폭되는지 이해하게 될 것이다. 그리고 이들이 어째서 진정 중요한 사람들이며, 왜 중요하지 않은 이들을 고려 대상에서 제외해야 하는지도 배우게 될 것이다. 이 책은 브랜드의 명료성을 확보하고, 조직의 능력을 키우며, 브랜드를 지속적인 성장과 성공의 가도에 올려놓도록 도와줄 것이다.

스토리 공유방식의 변화

CHAPTER ONE

1973년 세간은 명예의 전당 헌액자인 미식축구 쿼터백 조 내머스^{Joe} Namath와 그의 다리 이야기로 떠들썩했다. 하인즈^{Heinz} 광고에 그가 팬티 스타킹을 입고 출연했기 때문이다. 내머스가 당대 스포츠계의 거물이 었던 만큼 이 광고가 끼친 영향력은(그리고 논란은) 그야말로 대단했다. 그는 요즘 우리가 흔히 말하는 '인플루언서'였다.

이 반세기 전 광고는 브랜드와 인플루언서의 연합이 새삼스러운 일 이 아님을 보여준다. 그러나 그사이 **인플루언서**의 정의는 특정 브랜드 를 홍보하는 운동선수나 유명인의 범위를 훨씬 넘어서는 개념으로 진 화했다. 이제 인플루언서를 활용하는 일은 비즈니스의 모든 영역에 영 향을 미치고 전 부문이 관여하는 하나의 기회로 성장했다.

오늘날 기업들은 인플루언서의 존재를 인정하고 이해하며 추종할 필요가 있다. 이런 인물들의 필요성이 대두된 주된 원인은 근로자들의 사고방식이 변화한 데 있다. 요즘은 더이상 이사회실에서 열리는 경영진의 회의에서 사업 아이디어가 탄생하거나 혁신이 일어나지 않는다. 직원들이 곳곳에서 활약을 펼치고 있으며, 브랜드 외부에 있는 지지자들도 기업의 이미지와 성과에 지대한 영향을 미치고 있다.

팀에는 내가 없지만, 인플루언서에는 내가 있다.

자발적으로 인플루언서가 될 기회와 브랜드 스토리에 영향을 미치고 변화를 일으킬 기회는 누구에게나 열려 있다. 이런 변혁의 물결 속에서 브랜드 스토리 전략을 세우는 일은 각급 리더들의 의무가 되었다. 대표이사부터 마케팅 부서의 팀장, 신입사원에 이르기까지 변화를 꾀하는 사람이라면 누구나 이 책에서 해답을 찾을 수 있다.

그릇된 이해가 사업을 그르친다

대부분의 기업들이 이미 인플루언서를 활용할 방법을 모색하고 있다. 인플루언서와의 제휴로 엄청난 수요를 창출해 그야말로 대박을 터뜨리고 있는 기업들도 있고, 그 대열에 낄 기회를 호시탐탐 노리고 있는 기업들도 있다. 이제 인플루언서 마케팅은 당연한 선택지가 된 듯하다. 하지만 혹시라도 우리가 인플루언서 마케팅에 대해 오해하고 있는 부분은 없을까?

무턱대고 인플루언서 마케팅에 뛰어들기 전에 이 점을 유념하자. 우선 브랜드의 스토리가 올바르고, 대중들이 브랜드와 인플루언서 사이의 관계를 신뢰할 수 있어야 한다. 다시 말해, 유명인의 홍보가 거짓되지 않아야 한다. 오로지 진실되고 진정성 있는 관계만이 신뢰와 신용을 쌓고 브랜드에 긍정적인 영향을 미칠 수 있다.

타이거 우즈Tiger Woods와 샤킬 오닐Shaquille O'neal은 제너럴모터스General Motors의 올즈모빌Oldsmobile과 뷰익Buick 브랜드의 광고모델이었다. 그런데 과연 그들이 수백만 달러의 광고비를 받지 않고도 그 차를 선택했을 거라고 생각하는 사람이 있을까?

유명인과 브랜드가 결합되면 영향력이 발생한다. 그로 인해 믿음이 생길 수도 있고, 반대로 신뢰가 무너질 수도 있다. 21세기에는 감당해야 할 리스크의 수준이 상당히 높아졌다. 성공의 기회도 분명 존재하지만, 인연을 맺었던 인플루언서에게 불미스러운 일이 생기기라도 하면 사업이 존폐의 위기에 처할 수도 있다.

그렇기 때문에 브랜드는 누군가와 제휴를 할 때마다 리스크를 떠안게 된다. 깨끗하게만 보였던 유명인의 이미지가 하루아침에 실추될 수도 있고, 정직성을 의심받는 인물이 생길 수도 있다. 공적인 인물이 자행한 불쾌하고 모욕적인 언행으로 인해 기업이 후원을 철회해야 할 정도가 되면 브랜드에는 심대한 타격이 돌아온다.

소셜미디어에서는 인플루언서의 수가 급증하고 있지만 동시에 그들의 신뢰도는 급속도로 추락하고 있다. 유명인을 고용해 기업이나 상품에 대해 그럴듯하게 말하도록 시키기만 하면 돈이 굴러들어오던 시절은 지났다.

물론 인플루언서를 활용할 기회는 그 어느 때보다 풍부해졌다. 그러나 불행히도 브랜드가 미리 확인해야 할 사항들 역시 그 어느 때보다 많아졌다. 인플루언서 마케팅에 대해 잘 알지도 못하면서 무턱대고 덤

벼들었다가는 사업을 그르치게 될 우려가 있다. 그러나 제대로 이해하고 시작한다면 괜찮은 인플루언서를 한 명쯤 놓친다 해도 상관없다. 언제 어디서든 자유자재로 활용할 수 있는 도구가 생길 테니까.

리스크를 파악해 인플루언서와의 제휴가 현명한 선택이 되도록 하라.

유명인 광고만이 능사가 아니다

유명인이 보증한다고 해서 기업의 수익이 보장되지는 않는다. 유명인이 기업의 메시지를 대대적으로 알리고 청중의 수를 늘려줄 수는 있지만, 기업과 유명인의 관심사가 상충할 경우엔 양쪽 모두가 평판에 해를 입을 수 있다.

유명인 광고가 의도대로 되지 않을 경우,

- 기업이 서비스할 수 없는 엉뚱한 고객들이 밀려들 수 있다.
- 유명인의 보증에 신빙성이 떨어져 이후 판매가 저해될 수 있다.
- 제품이 기대에 못 미쳐 고객들이 실망하게 될 수 있다.

(브랜드의 실상에 초점을 두고) 스토리를 올바르게 공유하면 인플루언서와 제대로 된 관계를 맺는 데 도움이 된다. 또한 더 훌륭한 리더가 되고, 직업적으로 더 많은 성과를 거두며, 훨씬 더 의미 있는 일을 할 수도 있다. 이런 식으로 브랜드 스토리를 예찬하는 방법을 배우면 조직 안팎

에서 새로운 관계를 구축하고 강화해나갈 수 있다.

인플루언서에 대해 현실적인 시각을 갖자

남을 신뢰함으로써 그들에게서 통찰력을 얻고, 그들의 관점을 차용하며, 그들의 평가로부터 정보를 얻는 것은 예로부터 활용되어온 효과적인 전략이다. 인간에게는 언제나 이런 식으로 남들에게 영향력을 발휘하고 감동을 줄 능력이 있었다.

그러나 **인플루언서 마케팅**이라는 개념이 급부상하면서 이런 현상이 지난 10년과는 비교도 안 되게 크게 확산되었다. 소셜미디어라는 글로벌 플랫폼을 통해 사람들은 각자의 개성을 마음껏 뽐내고 생각과 의견을 널리 전할 수 있게 되었다. 또한 소셜채널의 등장 덕분에 요즘은 개인의 목소리가 멀리 퍼져나갈 수 있을 뿐만 아니라, 측정된 데이터를 기반으로 영향력의 크기를 규정할 기준도 마련되었다.

그 결과, **인플루언서**라는 용어는 이제 마케팅 분야에서 정량화할 수 있는 개념이 되었다. 현재 전문가들은 인스타그램 인플루언서들을 그들이 보유한 팔로워수에 따라 메가-인플루언서Mega-Influencer, 매크로-인플루언서Macro-Influencer, 미드티어-인플루언서Mid-Tier-Influencer, 마이크로-인플루언서Micro-Influencer, 나노-인플루언서Nano-Influencer로 구분하고 있다.

또는 전문성에 따라 유명인Celebrity, 라이프스타일 블로거Lifestyle Blogger, 여행 블로거Traveler, 뷰티 블로거Beauty Blogger, 제품리뷰 블로거Product Blogger, 패션 스타일리스트Fashion Stylist, 브이로거Vlogger, 포토그래

퍼Photographer, 오피니언 리더Thought Leader 등의 범주로 분류하기도 한다. **인플루언서**라는 용어는 지금까지 상상 가능한 거의 모든 방식으로 분석, 검토 및 정의되었다.

그럼 이것으로 정리가 끝난 걸까? 마침내 어떤 사람이 인플루언서인지, 그들이 하는 일이 무엇인지에 관한 최종적인 정의가 내려진 걸까?

어림도 없다.

브랜드 전문가들이 분명 애를 쓰고 있기는 하다. 이런 식의 규모 및 분야별 분류는 영향력을 통해 매출을 일으키고 관심을 유발하는 개개인의 능력치를 파악하도록 도와주는 유용한 도구다. 그러나 이것은 시작점에 불과하다.

브랜드와 제휴할 인플루언서의 실제 능력을 측정하기 위해서는 고려해야 할 변수들이 무수히 많다. 기대감에 부푼 브랜드들이 인플루언서의 영향력을 과대평가했다가 돈만 낭비하고 매출은 오르지 않아 실망만 하게 되는 경우가 흔하다. 게다가 그리 유명하지는 않지만 더 열정적인 인플루언서들의 위력은 너무나 자주 간과되곤 한다. 누구나 인플루언서가 될 수 있음을 깨달을 필요가 있다. 어떤 사람이 인플루언서인지 아닌지는 제휴를 요청하는 브랜드와 그 관계의 맥락에 따라 달라진다.

업계 인플루언서는 눈에 잘 띄지 않는다

'팻 클리어리Pat Cleary'라는 이름을 나이키Nike나 버드와이저Budweiser, 버라이즌Verizon의 주요 인플루언서 명단에서 찾기는 어려울 것이다. 그러나 클라이언트스페이스 유저 콘퍼런스ClientSpace User Conference에서만큼은 클리어리보다 더 귀한 대접을 받는 사람이 없다. 클리어리는 고용전문회사Professional Employer Organization: PEO 종사자들에게 대단히 중요한 기관인 미국PEO협회National Association of PEO: NAPEO의 회장이다. 내 고객사였던 넷와이즈테크놀로지도 그런 PEO 업체 중 하나였다.

넷와이즈테크놀로지NetWise Technology는 PEO 업계의 회사로는 규모가 작은 편이었지만, '클라이언트스페이스(PEO 업체 전용 고객관계관리 소프트웨어 – 옮긴이)'라는 굉장한 제품을 보유하고 있었다. 넷와이즈 직원들은 자사 제품의 품질과 거기서 나오는 솔루션을 신뢰했다. 다만 자신들의 스토리를 엮어서 예찬하는 데 도움의 손길이 필요할 뿐이었다. 그 일을 우리가 맡았다. 브랜드의 쇄신 이후 그들은 엄청난 성장과 기록적인 연매출을 달성했고, 그 성과가 얼마나 대단했던지 기업인수 제안을 받을 만큼 매력적인 기업이 되었다.

우리가 넷와이즈를 위해 새로 기획한 일 중 하나는 매년 클라이언트스페이스 유저 콘퍼런스를 여는 것이었다. 이 행사에서 넷와이즈는 자사 제품과 직원, 기업문화를 소개하고 업계 인플루언서들을 불러 그들에게도 자기 회사와 제품, 기업문화를 소개할 수 있는 기회를 제공했다. 이 기업들의 매출이 증가하면서 콘퍼런스 참가자수는 해마다 증가했다.

그럼에도 넷와이즈의 랜디 와들Randy Wadle 회장은 매년 더 인지도 높은 특별연사를 섭외하는 대신 "팻 클리어리 NAPEO 회장을 우선적으로 참석시키는 것이 그의 주된 목표"임을 분명히 했다. 와들 회장은 클리어리야말로 넷와이즈의 최대 인플루언서라고 확신했다. 자신들의 일에 정통하며 이 행사를 다른 누구보다 더 빛내줄 사람은 다름아닌 클리어리라는 것이 와들 회장의 판단이었다. 그들이 노는 물에서는 팻 클리어리가 누구보다 중요한 인플루언서였다.

중요한 것은 진정성이지,
팔로워수가 아니다.

    브랜드에 대한 인플루언서의 통합성은 그들의 영향력을 판단하는 데 필수적인 요소다. 그렇기 때문에 누군가를 어떤 경우에든 진정성 있는 인플루언서라고 단정짓기란 불가능하다. 가장 먼저 판단할 부분은 그 사람에게 브랜드와 통합되고 브랜드에 관여하려는 의지와 능력이 있는지 여부다. 브랜드 스토리에 애착을 가지고 있거나 그 스토리에 진실되고 공감가는 방식으로 참여할 수 있는 인플루언서만이 브랜드에 중요한 의미를 지닌다.

    이러한 애착은 그들이 보유한 청중의 규모, 즉 그들이 지닌 유명인으로서의 지위에서 나오는 것이 아니다. 누구든 인플루언서가 될 수 있으며, 마음이 맞는 다른 인플루언서들과 같은 스토리를 함께 예찬할 때 그들이 끼치는 영향력은 더욱 배가된다.

- 단 한 명의 영업사원이 자사의 우수한 서비스를 지속적으로 예찬한 덕분에 회사에 대한 평판이 꾸준히 상승해 엄청난 영향력을 일으킬 수 있다. 이들이야말로 막강한 인플루언서이며, 이들의 활동이 회사를 소생시키거나 탄탄하게 만드는 밑거름이 될 수 있다.
- 어느 건강식품 회사의 제품으로 톡톡히 효과를 본 한 고객이 달라진 자신의 삶을 자랑하고자 새로 SNS Social Network Service(사회관

계망서비스)에 가입해 올린 첫 동영상이 입소문을 타고 수백만 명에게 영향을 끼칠 수 있다. 언제 어디서 이런 시의적절한 스토리가 탄생해 인터넷상에서 홍보될지는 예측 불가능하다.

이 밖에도 무수히 다양한 사례들이 있을 수 있기 때문에 인플루언서의 영향력을 정확히 측정하거나 명확히 정의내리기는 힘들다. 인플루언서라는 용어, 주제 그리고 그 위력에 대해서는 아무리 궁리를 해봐도 단 한 가지로 규정하기가 쉽지 않다.

누구나 막강한 영향력의 주인공이 될 수 있다.

소셜미디어 활동은 전혀 하지 않지만 울림을 주는 말 한마디로 학생을 전공에 매진하도록 만드는 대학 교수가 메가-인플루언서일 수도 있다. 그 교수의 영향력이 학생에게 꿈을 좇을 용기를 주기 때문이다.

또 말수는 적지만 10년을 하루같이 한 시간씩 일찍 출근해 성실히 일하면서 언제든 기꺼이 남을 도와주려고 하는 팀원이 분위기를 주도하는 인플루언서일 수도 있다.

이런 내부자들은 주목을 끌거나, 팔로워를 추가하거나, 청중을 구축할 플랫폼을 가지고 있지 않음에도 보기 드문 영향력을 행사하며 주변 사람들을 더욱 분발하게 만든다.

세상은 요즘 영향력의 위력에 대한 이야기로 가득하다. 이러한 생각이 팽배한 만큼 피상적인 영향력을 얻는 데 골몰하다가 진정한 영향력이 가져다주는 이득을 놓치는 사람들이 많다. 진정한 영향력은 참여와 통합성의 산물이라는 사실을 망각하지 말자. 이것이 무엇보다 중요한 진리이며, 이런 특성을 지닌 사람들이 누구보다 중요하다.

누가 인플루언서인지 성급하게 판단하지 말라

많은 기업들이 인플루언서 마케팅을 만능 치트키(게임을 정상적인 속도보다 빨리 진행하기 위해 만들어진 비밀키 또는 속임수 – 옮긴이)쯤으로 여긴다. 그들은 유명인과의 제휴로 이들 인플루언서가 보유한 권위와 지식, SNS 팔로워들에 기대어 이득을 얻고자 한다. 이런 기업들은 자사의 브랜드 가치와 신념, 개성과 관심사에 일치하는 인플루언서를 영입하는 것이 얼마나 중요한지 이해하지 못한다. 진짜 영향력은 유명인이나 지역유지와 제휴를 맺어 단순히 그 추종자들에게 기업의 존재를 알리는 데서 창출되지 않는다. 브랜드와 인플루언서가 맺을 수 있는 최상의 관계는 서로 간의 통합성과 관심사의 일치, 공동의 가치 위에서 구축된다. 이러한 협업의 이유는 고객들을 깨우치고 교육할 능력을 확장하기 위함이다. 사람들을 파티에 동참하게 만드는 힘이 진짜 영향력이다.

많은 기업들이 이 점을 간과한다. 인플루언서 마케팅을 오로지 유명인과의 제휴로 브랜드 이미지와 호감도를 단박에 바꿀 수 있는 새롭고 효과 좋은 방식으로만 바라보기 때문이다. 그들은 영향력을 이용한 교육의 중요성을 인식하지 못한다. 인플루언서를 마케팅 도구로만 바라보는 기업들에게 영향력은 매출을 빠르게 일으킬 손쉬운 방법일 뿐이다. 그래서 그들은 자신들의 스토리를 공유할 수 있는 가장 좋은 방법을 배우지 않는다. 이 프로세스를 건너뛰는 바람에 그들은 인플루언서와의 관계를 활용해 자신들이 누구이며 왜 자신들을 믿어도 좋은지 사람들에게 교육할 기회를 놓치고 만다.

이런 제휴는 시간낭비다.

그나마 다행스러운 점은, 인플루언서가 될 수 있는 기회가 유명인과 소셜미디어 활동가를 넘어 훨씬 더 넓은 범위로 확대되어왔다는 점이다. **오늘날에는 누구에게나 인플루언서가 될 잠재력이 있다.**

브랜드 스토리를 공유해 사람들을 끌어 모으고, 나아가 그 스토리에 직접 참여하도록 만들 신용과 능력을 보유한 사람이나 커뮤니티라면 모두가 다 인플루언서다. **인플루언서**에 대한 이러한 정의에는 SNS 팔로워수나 인플루언서 등급과는 무관하게 유료광고 인플루언서만이 아니라 일반 개인들도 포함된다. 누구에게나 자기만의 의견이 있다. 또 요즘은 누구든 인터넷과 소셜미디어 채널, 이메일을 활용해 자신의 의견과 아이디어, 생각을 원하는 만큼 원하는 형식으로 전달할 수 있다.

커뮤니티가 이러한 정의에 포함되는 데에는 그럴 만한 이유가 있다. 열정이나 비전을 공유하는 사람들이 한데 모여 있어, 인플루언서의 활용성을 단번에 키울 수 있기 때문이다. 브랜드가 커뮤니티 인플루언서와 관계를 맺으면 그룹 전체와 연결되어 순식간에 브랜드 신뢰도를 키울 수 있다. 이런 제휴관계가 예전에도 없었던 것은 아니지만, 영리한 브랜드들은 이런 관계를 보다 의미 있게 만드는 법을 터득했다. 그들은 단순한 결연과 후원을 넘어 사람들과 협력하여 브랜드를 정의해나가며, 새로운 정의에 따라 회사가 나아갈 경로를 즉각적으로 수정한다.

브랜드 스토리를 공유해 사람들을 끌어 모으고, 나아가 그 스토리에 직접 참여하도록 만들 신용과 능력을 보유한 사람이나 커뮤니티라면 모두가 다 인플루언서다.

이처럼 인플루언서를 보다 폭넓게 활용할 기회를 고려할 때에도 통합성과 진정성을 우선시해야 한다.

뜻을 같이하는 사람들이 브랜드와 통합되어 열정적으로 참여하다 보면 그들에게는 권위가 생긴다(그리고 기업에도 권위가 부여된다). 하지만 그러한 연대는 진실해야 한다. 진정성이 담긴 행동만이 사람들의 시선을 끌고 인정을 받을 수 있다.

진실된 연대가 존재할 때 대중은 그들이 하는 말에 설득되고, 그들의 의견에 가치를 부여하기 시작하며, 직접 행동에 나설 마음을 갖는다. 그 행동이 상품을 구매하는 것이든, 이메일 뉴스레터를 신청하는 것이든, 소셜미디어 게시글을 공유하는 것이든, 브랜드 스토리 예찬으로 사람들의 행동을 자극할 수 있다는 것은 대단한 영향력이다. 이런 영향력은 일반 대중들의 경험과 감정, 꿈을 자극한다.

그렇다. 마케팅계에서 대중에게 스토리를 교육할 수 있는 능력만큼 커다란 장점은 없다.

그렇다고 온라인 라이브 방송을 개설해 교실식 강의를 하라는 뜻은 아니다. 기업은 자신들의 브랜드 스토리와 관련된 콘텐츠를 예찬하고 사람들이 그 경험을 이해할 수 있도록 지원해 교육에 흥미를 가지게 만들 필요가 있다. 이때 중요한 점은 콘텐츠의 흐름이 끊이지 않도록 하는 것이다. 문제 해결, 질문에 대한 답변, 새로운 아이디어 소개, 제품 관련 정보 제공, 사람들의 참여를 돕는 설명 등 생산할 수 있는 콘텐츠는 무궁무진하다.

위기에 처한 기업을 살리고 싶다면
브랜드 스토리를 예찬하라.

2012년만 하더라도 베스트바이Best Buy의 브랜드 스토리는 예찬할 만한 것이 못 되었다. 대표이사가 여직원과의 부적절한 관계를 인정한 뒤 사임한 직후여서 직원들의 사기는 땅에 떨어져 있었고 아마존과 경쟁할 만한 마땅한 계획도 없는 상태였다.

변화가 필요했다. 새로운 지도부는 내부에서부터 그들의 스토리를 예찬하는 조치를 취하기로 결정했다. 우선 내부의 인플루언서들을 감화시킬 필요가 있었다. 그렇지 않으면 회사의 앞날을 기약할 수 없었다. 직원들의 공감과 참여가 최우선 목표가 되었다. 회사는 의도적으로 직원들에게 그들이 귀중한 존재로 인정받고 있음을 느끼게 해주었다. 직원 할인제를 부활시키고, 직원 연수에 과감한 투자를 단행했으며, 회사의 미래가 직원들의 참여에 달려 있음을 강조했다.

그들은 자신들의 강점에 집중해 변화를 일구어나가기 시작했다. 먼저 지식과 전문성을 강조하고자 '인홈 어드바이저 프로그램In-Home Advisor Program'으로 베스트바이의 유명한 '긱스쿼드Geek Squad(전문 수리기사-옮긴이)' 서비스를 확대해나갔다. 이 서비스를 통해 가정을 방문하는 베스트바이 수리기사들은 소비자에게 교육과 자문을 제공하는 컨설턴트의 역할을 수행했다.

다음으로 '블루셔츠Blue Shirt(베스트바이의 매장직원들-옮긴이)' 직원들이 제작한 동영상으로 신제품 및 신기술과 관련된 소식을 전하기 시작했다. 회사는 페이스북Facebook과 유튜브Youtube, 인스타그램Instagram에 올리는 유익한 동영상 시리즈를 블루셔츠팀이 주도적으로 제작하게 함으로써 이 막강한 인플루언서들에게 날개를 달아주었다. 이 동영상들은 얼마 지나지 않아 고객들이 참고할 만한 중요한 자료이자 매장 직원들의 자랑거리가 되었다. 이런 식으로 베스트바이는 자신들의 지식과 전문성, 직원들을 두루 예찬했다. 덕분에 고객들의 인식이 향상되고 직원들의 사기가 높아졌을 뿐만 아니라 베스트바이만의 문화와 브랜드도 구축되었다. 그 영향력은 실로 막강했다.

경쟁이 극심한 유통소매업계에서 살아남기란 만만치 않은 일이었지만, 교육에 중점을 두었던 것이 베스트바이가 전문성을 앞세워 파고를 헤치고 나가는 데 도움이 되었다. 사실 브랜드 스토리를 예찬하는 방향으로의 진로 변경이 어찌나 성공적이었던지, 2012년 13달러에 불과했던 베스트바이의 주가는 2020년 7월 100달러를 넘어설 만큼 급등했다. 브랜드 스토리 개발을 통해 사람들에게 영향을 미치고 행동을 유발할 기회가 있음을 감지한 베스트바이는 그 기회를 붙잡았고, 모두가 알다시피 과거의 영광을 되찾았다.

어떤 사업을 하든 기회는 있다.
(아무리 '따분한' 업종이라도)

어느 기업에든 똑같은 기회가 있다. 기업은 각종 소통의 도구를 활용해 직원과 고객, 커뮤니티들에 자신들이 어떤 기업인지, 무슨 일을 하는지 알릴 수 있다. 그러나 인플루언서를 교육에 활용할 생각을 하는 브랜드는 많지 않다. 대다수의 브랜드가 교육에 시간을 할애할 필요성을 느끼지 못한다. 자신들이 고용한 인플루언서가 어떤 물건이든 팔아주리라 믿기 때문이다. 이들은 돈만 주면 뭐든지 팔아주고 무슨 말이든 해줄 인플루언서를 얼마든지 구할 수 있다. 이러한 경향이 심화되면서 신뢰가 점점 무너져가고 있다.

연방거래위원회의 경고

인플루언서 마케팅을 대행하는 미디어킥스Mediakix는 인플루언서 마케팅 산업이 현재 100억 달러 규모로 성장했으며, 보수를 받고 활동하는 인플루언서의 수가 증가하면서 그들의 추천을 둘러싼 신뢰도의 문제 역시 덩달아 증가하고 있다고 보고했다. 2017년에 미 연방거래위원회Federal Trade Commission: FTC는 인스타그램에서 활동중인 최상위 셀럽들의 93%가 브랜드의 후원 내역을 공개하라는 FTC의 지침을 따르지 않은 것을 발견하고 개인 인플루언서들에 대한 고발에 나서기 시작했다. 기업체로부터 대가를 받고 SNS나 인터넷 매체에서 홍보행위를 할 경우, 인플루언서들은 그 사실을 명확히 밝혀야 한다. 그러나 인플루언서의 수가 워낙 많기 때문에 그들을 빠짐없이 감시하기란 사실상 불가능하며, 인플루언서와 브랜드의 대다수가 지금껏 FTC의 지침을 진지하게 취급하지 않았다. 그러나 앞으로는 이러한 추세가 바뀔지도 모르겠다. 이제는 FTC가 단순히 주의를 주는 데 그치지 않고 적극적인 조치에 나서기 시작했기 때문이다.

2018년 FTC는 해독차 제조사인 티미Teami에 공식 경고장을 발부했다. 이 경고장에서 FTC는 플로리다에 본사를 둔 이 차 제조사에 광고주와 홍보자 사이의 모든 거래관계를 공개하고 명확한 문구로 표시할 것을 강력히 경고했다. 그러나 다른 많은 기업들과 마찬가지로 티미도 이 경고를 심각하게 받아들이지 않았다. 2020년까지 아무런 시정조치가 이루어지지 않자 결국 FTC는 티미가 그들이 제조한 차의 효능에 대해 과대광고를 했으며, 더불어 유명 연예인과 인플루언서의 인스타그램에 차 광고를 하면서 후원 사실을 밝히지 않아 FTC 지침을 위반했다는 내용으로 티미를 제소했다.

FTC는 티미의 기만적인 관행이 오래도록 지속되어왔음을 적시하여 1,500만 달러의 벌금이 확정된 판결문을 받아냈다. 그러나 티미는 회사의 재정상태에 의거해 100만 달러를 우선 납부하는 조건으로 나머지 벌금의 납부를 유예 받았다.

FTC는 이에 강력한 유감을 표명했으며, 분쟁은 여전히 진행중이다. 워낙 많은 브랜드와 인플루언서가 지속적으로 기만행위를 벌이고 있기 때문에 인플루언서들의 뒷광고 사례를 찾기는 어렵지 않다. 과연 이런 문제를 효과적으로 차단할 수 있을지는 두고 볼 일이다. 들키지만 않으면 그만이라는 생각은 무책임하다.

인플루언서와 제휴하는 이유가 그들을 신뢰하는 사람들과 새로운 관계를 구축하는 데 있음을 유념한다면 기업들은 거짓 광고의 유혹을 피할 수 있을 것이다. 이러한 유대를 지켜나가기 위해 브랜드는 인플루언서와 진실된 관계를 맺어야 한다. 대중은 브랜드와 인플루언서의 거짓되고 부적절한 관계를 목격할 때 배신감을 느낀다.

주의: 나쁜 스토리는 나랏님도 못 살린다.

2017년 4월, 펩시Pepsi는 값비싼 대가를 치르고 뼈저린 교훈을 얻었다. 당시 그들은 모델 켄달 제너Kendall Jenner를 기용해 유튜브에 2분 30초짜리 광고를 올렸다. 이 영상에는 "대화에 동참하라"는 문구가 적힌 손팻말을 들고 행진하는 한 무리의 가두시위대가 등장한다. 은연중에 흑인 용의자에 대한 백인 경찰의 무자비한 진압과 그로 인해 촉발된 '흑인의 생명도 소중하다Black Lives Matter' 운동이 연상된다. 밝게 웃고 있는 활기찬 분위기의 시위대는 마치 즐거운 한때를 보내고 있는 듯한 모습이다. 이 괴상한 뮤직비디오는 켄달 제너가 펩시 캔 하나를 집어 들고 굳은 표정으로 시위대와 대치중인 한 경찰관에게 다가가 이를 건네는 장면에서 '절정'에 이른다. 캔을 받아든 경찰관은 살짝 미소 띤 얼굴로 콜라를 마시고, 군중은 그 모습에 환호한다.

문제는 이를 본 시청자들이 군중과 함께 환호하지 않았다는 데 있다. 이 광고는 펩시측이 기대했던 감동을 주지 못했다. 스물한 살의 백인 슈퍼모델 인플루언서가 시위대 속으로 불쑥 파고들어 폭력적인 경찰과 인종차별이라는 무거운 문제를 펩시 캔 하나로 단박에 해결하는 모습은 쉽사리 받아들이기 힘든 설정이었다. 이에 대한 반발이 어찌나

심했던지,

- 엉뚱한 메시지로 '헛다리를 짚은' 펩시가 단 하루 만에 광고를 내려야 했다. 그들은 "그런 역할을 켄달 제너에게 맡긴 것"에 대해서도 사과했다.
- 인터넷과 매스컴이 펩시 광고에 대한 댓글과 기사, 통렬한 비판으로 들끓었다.
- 마틴 루터 킹 주니어Martin Luther King Jr.의 딸 버니스 킹Bernice King은 트위터에 자신의 아버지가 경찰에게 저지를 당하던 장면이 담긴 사진을 올렸다. "아버지가 #펩시의 위력을 진작에 아셨더라면"이라는 문구와 함께.

아버지가 #펩시의 위력을 진작에 아셨더라면

2020년 조지 플로이드George Floyd를 죽음에 이르게 한 경찰의 폭력성을 성토하는 시위가 세계 전역으로 확산되었을 때, 이 2017년 펩시 광고의 장면들이 다시금 인터넷을 도배하기 시작했다.

켄달 제너, 펩시 한 캔 챙겨서 얼른 페어팩스랑 멜로즈로 가봐.
이 사태를 막을 수 있는 사람은 너뿐이야.

이 광고는 인기에 편승하기보다 진정성을 더 중시해야 함을 보여주는 대표적인 사례다. 사실 켄달 제너는 인스타그램 팔로워를 1억 7천만 명 넘게 보유한 세계에서 가장 영향력 있는 인플루언서 중 하나다. 광고 게시물을 한 건 올릴 때마다 60만 달러 이상을 받는다는 소문이 있을 정도로 켄달의 영향력은 분명 가치가 있다. 그러나 인플루언서의 파워는 그들이 진정으로 브랜드와 일치되고 통합될 때에만 브랜드에 도움이 된다.

브랜드에 대한 충성도가 전혀 없고, 브랜드의 메시지와도 부합하지 않으며, 브랜드의 성공을 위해 아무런 투자도 하지 않는 인플루언서를 쓰는 것은 위험한 마케팅 전략이다. 이런 얄팍한 파트너십은 브랜드에 손상을 입히고, 심지어 대중으로 하여금 기업에 등을 돌리게 만들 수도 있다.

브랜드와 인플루언서의 관계가 올바르게 설정될 경우, 인플루언서는 브랜드 스토리 예찬시에 누구보다 큰 영향력을 발휘하는 중추적 역할을 할 수 있다. 사실 인플루언서들은 평범한 사람이라면 감히 흉내도 내지 못할 만큼의 흥미와 관심을 유발하고 신뢰를 이끌어낸다. 인플루언서와 브랜드가 힘을 합쳐 진실된 파트너십을 구축하는 방법을 익혀 갈수록 이러한 영향력은 계속해서 증대될 것이다. 본분을 다하는 인플루언서들은 자원과 인맥, 예산을 총동원해 제휴 브랜드들을 위해 커다란 영향력을 창출해낸다. 하지만 요즘엔 맡은 바 소임을 제대로 수행하지 않을 뿐더러 온당치 못한 목적으로 활동하는 인플루언서들이 너무나 많다.

인터넷상에는 결혼식 사진 및 영상 촬영 패키지 상품을 거저 얻으려는 욕심 가득한 예비신부와 무료 식사 기회를 찾는 음식평론가, 공짜 호텔을 구하는 여행 블로거들에 대한 이야기가 넘쳐난다. 그들이 노리는 서비스 제공업체는 주로 식당이나 술집, 호텔 등으로, 대개 압박에 못 이겨 인플루언서들의 요구를 들어주곤 한다. 나쁜 소문과 평점에 시달리거나 반발을 사느니 원하는 대로 해주는 편이 차라리 더 속 편하기 때문이다. 많은 업체들이 이런 막무가내식 생떼에 진저리를 친다.

들어와서 맛보세요. 어떤 손님이 옐프 리뷰에 더럽게 맛없었다고
쓴 미트볼 샌드위치가 있습니다.

이른바 '인플루언서'라는 사람들이 얼마나 억지스러운 횡포를 부릴
수 있는지 여실히 보여주는 사건이 2019년 10월에 일어났다. 한 "인플
루언서"가 어느 이탈리아 식당의 음식이 지금까지 먹어본 "이탈리아
음식 중 최고"였다면서도 정작 옐프Yelp(미국 최대의 맛집 리뷰 사이트 –
옮긴이) 리뷰에서는 그 식당에 별점 하나를 주었던 것이다. 그 익명의
인플루언서가 대놓고 별점 하나를 준 이유는 식당 매니저에게 본때를
보여주기 위해서였다. 리뷰에서 본인이 밝힌 자초지종은 이랬다. 매니
저에게 음식이 너무 맛있다면서 11,000명의 팔로워를 보유한 자신의
인스타그램에 이를 극찬하는 글을 올릴 계획이라고 언급했는데도, 그
런 자신의 지위가 무색하게 나중에 받아든 계산서를 보니 아무런 할인

이나 서비스도 적용되어 있지 않았다는 것이다. 이게 그녀가 그 식당에 별점 테러를 가한 이유였다. 이 사건은 레딧(미국의 초대형 커뮤니티 사이트 - 옮긴이)의 한 사용자가 그 어처구니없는 리뷰를 보고는 인플루언서라는 지위가 얼마나 황당하게 변질될 수 있는지 보여주는 단적인 사례로 인용하면서 세상에 알려졌다.

★☆☆☆☆ 10/2/2019

I'm giving 1 star because of the cheap management and customer service. I heard the food was very good so I went to try. Me and the BF got the calamari, spaghetti alle vongole, and gnocchi. All were very delicious.

I was actually so impressed that when the manager came to ask us how everything tasted I told her it was some of the best Italian food Ive had and I told her Im going to post about it on Instagram where I have over 11 thousand followers and a lot of them are in the area. She seemed very happy about it.

I was wrong. I thought that she would be greatful for the free advertising but when the check came there was literally no discount at all. I thought at least one of the entrees would be taken off but they didnt even take off the calamari or even the drinks!

I wont go back here because of this. Which is a shame because the food was very good. The manager needs to understand how to treat customers.

★☆☆☆☆ 2019년 10월 2일

내가 이 식당에 별점을 하나만 주는 이유는 형편없는 매니저와 고객 서비스 때문이다. 음식이 굉장히 맛있다는 소문을 듣고 남자친구랑 같이 가서 칼라마리, 봉골레 스파게티, 뇨끼를 시켰다. 전부 다 정말 맛있었다.

진심으로 감동받아서 매니저가 음식이 괜찮았냐고 물으러 왔을 때 내가 지금껏 먹어본 이탈리아 음식 중 최고였다고 말하며, 팔로워가 11,000명이 넘고 그중 상당수가 이 지역 사람들인 내 인스타그램에 식당에 대한 글을 올려주겠다고 이야기했다. 매니저는 무척 기뻐하는 눈치였다.

그런데 내 생각이 틀렸다. 공짜 광고에 고마워할 줄 알았더니 계산서를 받아보니 웬걸, 할인이 하나도 안 되어 있었다. 적어도 메뉴 하나 값은 빼주리라 생각했는데, 칼라마리나 심지어 음료조차도 서비스가 없었다!

그래서 다시는 이 식당에 안 갈 거다. 음식이 너무 맛있어서 안타깝긴 하지만 그 매니저는 손님 대접하는 법을 좀 배워야 한다.

가게 주인들만 이런 형태에 질색하는 게 아니다. 소비자들도 인플루언서의 갑질 사례가 전해질 때마다 인플루언서 행세를 하며 대접을 받으려는 이들에게 비난을 퍼붓는다. 브랜드들도 상당수의 인플루언서가 오로지 공짜 상품과 특혜, 보상을 얻어내는 데에만 혈안이 되어 있다는 걸 알고는 위협을 느끼게 되었다. 목표물이 된 브랜드들은 이제 압박에 맞서고 있다. 이런 인플루언서들이 부리는 술책으로는 절대 신뢰를 쌓을 수 없다. 진실된 관계는 진정성 위에 구축된다.

브랜드는 인플루언서가 보유한 팔로워수에만 집착하지 말고 그들의 진정성을 우선적으로 살필 필요가 있다. 그 사람이 혁신가로 이름난 업계의 비즈니스 리더인지 아니면 브랜드 스토리에 독특한 시각을 더해줄 고객인지 말이다.

최고의 도구는 이미 내 손 안에 있다

인플루언서는 어디에나 있다. 게다가 등잔 밑이 어둡다고, 가장 귀중한 인플루언서가 어쩌면 가장 가까이에 있을지도 모른다. 직원이나 회사 내 다른 관계자 들이 바로 그런 이들이다. 직원들은 브랜드 스토리 예찬에 관한 한 누구보다 할 이야기가 많은 사람들이다. 회사의 내부 소식에 빠삭하고 외부에 영향력을 행사할 기회와 능력을 누구보다 많이 가지고 있기 때문이다. 또 그들은 누구보다 높은 신뢰를 받을 위치에 있기도 하다. 그들이 공유하는 아이디어와 정보로 대중들은 직원과 고용주 사이의 관계를 엿볼 수 있다.

베스트바이는 거대 브랜드로서 세계적인 인플루언서를 얼마든지 고용할 수 있을 만큼 충분한 마케팅 여력이 있다. 과거 위기시에도 그들은 특급 인플루언서와 제휴를 맺어 관심을 끌 수 있었다. 그랬다면 고용된 인플루언서가 대변인 역할을 자처해 정기적으로 캠페인에 나서고, 프로그램을 알리고, 홍보에 참여했을 것이다. 이처럼 베스트바이에는 직원들 대신 인플루언서를 활용할 선택지가 있었다. 그러나 만약 '우리도 인플루언서를 한번 써볼까?' 고민중인 브랜드가 있다면, 베스트바이를 예시로 든 다음 질문들을 고려해보기 바란다.

- 고용된 인플루언서가 과연 직원들과 동일한 방식으로 사내의 어수선한 분위기를 다잡고 업무에 집중할 환경을 조성할 수 있었을까?
- 고용된 인플루언서가 과연 블루셔츠 직원들과 동일한 수준의 전문성으로 고객들을 교육하고 정보를 제공할 수 있었을까?
- 고용된 인플루언서가 과연 직원들과 동일한 방식으로 고객들에게 브랜드의 개성을 인지시키고 관계를 구축할 수 있었을까?

절대 그럴 수 없다! 진짜 영향력은 내부에서부터 비롯된다.

직원들은 광고계약에 구속되지 않는 올스타 인플루언서들이다. 그들에게는 계약조건에 따라 달성해야 할 목표가 없으며, 성공적인 전환율(웹사이트 방문자가 제품구매, 회원등록, 뉴스레터 신청, 소프트웨어 다운로드 등 유도된 행동을 취하는 비율-옮긴이)을 획득하려는 일차적인 동기에서 그들이 기업의 스토리를 지지하는 것도 아니다. 그들은 그저 자신들이 대변하는 브랜드를 자랑스러워하는 평범한 직장인이자 브랜드 스토리 예찬에 동참하는 자발적 봉사자일 뿐이다. 그들은 브랜드를 지지하는 속내를 허심탄회하게 털어놓을 수 있다. 이들의 집단적 참여가 커다란 영향을 미치는 이유는 그 메시지가 진정성이 있고 진실되며 공감을 불러일으키기 때문이다. 인간은 구매결정을 할 때 자신이 속한 '부류'나 공동체의 다른 구성원들이 하는 말을 신뢰하는 경향이 있다.

요즘은 예전과 달리 어느 브랜드나 진정성과 통합성을 지닌 다양한 인플루언서들과 제휴해 자신들의 브랜드 스토리를 교육하고 예찬할 '영향력 엔진'을 설계할 수 있다. 누구보다 중요한 이런 브랜드 친화적인 인플루언서를 **브랜드 예찬자**Brand Celebrator라고 부르기로 하자.

브랜드 예찬자는 써준 원고를 그대로 읽기만 하는 수동적인 지지자가 아니라, 진실된 관계를 통해 브랜드의 위상을 높여주는 적극적인 인플루언서다. 브랜드 예찬자들은 자신들의 브랜드 스토리 참여가 환영을 받을 뿐만 아니라 귀중하고 의미 있는 일로 독려된다는 사실을 잘 안다. 이러한 자기확신과 브랜드의 응원 덕분에 그들은 자유롭게 스토리에 참여하며 진정성을 가지고 거리낌 없이 대담하게 브랜드 스토리에 기여한다.

> 위대한 음악가는 음표 하나하나에 얽매이지 않는다. 그들은 마음으로 음악을 느끼고 흡수해 어느새 음악과 하나가 된다.
>
> 브랜드 예찬자는 브랜드 스토리에 억지로 참여하지 않는다. 그들은 마음으로 스토리를 느끼고 어느새 자기도 그 스토리의 일부가 된다.

재능 있는 음악가에게 연주를 부탁할 때와 마찬가지다. 어떤 음악가에게 악보를 주고 음표 하나하나를 어떻게 연주할지 일일이 지시하면 그럭저럭 듣기에 괜찮은 음악이 나올지는 몰라도 감탄을 자아낼 만한 정도는 아닐 것이다. 하지만 똑같은 악보를 같은 음악가에게 주더라도 나름대로 해석해 자기만의 개성을 살려 연주할 수 있게 하면 더없이 감동적인 곡이 탄생할 것이다.

마찬가지로 브랜드 스토리에 자신의 생각과 감정을 주입할 수 있을 때 참여자는 더 큰 영향력과 영감을 발휘한다. 이런 유형의 지지는 시켜서 또는 외워서 할 수 있는 것이 아닌 만큼 진실되고 독창적이다. 이같은 자유로움에서 피어난 독특한 콘텐츠와 아이디어 및 혁신은 기업을 한 차원 도약시키고 사람들의 시선을 잡아끈다.

인터넷에 글을 올리거나 고객과 소통하는 직원, 입소문을 퍼뜨리는 커뮤니티 파트너, 브랜드를 꾸준히 주변에 소개하는 오랜 고객 모두가 진정한 브랜드 예찬자이자 올스타 인플루언서들이다. 그들은 브랜드의 목소리에 힘을 실어주고, 브랜드의 신뢰도를 높여주며, 브랜드가 전하는 메시지에 신빙성을 부여한다. 무엇보다 좋은 점은 개인뿐 아니라 집단에게도 브랜드 예찬자급의 참여를 독려할 수 있다는 점이다. 이들은 다 같이 힘을 합쳐 영향력 엔진을 만들어낸다.

브랜드 예찬자들은 브랜드 스토리에 고유의 관점과 아이디어 및 해석을 가미한다. 그들의 기여로 브랜드 스토리는 끊임없이 감동적인 곡으로 변주되며 브랜드에 활기를 더한다. 이런 사람들과 손을 잡으면 날이 갈수록 더 많은 관심을 끌고 새로운 스토리를 계속해서 써나갈 수 있다.

지난 10년간 우리 브랜드스토리엑스퍼츠 직원들과 나는 자체 개발한 프로세스를 전문적으로 시행해왔으며, 고객사들로 하여금 그들의 스토리를 100여 개 시장에 전파하고 수억 명의 고객들과 접촉할 수 있도록 도왔다. 이 방법은 분명 효과가 있으며, 이 책을 읽고 나면 누구든 진정한 스토리와 단순한 모방 사이의 차이를 이해하게 될 것이다.

이제 당신도 이 탐구의 여정에 함께하기를 기대한다. 책을 계속 읽어나가면서 고객들에게 다가갈 방법을 배우고, 브랜드 스토리 예찬의 기회를 확실히 체득하기 바란다.

요약

- 이 시대의 모든 기업들은 인플루언서를 인정하고 이해하고 추종할 필요가 있다. 다만 인플루언서를 통해 전하려는 스토리가 올바르고 인플루언서와의 관계를 신뢰할 수 있어야 한다.
- 브랜드 스토리에 애착을 가지고 있거나 그 스토리에 진실되고 공감가는 방식으로 참여할 수 있는 인플루언서만이 브랜드에 중요한 의미를 지닌다.
- 브랜드와 인플루언서가 맺을 수 있는 최상의 관계는 서로 간의 통합성과 관심사의 일치, 공동의 가치 위에서 구축된다. 브랜드는 인플루언서가 보유한 팔로워수에만 집착하지 말고 그들의 진정성을 우선적으로 살필 필요가 있다.
- 자발적으로 인플루언서가 될 기회와 브랜드 스토리에 영향을 미치고 변화를 일으킬 기회는 누구에게나 열려 있다.

예찬하기 > 말하기

CHAPTER TWO

회사 사장들에게 회사가 성공할 수 있었던 요인이 뭐냐고 물으면 백발백중 이런 답이 돌아온다.

"우리 직원들이죠."
"우리 서비스죠."
"우리 품질이죠."

물론 이 답이 꼭 틀린 건 아니다. 그러나 〈왕좌의 게임Game of Thrones〉에 자주 나오는 대사처럼 "말은 바람과 같다". 대개의 경우 그 바람은 그대로 스쳐지나가며 누구의 가슴도 뛰게 하지 못한다.

만약 당신이 기업주고 당신에 대해서 말하는 사람이 당신뿐이라면 그것이 사업상 좋은 신호일까?

이제부터 나는 당신이 혼자서 모든 일을 다 감당하지 않을 수 있도록 마케팅에 대한 이해를 증진시켜줄 것이다. 그러면 단순히 가격경쟁 말고도 활용할 수 있는 도구들이 생길 것이며, 남들과 똑같은 말을 반복할 필요도 없어질 것이다. **이 책을 계속 읽어나가다 보면 당신의 사업이나 브랜드, 당신이 하는 일과 노력에 대한 '말하기**telling**'와 '예찬하기**celebrating**'의 차이를 확실히 알게 될 것이다.**

늘 염원하던 대로 사업을 일구고 원하던 영향력을 갖기 위해서는 주변의 자원들(브랜드 스토리가 지닌 강점부터 당신의 사업에 대해 알려줄 사람들까지)을 총동원할 필요가 있다.

여기서 관건은 우리 주변의 기회에 대해 얼마나 '긍정적이고, 강력하며, 명확하게Positive, Powerful, and Purposeful®' 접근하느냐에 달려 있다.

당신의 사업을 예찬할 준비가 되었는가? 꿈꿔온 것을 가질 준비가 되었는가?

좋다! 그럼 정확히 어떤 일이 가능한지 보여주겠다.

먼저, 다음 사실을 명심하자.

브랜드 스토리 말하기와 예찬하기의 차이는 파티와 강의의 차이만큼이나 엄청나다.

평생 강의라는 것을 한 번도 들어보지 않은 사람은 없을 것이다. 상사나 교사, 부모님은 하나같이 '우리를 붙들어 앉혀놓고' 필요한 정보를 전달하곤 했다. 물론 전달할 내용이 많을 때는 강의 형식이 적합하다. 하지만 강의에서 감명을 받을 일은 거의 없다. 어지간해서는 남에게 같이 강의를 들으러 가자고 권유하는 일도 없다.

사람들이 **가고 싶어하는** 곳은 파티장이다.

파티장은 매혹적이면서 소통이 자유로운 곳이다. 특별한 노력을 기울일 필요도 없다.

그리고 재미있다.

브랜드에 대해서 강의를 듣고 싶어할 사람은 없을 것이다. 메시지를 제대로 전달하려면 브랜드 스토리를 말하려들지 말고 그 자체를 파티로 만들어 예찬을 시작해야 한다.

이번 장에서 나는 그 방법을 소개할 것이다. 여기서의 목표는 지지자들이 감동할 만한 브랜드의 문화를 발굴하고 세상에 알려 브랜드 스토리 예찬에 동참하도록 만드는 데 있다.

이는 사람들의 욕구를 자극하고, 흥미를 유발하며, 의미 있는 행동을 하도록 유도할 대전환의 기회다. 브랜드 스토리 예찬을 활성화하려면 사람들의 관심과 흥미를 자극해 브랜드와 통합시켜야 한다. 그들을 파티장 한쪽 구석에 틀어박혀 겉돌게 만들어서는 안 된다. 홀로 남겨진 사람은 인플루언서가 될 수 없으며, 브랜드 예찬자 역할은 더더욱 할 수 없다.

브랜드 예찬자는 솔선수범하면서도 자기 뜻대로 자유롭게 행동할 수 있어야 한다. 그들이 특정한 내러티브를 강요받지 않고 각자의 생각대로 편안하게 스토리에 참여할 수 있는 환경을 조성해야 한다. 성대한 파티의 한 장면을 상상해보면 저마다 다른 행동을 하고 있는 사람들의 모습이 그려질 것이다. 파티장은 이질적인 사람들이 스스럼없이 어울릴 수 있는 다양한 기회가 주어지는 따뜻하고 포용적인 장소다. 여기서 사람들은 저마다 다른 방식으로 파티를 즐긴다.

- 멋쟁이들은 댄스 플로어에 나가 화려한 춤사위를 뽐낸다.

- 재담꾼들은 재미난 이야기를 늘어놓으며 농담을 건넨다.
- 활동적인 참가자들은 바깥으로 나가 놀이를 하며 날씨를 즐긴다.
- 식도락가들은 핑거푸드를 이것저것 맛보고 와인을 음미한다.
- 일부 손님들은 후미진 곳에 유유자적 들어앉아 친구들에게 채팅으로 사진을 보내 "여기가 어디게?"라고 물으며 자랑한다.

파티장에서는 모든 참가자가 서로 다른 방식으로 파티에 기여한다. 이것이 바로 브랜드 스토리 예찬의 장점이다. 사람들이 파티에 참여하는 목적은 활력 충전에서 지적 호기심 충족에 이르기까지 다양하며 파티장에서는 여러 관점과 통찰력, 아이디어의 색다른 공유를 통해 경험이 증진된다. 다행스럽게도 브랜드 예찬시에 참가자들이 느끼는 에너지는 고스란히 주변 사람들에게로 전해진다. 예찬자들이 순도 100퍼센트의 감정을 발산하기 때문이다.

어떤 메시지가 감지되면 마음이 맞는 사람들이 거기에 이끌리고 연결되어 충만한 기운을 느끼기 시작한다.

스토리 말하기에서 예찬하기로 방향을 전환하면 메시지의 힘이 더욱 강화되고 증폭된다. 여러 사람이 가담한 내러티브는 목소리 하나, 시선 하나 이상의 위력을 지니게 된다. 다채로운 의견과 탄탄한 지지, 강력한 영향력을 얻고자 할 때, 또 참여와 영향력의 유입을 통한 지속적인 발전 전략으로 회사의 장기적인 성공을 도모하고자 할 때 이런 방법을 활용할 수 있다.

이제 스토리를 '말하려는' 계획과 구상은 내려놓기로 하자.

사람들은 거래가 아닌 관계를 좋아한다

스토리텔링과 스토리 예찬 사이에는 매우 뚜렷한 차이가 있다. 둘 사이의 차이점을 쉽게 이해하고 기억할 수 있도록 그 구분을 명확히 해두자.

스토리텔링

브랜드 스토리텔링은 브랜드의 리더들이 지배적인 화자로서 발언을 하며 매출과 전환율을 높일 수 있는 방향으로 줄거리를 이끌어가는 스토리 공유방식이다.

스토리텔링은 거래적인 스토리 공유방식이다. 이것은 '판매 목적의 말하기 Tell-to-Sell' **전략이다.**

스토리텔링을 하는 브랜드는 이야기가 어떤 방향으로 진행되면 좋을지에 대한 계획을 가지고 있으며, 그 방향으로 내러티브를 유도한다. 브랜드 리더들은 이런 방식으로 자신들이 강조하고 싶은 정보와 아이디어를 선택적으로 공유하며 스토리를 연출한다. 그리고 자신들이 들려주고 싶은 이야기를 하면서 원하는 지점으로 사람들을 몰아간다.

이런 전술에는 아무도 감동하지 않는다.

의도적인 스토리텔링 전략을 사용하면 메시지를 통제하고 단기적인 목표를 달성하기가 용이하다. 판매 목적의 말하기는 순간적인 욕구, 즉 각적인 반응, 높은 전환율을 일으키는 데 집중한다. 문제는 그것이 장기적으로 오히려 수익을 감소시키는 역효과를 일으킨다는 데 있다. 아무리 귀에 못이 박히도록 이야기해도 강요를 받는다고 느끼면 대중은 그 메시지를 남에게 전할 마음이 들지 않는다.

스토리 예찬

브랜드 스토리 예찬은 브랜드가 사람들을 초대해 다 같이 공동의 내러티브를 창작하도록 독려하는 교육 중심의 스토리 공유방식이다.

스토리 예찬은 양방향적 스토리 공유방식이다. 이것은 '교육 목적의 예찬하기 Celebrate-to-Educate**' 전략이다.**

스토리 예찬을 하는 브랜드는 브랜드에 대한 인식을 깨우고, 이해를 증진하며, 장기적인 관계를 구축하기 위한 교육용 콘텐츠를 공유하는 데 중점을 둔다. 이들의 목표는 마음이 맞는 사람들이 개개인의 관심사나 개성 또는 관점을 브랜드의 내러티브에 통합하도록 동기를 심어주는 데 있다. 브랜드의 내러티브를 공동으로 창작하는 과정에서 사람들은 그들의 생각과 아이디어를 브랜드의 메시지와 결합해 각자의 방식으로 스토리의 공유와 예찬에 참여하게 된다.

스토리 예찬에 주력하면 브랜드 입장에서는 내러티브에 대한 통제력이 다소 떨어질 수밖에 없다. 하지만 그 대신에 스스로 성장하는 브랜드를 얻게 된다. 더불어 큰 힘이 되는 사회적 자본(특정한 목적을 달성하도록 도와주는 사회적 관계나 구조 - 옮긴이)도 생긴다. 지지자들이 적극적으로 콘텐츠 제작에 가담할 때, 브랜드에는 지속적으로 새로운 에너지와 아이디어가 주입된다. 그런 스토리는 정체되지 않고 끊임없이 새로운 모습으로 변모한다.

공동창작 과정에서는 메시지가 확장되고, 연결지점이 늘어나며, 제휴과 협력, 협업과 혁신, 교육의 기회는 물론이고 영향력을 미칠 기회도 많아진다.

예찬하기와 말하기를 비교해보면 누구라도 예찬하기가 브랜드 스토리를 공유하기에 훨씬 더 나은 방법임을 금세 깨닫게 된다. 기업은 스토리에 대한 통제력을 잃을지 모른다는 두려움을 내려놓고, 스토리텔링에서 스토리 예찬으로의 전환을 받아들일 필요가 있다. 브랜드 스토리 예찬은 소비자에게 기업에 대한 정보와 지식, 나아가 감동을 주는 부단하고도 양방향적인 내러티브다. 브랜드 스토리 예찬이야말로 참여의 힘으로 에너지를 공급받으며, 지속적으로 성장하는 유쾌한 인플루언서 '부대'를 통해 브랜드를 장기적인 성공의 반열에 올려놓을 수 있는 비결이다.

브랜드 예찬의 구성요소

누구나 이런 인플루언서 부대를 원한다. 누구나 자기 브랜드가 공통의 목표를 달성하려는 꿈과 비전을 품기를 원한다. 그렇다면 이런 식으로 브랜드 예찬이 자리잡게 하려면 어떤 노력이 필요할까?

진실에서 출발하라.

브랜드 예찬은 비유하자면 흙을 빚어내는 도예보다 돌을 깎아내는 조각에 더 가깝다. 없는 이야기를 지어내지 말고 사업이 어떻게 운영되고 있는지 실상을 파악해 그 점을 **드러내자**. 장밋빛 전망을 이미 이룬 성과인 양 '가장하지' 말고 진실에서 출발해 이를 부각시켜야 한다.

> **모든 돌덩이에는 조각이 숨겨져 있으며,**
> **이를 드러내는 것이 조각가의 임무다.**
>
> _ 미켈란젤로Michelangelo

어느 기업에나 특별히 중시하는 가치가 있다. 어떤 업체에게는 빠른 배송이 생명이고, 어떤 업체에게는 자선단체와의 긴밀한 관계가 필수적이다. 두 업체 모두 진실된 약속을 해야 한다. 고양이를 두고 개라고 하면 결국 사람들은 짖지 못하는 고양이를 보고 진실을 알아챌 것이다. 브랜드가 어떤 식으로 운영되는지 진실되게 말하고, 보유하고 있는 가치에 중점을 두고 이를 널리 알리자.

- **명료성을 확보하라**: 브랜드의 정체성이 무엇인지, 본래부터 가지고 있는 신념이 무엇인지 명확하게 밝히자. 브랜드가 어떤 모습으로 보이는지와 사람들에게 어떤 첫인상을 주는지는 현재 브

랜드가 하고 있는 활동과 시장이 브랜드에 보이는 반응이 결합된 공동의 결과물이다.

- **감동 포인트를 찾아라:** 어떤 업체라도(아무리 '따분한' 업종이라도) 스토리 안에 감동적인 포인트 하나는 있기 마련이다. 리틀시저스 Little Caesars(미국에서 세번째로 큰 피자 체인─옮긴이)가 세계에서 가장 맛있는 피자를 만든다고 주장할 사람은 아마 없을 것이다. 그러나 그들은 적당한 가격에, 주문하자마자 바로 받을 수 있는 꽤 괜찮은 피자를 만든다. 사람들은 리틀시저스가 이런 스토리를 보유하고 있다는 사실을 높이 평가하며, 그 정도면 사람들의 입소문을 타기에 충분하다.

- **내부에서 먼저 공개하라:** 오늘날 브랜드의 가장 중요한 청중은 바로 내부 사람들이다. 스토리 예찬은 기업 내부에서 시작되어 외부로 퍼져나간다. 브랜드의 실상을 정확히 파악하고 자신들의 진실된 모습을 자랑스럽게 드러내면 신뢰가 기반이 된 스토리 예찬이 가능해진다. 이는 직원들의 행동을 자극하고 브랜드 스토리를 집단적 힘으로 변모시킨다. 영향력 엔진은 내부에서 먼저 가동되어야 함을 명심하자.

조직의 지도부는 브랜드 스토리 예찬의 기회를 귀중하게 여기고, 자신들의 스토리를 외부에 알리기에 앞서 먼저 내부에서 공개할 계획을 세워야 한다. 지도부가 브랜드 스토리를 직원들에게 역설할 때 그들은 이에 영향을 받고 감화되며, 그 스토리는 내부에서부터 빛을 발하게 된다. 그 빛이 외부로 발산되면 커뮤니티와 고객들도 그 빛에 이끌려 마찬가지로 감화되기 마련이다. 진실되고 흥미로운 스토리는 브랜드 내에 공동의 기반을 형성하고, 자부심을 키워주며, 신뢰와 공감대 위에서 더욱 끈끈한 관계를 구축하게 해준다. 이러한 연대가 구축되면 미래의 변화와 역경을 헤치고 나아가는 데 필요한 힘과 회복력이 생겨 브랜드에 장기적인 성공을 구가할 토대가 만들어진다.

예찬으로 역경을 극복하다

브랜드 예찬이 제대로 이루어지기만 하면 그 힘으로 아무리 험한 물결도 헤치고 나아갈 수 있다. 다음에 소개할 두 기업은 서로 다른 역경에 처했던 곳들이다. 한 곳은 지역사회를 충격에 빠뜨린 대량해고 사태를 극복해야 했고, 다른 한 곳은 기업을 송두리째 뒤흔든 윤리적 추문을 이겨내야만 했다.

히우트: 외부 위기에 대한 대응

2002년 영국 웨일스주 카디건에서는 인구의 10%가 일자리를 잃는 사태가 벌어졌다. 영국 최대의 청바지 공장이 데님 생산 공정을 모로코로 이전했기 때문이다.

카디건의 원주민이자 의류업 경험이 풍부한 데이비드David와 클레어 하이엇Clare Hieatt 부부는 사라진 일자리를 복원하고 카디건 지역에 활력을 되돌려놓을 회사를 설립하겠다는 비전을 품었다. 그들은 히우트데님 컴퍼니Hiut Denim Company를 출범하고, 원래 청바지 공장에서 일했던 직원들을 다시 불러들였다. 그리고 그들의 스토리를 예찬하기 시작했다. 세계에서 가장 솜씨 좋은 400명의 청바지 제작자가 오로지 세계 최고의 청바지를 만드는 데만 몰두하고 있다고 말이다. 단순한 예찬이었지만 이 스토리가 미친 영향력은 대단했다.

히우트데님 컴퍼니가 예찬하는 단순하고 직설적이면서 포괄적인 브랜드 스토리는

- 직원들의 헌신과 열정, 기술을 중심으로 구성되어 있다.
- 예술적인 수제 청바지 제작과정의 특별함을 설명하는 데 초점을 두고 있다.
- 세계 최고의 청바지를 선보이며 그들의 결과물을 자랑스럽게 홍보하고 있다.

히우트데님 컴퍼니는 직원들의 기술과 숙련도를 사람들에게 확실히 각인시키고 있다. 심지어 가장 숙련된 청바지 제작자들을 '그랜드 마스터Grand Masters'라고 부를 정도다. 데이비드가 이런 용어를 사용하게 된 이유는 "청바지 장인으로서 그들을 예찬하고 싶어서"라고 한다.

이런 식의 예찬은 소비자의 마음을 움직일 뿐만 아니라 상품을 구매하는 데 대한 자부심과 브랜드 스토리에 직접 참여하고 싶은 욕구 또한 불러일으킨다. 히우트의 직원들은 이제 한 명 한 명이 모두 인플루언서가 되었다. 소셜채널들에 소개되고 홈페이지에도 다루어지면서 이들은 손수 만든 청바지에 자기 사인을 남길 만큼 유명세를 떨치게 되었다. 이 정도의 참여도와 통합성이라면 장인정신을 높이 평가하는 사람은 누구라도 히우트데님의 팬이 되게 하기에 충분하다.

'한 가지에 충실하자'라는 히우트데님의 모토에는 청바지 제작의 외길을 걷겠다는 그들의 신조가 잘 표현되어 있다. 더 많은 사람들을 위해 이것저것에 손을 뻗치는 것은 분명 그들의 목표가 아니다. 히우트데님은 자신들이 예찬할 스토리를 단순하게 유지한다. 모두를 만족시키려다가 누구도 만족시키지 못하고 사업을 포기하는 브랜드들이 너무나 많다. 그에 비해 히우트데님은 한 가지에 충실히 매진하면서 자신들의 스토리를 다양한 방식으로 꾸준히 세상에 알리고 있다. 그 방식 중 몇 가지를 살펴보도록 하자.

- **단순하지만 기억에 남는 스토리 동영상:** 동영상은 브랜드 스토리를 알리기에 대단히 유용한 도구이며, 히우트데님은 이를 분명히 인식하고 있다. 그들은 동영상을 통한 교육으로 대중이 직원들과 교감하며 그들의 열정을 느낄 수 있게 한다.
- **확실한 혜택을 주는 이메일 뉴스레터:** 이메일 뉴스레터를 통해 공장 관련 소식과 사진, 제품혁신 정보와 패션 팁은 물론 할인권까지 제공하는 등 자신들의 스토리를 꾸준히 업데이트하며 고객들과의 관계를 구축한다.
- **기업 분위기를 잘 담아낸 홈페이지:** 단순하고 멋스러운 홈페이지 디자인으로 그들의 스토리와 기술, 품질 및 직원들에 대해 더 알고 싶은 욕구를 자연스럽게 불러일으킨다.
- **재치와 진심이 묻어나는 소셜미디어 콘텐츠:** 그들의 소셜미디어 콘텐츠는 브랜드의 이미지와 스타일을 더할 나위 없이 잘 대변한다. 히우트데님은 이곳에 직원들 개개인과 그들이 지닌 마음가짐 그리고 매일 '#1퍼센트씩더나아지기' 위한 그들의 헌신에 관해 정

성껏 제작한 교육자료를 풍부하게 제공한다.

- **이색적인 회사 연보:** 매년 색다르게 제작되는 히우트데님의 연보는 과거를 기억하고, 앞날을 내다보며, 직원들을 예찬할 근사한 방법을 제공한다. 이 연보는 지난 역사를 개괄하는 동시에 그들이 이룩해온 진화와 혁신의 과정을 보여준다.

히우트데님 컴퍼니가 사람들에게 나름의 방식으로 회사의 스토리를 예찬할 수 있는 자유를 주기 때문에 그들의 스토리는 계속해서 성장한다. 참여는 장려될 뿐 강요되지는 않는다. 아이디어를 내고, 변화를 일으키고, 스토리의 진전을 돕는 사람들에 대해서는 공개적으로 칭찬한다. 예찬 기반의 문화 조성은 브랜드 스토리를 발전시키기에 이상적인 전략이다.

이런 식의 지원은 직원과 고객, 공급사와 카디건 주민을 막론하고 누구나 예찬에 참여해 영향력을 행사할 길을 마련한다. 유명인의 경우도 마찬가지다. 메건 마클Meghan Markle 왕자비가 히우트데님의 블랙진을 입고 해리 왕자Prince Harry와 함께 영국의 카디프시를 방문한 사건 이후로 히우트데님 컴퍼니는 전혀 새로운 경지의 영향력을 체험했다.

마클은 히우트데님 컴퍼니의 스토리를 알고, 자발적으로 스토리 예찬에 참여했다. 사람들은 이 점에 주목했다.

히우트데님 청바지에 대한 메건 마클의 지지로 수요가 폭증하면서 이 작은 회사는 더 넓은 곳으로 공장을 옮기면서까지 3개월치나 쌓인 주문을 처리해야 했다. 그들은 이를 '메건 효과'라 불렀다. 사실 마클은 그들의 스토리를 예찬하는 많은 이들 중 한 명에 불과했지만, 웨일스

지방에 자리한 브랜드에서 그보다 더 강력한 예찬자를 기대하기는 쉽지 않았다.

이 스토리가 어찌나 선풍적이었던지 전자상거래 업계의 선도주자인 쇼피파이Shopify가 히우트데님의 스토리를 다룬 특집 동영상을 제작해 유튜브에 올렸을 정도다. 제목은 "메건 마클의 청바지를 만드는 데님 회사"였다. 히우트데님 컴퍼니가 '메건 마클이 입는 청바지' 제조사로 인지도를 얻기 시작하자 소유주인 데이비드 하이엇은 자기 회사와 직원들에 대한 자부심과 자신감을 이렇게 표현했다.

"우리 직원들은 청바지 제작에 관한 한 세계적인 수준이에요. 갑자기 주목을 받게 되어서 그렇지, 원래부터 그들은 자기 일에 끝내줬다고요. 이 사실을 만방에 알립시다!"

나는 이 말이 마음에 든다. 데이비드를 보면 그들이 단순히 스토리텔링을 하고 있는 것이 아님을 분명히 알 수 있다. 그들은 자신들의 스토리를 예찬하고 있다. 그것도 아주 열광적으로.

한 가지 확실히 해둘 점은 메건 마클의 영향력으로 인해 히우트의 인기가 급작스레 폭발한 것이 아니었다는 점이다. 그들은 안 그래도 터지기 일보직전에 있었다. 이미 진솔한 스토리와 우수한 품질, 훌륭한 상품을 갖추고 있었기 때문이다. 이런 조건이 완비되지 않았다면 아무리 강력한 지지가 있었다 해도 별다른 영향이 없었을 것이다.

그럼 이번에는 어떻게 한 회사가 진실을 예찬해 (그리고 인정해) 스스로 초래한 위기에서 벗어날 수 있었는지 살펴보도록 하자.

폭스바겐: 내부에서 초래한 위기에 대한 대응

어떤 기업이든 사업을 하다보면 실수를 저지를 때가 있다. 못마땅한 서비스 경험을 제공하는 바람에 안 좋은 소문이 퍼지거나, 사람을 잘못 고용해 기업문화가 엉망이 될 수도 있고, 법적인 규제나 윤리적 문제에 미흡하게 대처하는 일이 생길 수도 있다. 이런 문제들은 불시에 발생한다. 부디 이 글을 읽고 있는 당신은 폭스바겐처럼 커다란 실수를 저지르지 않기를 바라며, 혹시라도 그럴 경우엔 예찬으로 문제를 돌파할 수 있음을 상기하기 바란다.

2015년 12월 10일, 폭스바겐Volkswagen의 한스-디터 푀치Hans-Dieter Pötsch 회장은 폭스바겐의 엔지니어들이 2005년에 배출가스 테스트를 조작한 사실이 있음을 공개적으로 시인했다. 미국의 배출가스 기준을 충족시킬 디젤엔진 제작을 위해 회사가 정한 '시한과 예산' 내에서 기술적 해법을 찾지 못한 것이 원인이었다.

이 배출가스 조작 스캔들은 폭스바겐을 나락으로 떨어뜨렸다. 회사는 자신들의 스토리 예찬과 관련해 어려운 도전에 직면했다. 그들은 "파티가 엉망이 되었을 때 어떻게 하겠는가?"라는 질문에 답을 내놓아야 했다. 어떻게 대처하면 좋을지에 대한 그들의 답안은 잠시 걸음을 멈추고 조직을 재정비해 새로운 계획이 마련되었을 때 다시 예찬을 시작하는 것이었다.

이처럼 스토리에 흠집이 생겼을 때 이를 타개할 최선의 방법은 사실을 인정하고, 남은 평판을 확인한 뒤, 다시금 예찬을 시작할 계획을 세우는 것이다. 폭스바겐이 한 것처럼 말이다.

자신들의 스캔들을 정면으로 다룬 폭스바겐의 첫 영상이야말로 이런 목표에 잘 들어맞았다. '헬로 라이트Hello Light'라는 제목의 이 1분 45초 짜리 영상은 폭스바겐의 엔지니어 한 명이 문을 열고 칠흑같이 어두운 건물 안으로 걸어 들어오는 장면으로 시작된다. 그가 들어서자 2015년 에 터진 스캔들 관련 뉴스 보도가 흘러나온다. 엔지니어가 라디오를 끄 는 소리가 들리고, 화면은 5초가량 암전되었다가 다시 불빛 하나가 들어온다. 책상에 앉은 엔지니어는 좌절한 듯, 아니 거의 절망한 듯 이 보인다.

그가 화면에서 사라지며 사이먼 앤 가펑클의 명곡 'The Sound of Silence'가 흘러나오기 시작한다. 다시 화면 속에 등장한 엔지니어는 어두운 조명 아래에서 스케치를 하고 있다. 얼마나 지났을까, 그가 패 널에 표시된 폭스바겐의 클래식카 마이크로버스의 과거 도안을 보고는 새로운 영감을 떠올린다. 음악이 고조되며 다른 직원들이 등장한다. 시안 이 그려지고 적용할 기술이 확정되자 본격적인 제조작업이 이루어진다. 이후 한 자동차의 전조등 불빛이 켜지고…… 신형 전기차 폭스바겐 마이 크로버스가 그림자 속에서 모습을 드러낸다. 광고는 이런 문구로 마무리 된다. "어둠 속에서 우리는 빛을 찾았다. 전기차의 새 시대를 열며."

폭스바겐이 마이크로버스를 주인공으로 내세워 다시 브랜드 스토리 예찬 모드로 돌아간 것이다. 이 스토리 자산은 폭스바겐에 엄청난 인플 루언서 역할을 했다. 마이크로버스는 좋았던 옛 기억과 향수를 불러일 으키는 한편 촉망되는 미래에 대한 홍보도 동시에 해주었다. 전기차 출 시까지는 아직 시일이 남아 있었지만 마이크로버스는 인플루언서로의 자격이 충분했다. (관련 영상은 EveryoneIsAnInfluencer.com/VW에서 감상할 수 있다.)

이 광고의 목적은 마이크로버스 자체를 판매해 매출 문제를 해결하려는 데 있지 않았다. 폭스바겐은 브랜드가 입은 상처를 딛고 스토리를 재정비해 그 내러티브가 브랜드의 가장 감동적인 면모를 새롭게 부각시키도록 할 필요가 있었다. 그들은 다시금 폭스바겐의 브랜드 스토리를 예찬하기 시작해야만 했다.

폭스바겐의 이 스토리라인 광고는 브랜드에 새로운 활력을 불어넣고 긍정적인 모멘텀을 확보하기 위해 기획되었다. 폭스바겐은 '헬로 라이트' 영상에 뒤이어 같은 맥락의 지면광고 시리즈를 내보냈다. 그중한 광고에는 "나쁜 소문 뒤에 좋은 소식을 전합니다After the bad buzz, here's

a better one(이 문장 속에서 buzz는 '소문'이라는 뜻과 마이크로버스의 전기차 버전 ID.BUZZ를 함께 가리키는 말로 사용되었다. – 옮긴이)"라는 문구가 적혀 있다. 폭스바겐과 찰떡궁합인 이 광고문구에는 과거에 대한 반성과 미래에 대한 약속이 한꺼번에 담겨 있었다.

'헬로 라이트'의 공개는 선도적인 전기차 회사가 되겠다는 폭스바겐의 의지에 관한 담론의 장을 열었다. 환경과 사회, 지역사회에 대한 책임이 논의되었고, 이를 통해 폭스바겐의 스토리 예찬은 보다 원숙한 단계에 올라섰다.

2019년 6월, 폭스바겐은 미국 시장을 대상으로 하는 US미디어사이트US Media Site에 "Drive Bigger(더 큰 비전을 향한 도약)"로의 새로운 전환을 알리는 보도자료를 배포하며 스토리 예찬의 프로세스를 한 단계 더 진전시켰다. 폭스바겐 아메리카의 마케팅 전무 짐 자벨Jim Zabel은 "지역사회에 기여하는 사람 및 조직의 활동을 소개해 전 임직원이 시금석으로 삼을 수 있도록" 이 메시지를 고안하게 되었다고 설명했다. 이번에도 그들의 목적은 자동차 판매에 있지 않았다. 그들은 뜻을 같이하는 사람들이 보다 큰 대의에 동참할 수 있기를 바라는 마음에서 자신들의 스토리를 사람들에게 전하고 있었다. 자벨은 그 취지를 이렇게 밝혔다.

"Drive Bigger는 전통적인 광고 캠페인이 아닙니다. 이는 더 숭고한 목적과 도전을 위해 폭스바겐을 비롯한 모든 이들에게 사적 이익을 넘어 보다 큰 대의를 숙고해보도록 촉구하는, 폭스바겐의 장기적 비전에 대한 공개적인 선언입니다."

이 진술은 자기만족에 그치지 않고 스토리에 대한 열정적인 참여를 이끌어내려는 폭스바겐의 노력을 보여준다. 사람들은 이처럼 원대한 목표를 추구하는 브랜드에 애착을 보인다. "전 세계가 오래도록 사적

이익을 충족시켜온 시대에, 우리는 사람들이 더욱 발전적인 길을 바라보도록 할 것입니다. 그것이 우리가 미래를 내다보며 천착하고 있는 관점이며, 클래식한 폭스바겐 스타일로, 다시 말해 겸손하고 인간답고 유머러스하게 우리의 가치를 발전시켜 나가면서 옹호할 수 있는 신념입니다." 자벨은 이런 말로 자신들의 목적을 분명히 했다.

훌륭한 생각, 훌륭한 만화, 훌륭한 스토리다!

브랜드 예찬 전략

다행히도 모든 브랜드는 저마다 다른 스토리를 보유하고 있다. 어느 브랜드나 고유의 예찬 전략을 자유롭게 개발하고 실행할 수 있다. 히우트데님과 폭스바겐은 각자에게 적합한 브랜드 스토리 예찬 전략을 통해 번영과 생존에 성공한 기업들의 대표적인 사례다.

물론 자기 스토리를 예찬하는 전략을 구사한다는 게 쉬운 일은 아니다. 매순간 발생하는 난관과 선택지들이 그 과정을 복잡하게 만들기 때문이다. 다음 장에서는 그러한 몇 가지 사례들을 살펴보며 효과적인 브랜드 스토리 예찬을 구상하고 실행하는 데 필요한 마음가짐에 대해 논의해볼 것이다.

요약

- 브랜드 예찬을 위해서는 관심과 흥미를 가지고 브랜드에 통합될 사람들이 필요하다.

- 브랜드의 정체성을 명확히 하고, 성향을 파악하며, 진실을 이야 기하는 것이 브랜드 예찬의 전제조건이다. 그런 다음 커뮤니티가 어느 지점에서 반응을 보이는지 확인하고, 가장 관심을 보이는 부분들을 내부적으로 강화해나가라.

- 브랜드의 중요한 사실들을 찾아서 부각시키고, 관심을 보이는 사 람들을 유인하라.

- 신나게 참여하라. 스토리를 예찬하지 않기에는 인생이 너무나 짧다.

정직성은 더이상
선택이 아니다

CHAPTER THREE

지난 장에서 우리는 어째서 브랜드 예찬에 정직성이 요구되는지 이야기했다. 오늘날 정직성은 그저 '있으면 좋은 것'이 아니라 생존을 위해서 반드시 필요한 것이다. 파티장에 갔다가 거짓과 위선이 들끓는 모습을 본 사람은 그곳에 머물고 싶지 않은 것은 물론이고, 두 번 다시 그런 파티에는 참석하지 않을 것이다.

브랜드 스토리 예찬을 파티에 비유하는 이유는 스토리에 대한 참여를 유도하려면 무미건조하고 일방적인 강의를 펼칠 것이 아니라, 사회적인 지지를 얻을 필요가 있음을 강조하기 위해서다. 브랜드 스토리 예찬은 브랜드의 단일한 관점에 치우친 한 사람만의 파티가 아니라, 여러 사람이 활기차게 어울리는 참여와 소통의 과정이다. 브랜드가 발언권을 가지고 있듯이, 고객과 판매업체도 의견을 낼 권리가 있다.

소셜미디어는 영원히 끝나지 않는 파티에 사람들을 부르는 초대장과 같다.

콘텐츠 마케팅(소셜미디어나 브랜드의 홈페이지 등에 음악과 동영상 따위를 올려 브랜드 이미지 개선을 도모하는 마케팅 방식 – 옮긴이)과 소셜미디어 마케팅에는 비슷한 관심사를 가진 사람들이 브랜드 예찬을 위해 교육과 추천에 나서줄 인플루언서가 필요하다. 그렇기 때문에 이를 아는 브랜드는 인플루언서들이 자신들의 스토리를 쉽게 발견하고 참여할 수 있도록 신경쓴다.

그 목표는 **영향력 엔진**을 만들어 누구보다 열렬한 지지자들이 다 같이 한꺼번에 브랜드 스토리를 예찬할 기회를 갖도록(그리고 브랜드 예찬을 연습할 수 있도록) 하는 데 있다.

히우트데님과 폭스바겐의 사례는 좋은 아이디어를 갖고 있는 것만으로는 부족하며 **실질적인** 노력과 지속적인 지원이 뒷받침되어야 함을 시사한다. 기업주는 직원들에게 하나의 팀으로서 스토리를 예찬하도록 격려하며, 그들의 참여를 인정하고 보상할 필요가 있다. 직원들의 성과를 치하하고 그들에게 회사가 어떤 곳인지 그리고 브랜드의 약속을 그들이 어떻게 이행할 수 있는지 열심히 알려주어야 한다.

내부 참여를 확보하려면 직원들이 자신의 성취에 대한 글을 올리고, 자부심을 드러내보이며, 개인적인 경험을 공유하는 등 브랜드의 스토리를 즐거운 마음으로 알릴 수 있어야 있다. 이는 고객과 통합된 관계를 구축하고 사업구조를 튼튼하게 만드는 밑거름이 된다. 또한 이를 통해 기업과 문화의 힘을 더욱 키워줄 스토리 예찬의 기회도 생긴다.

통합될 수 없는 영향력은 무의미하다. 브랜드가 인플루언서에게서 큰 발언권을 빌릴 수는 있지만, 느닷없이 대중에게 엉뚱한 메시지를 전하기 시작하면 그 목소리는 이내 힘을 잃고 만다. 몇 년 전 케냐의 마라톤 선수 엘리우드 킵초게Eliud Kipchoge가 나이키의 에어줌알파플라이넥스트%Air Zoom Alpha Fly Next% 러닝화 광고를 한 적이 있다. 2019년 그가 이 러닝화를 신고 마라톤을 뛰어 '마의 2시간 장벽'을 허문 덕분에 이 러닝화는 나이키 역사상 가장 많이 팔린(그리고 가장 많은 논란을 불러일으킨) 운동화가 되었다(2017년 처음 나이키가 엘리우드와 구상했던 '마라톤 2시간 장벽 허물기Breaking2' 프로젝트는 안타깝게 실패로 끝났고, 2019년 이네오스INEOS라는 제약회사와 다시 시도한 끝에 성공을 거두었다. 엘리우드의 이 비공식 기록에 환영하는 이들도 있었지만, 좋은 장비로 인한 결과라며 기술 도핑 논란이 불거지기도 했다. ─옮긴이). 인플루언서인 그와 나이키 운동화의 관계가 세상에 미친 영향은 부인할 수 없는 것이었다.

그런데 만약 이러한 성공을 목격한 크리스피크림Krispy Kreme이 똑같이 엘리우드를 섭외해 도넛 광고에 출현시킨다면 어떻게 될까? 그 광고는 완전한 실패로 끝날 가능성이 높다. 비즈니스에 영향력을 이용하고자 할 때에는 브랜드가 추구하는 바가 무엇인지 명확히 이해할 필요가 있다. '통합되기 힘든' 인플루언서와의 제휴는 문제를 야기한다.

도로시, 너에겐 루비 구두가 있어

당신이 이 책에 관심이 끌렸다면 회사에 뭔가 문제가 있다는 느낌이 들었기 때문일지 모른다. 아니면 최소한 현재의 상황을 개선할 모종의 아이디어나 통찰을 구하고 있을 수도 있다. 어쩌면 신규고객 확보가 힘들어지고 기존고객을 유지하기는 더 어려워졌을지도 모른다. **직원들**을 붙잡아두는 것 역시나 만만치 않은 일이다. 모든 기업들이 적합한 고객과 직원 확보를 위해 전면전을 벌이고 있다. 회사를 한 단계 더 발전시키고 남들과 차별화하려면 누구나 다 쓰는 식상한 마케팅 전략을 펼쳐서는 안 된다.

다행스러운 점은 당신에게는 이미 소통과 협업을 통해 탄탄한 문화를 조성하는 데 필요한 도구가 있다는 점이다. 그것을 꺼내어 잘 사용하기만 하면 된다. 그렇다. 브랜드를 알리고, 사람들과 관계를 맺고, 영향력을 키우고, 성공하기 위해 필요한 모든 것이 어느 브랜드나 가지고 있는 가장 중요한 한 가지 자산에 달려있다. 그것은 바로 스토리를 예찬할 기회다.

당신의 **스토리**에 해답이 있다.

지금이 그때며, 지름길은 없다

오늘날 기업이 자신들의 스토리를 알릴 수 있는 기회는 역사상 그 어느 때보다 더 많아졌다. 문제는 기업들이 그 기회를 인식하지 못하는 데 있는 게 아니라, 지름길을 택하려는 데 있다.

일부 브랜드들은 의도적으로, 그리고 다른 많은 기업들은 부지불식간에 그런 실수를 저지른다. 어느 쪽이 되었건 어떻게 이런 일이 일어나는지 이해하기란 그리 어렵지 않다.

10년 전, 인터넷이 활성화되면서 브랜드들은 스토리를 공유할 무궁무진한 기회를 가지게 되었다. 마케팅 부서들은 흥분감에 도취되어 곧

바로 각자의 스토리를 말할 기회를 붙잡았다.

그들은 당장 광고문안을 작성해 브랜드 스토리를 주제로 한 영상물을 제작하기 시작했다. 대개가 진부한 내용이었다. 그들은 스토리를 발굴하는 데 시간을 할애하지 않고 곧바로 말하기에 들어갔다. 고가의 촬영장비를 동원해 전문적으로 보이는 영상을 제작했다는 이유만으로 대중들이 관심을 가지리라 생각한 것이다.

그러나 아무도 눈길을 주지 않았다.

브랜드들은 의도했던 효과를 거두지 못했다. 검증된 프로세스 없이 무작정 스토리만 말하고 있었기 때문이다. 그 스토리를 뒷받침할 적당한 스토리라인도, 스토리를 예찬하려는 노력도 없었다. 문화적 변화를 일으킬 어떤 프로세스도 마련되어 있지 않았다. 그들은 그저 스토리를 '팔고 있을' 뿐이었다. 이런 판매 목적의 말하기는 결국 브랜드가 자기들의 잇속만 차리기 위한 것으로 여겨져 감동을 주거나 긍정적인 영향을 미치지 못했다.

단순히 스토리만 말하는 브랜드가 되지 말라.

새롭게 부상한 마케팅 체계들은 스토리를 공유할 기회가 있더라도 브랜드 스토리를 올바로 다룰 방법을 찾기보다 어떻게 하면 더 쉽고 빠른 길을 택할 수 있는지 일러주는 데 급급했다. "굳이 브랜드 스토리를 들려주려 애쓰지 말고, 그냥 매출로 이어질 수 있는 이야기를 하세요." 이것은 브랜드를 알리기보다 오직 전환율 상승을 위해 고안된 스토리를 내세우는 순수한 판매 목적의 말하기 전략이다. 이런 지침은 대부분

전통적인 스토리텔링 원칙들을 기반으로 수립된 것이다.

다음은 이런 마케팅 체계들이 흔히 추천하는 몇 가지 전략들이다.

- 브랜드에 대한 스토리를 만들지 마라.
- 고객들로 하여금 브랜드 스토리가 아닌 '아무' 스토리에나 참여하게 하라.
- 브랜드의 제품이나 서비스가 고객을 얼마나 근사하게 만들어줄지 설명하라.
- 고객에게 어떤 이익이 생길지에 대해 주로 이야기하라.

위 항목들은 스토리를 말할 기회를 활용하고자 기업들이 도입하기 시작한 여러 원칙들 중 극히 일부에 불과하다. 이런 아이디어는 그런대로 쓸모 있는 판매전략이다. 광고문구를 통해 고객과의 연결성과 빠른 전환율을 창출하는, 그나마 '평균보다는 나은' 전술이기 때문이다. 그러나 이런 것들이 주된 전략이 되어서는 곤란하다. 브랜드 교육과 연결되지 않는 스토리텔링은 당장은 주목을 끌 수 있을지 몰라도 피상적인 수준의 연결성밖에 제공하지 못한다. 이런 방법으로는 관계를 구축할 수도, 비즈니스를 차별화할 수도, 장기적인 성공 궤도에 올라설 수도 없다. 스토리텔링은 스토리 예찬과 같은 대전환의 힘을 발휘하지 못한다. 스토리텔링은 단기적인 전술이며, 스토리 예찬은 장기적인 전략이다.

브랜드 스토리 예찬은 기업의 보물 같은 스토리들을 공유할 기회를 열어준다. 고객을 영웅시하는 콘셉트를 재탕하거나 경쟁사와 똑같은 내러

> 스토리텔링은 단기적인 전술이며, 스토리 예찬은 장기적인 전략이다.

티브를 반복하는 대신, 기업과 문화에 숨어 있는 신선하고 독특한 스토리를 찾자. 현실적이고 공감이 가도록 스토리를 확장해 교육이 가능한 방식으로 직원과 고객, 커뮤니티에 다가가자.

당신부터 먼저 모범을 보이고 다른 사람들도 그런 식으로 스토리를 공유할 마음을 가질 수 있도록 노력하라. 흥미진진하고 포용적인 방식으로 스토리를 예찬할 기회는 무수히 많다. 당신이 예찬하는 스토리를 누구나 이해하기 쉽게 만들면, 주변에서 영향력이 발휘되는 사례들이 속속 발생하기 시작할 것이다.

기업문화 구축과 고객과의 장기적인 관계 수립을 위해 스토리를 예찬할 기회를 활용하고 싶다면, 브랜드의 정체성부터 먼저 명확히 해야 한다. 예찬은 나중 일이다. 지름길은 없다.

10년 전만 하더라도 판매 목적의 말하기 전략들이 꾸준히 효과를 내며 즉각적인 연결성을 만들어냈다. 이런 스토리가 잘 통했던 이유는 스토리라는 것 자체를 말하는 기업들이 별로 없었기 때문이다. 하지만 이제 이런 말하기 전략의 효용은 수명을 다했다. 대중들은 허구한 날 똑같은 스토리를 듣는 데 지쳐버렸다. 요즘은 스토리 번아웃이 그 어느 때보다 더 빨리 일어나고 있다.

코로나바이러스가 확산되었던 처음 몇 주 동안은 "우리가 함께할게요"라는 메시지를 전하는 브랜드들에 사람들이 감동했다. 시의적절했고 진심이 느껴졌기 때문이다. 그러나 얼마 안 가 모든 브랜드가 죄다 이런 스토리텔링 전략을 들고 나오면서 순식간에 거의 똑같은 서사가 폭증했다. 이제 이런 스토리는 감동적인 것에서 짜증스러운 것으로 변질되고 말았다.

그러던 중 한 브랜드가 놀랍게도 자신들의 본모습을 '대담하게 드러내는' 전략으로 "우리가 함께할게요"라는 신물 나는 표현에 통쾌한 반격을 가했다. 그들은 누군가의 트윗에 남긴 답글로 수백 건의 댓글과 수천 건의 '좋아요' 세례를 받았다. 퀘이커메이드미츠Quaker Maid Meats의 육류 브랜드인 스테이크엄Steak-umm의 사례다. 이 트윗 대화에 참여한 이들은 다음과 같이 유머러스하면서도 솔직한 댓글들로 지지를 표시했다.

케빈 파르자드 한 브랜드라도 "우리는 함께하지 않을 거예요"라고, 내 건강 따위는 안중에도 없다고 말해주면 좋겠다.
스테이크엄 케빈, 우리는 함께하지 않을 거예요. 당신 건강은 우리 안중에 없어요.
케빈 파르자드 항상 솔직하게 말해줘서 고마워요.
닐 쇤탈러 계속 그런 트윗 날려주세요.

정형화된 아이디어, 즉 기성의 브랜드 전략은 절대 추천하지 않는다. 경쟁 상대를 염두에 두고 스토리를 구상하면, 다른 기업들과 다를 바 없는 가식적이고 피상적인 수준의 스토리라인밖에 얻지 못한다.

거짓의 대가는 죽음이다.

지금까지 우리는 얄팍한 판매 목적의 말하기를 통한 프로세스 단축의 위험성에 대해 이야기했다. 그러나 이보다 더 나쁜 것은 브랜드를 본모습과 다른 모습으로 가장하는 것이다. 장기적인 관계를 구축할 생각이라면 브랜드가 부응할 수 있고 실행할 수 있는 이야기로 브랜드 스토리를 작성하자.

진정한 브랜드 스토리는 브랜드의 위상을 높여준다. 진실되고 공감 가는 메시지를 전할 때 그 브랜드는 다른 모방꾼들이나 따라쟁이들과 격을 달리하게 된다. 이러한 구분은 사치가 아닌 필수다.

브랜드의 사기행각은 치명적이다. 실제로 그런 일들이 너무나 빈번히 벌어지고 있기 때문에 사람들은 한 시도 긴장을 늦출 수가 없다. 그들은 복제된 스토리, 가짜 뉴스, 날조된 상품평, 리타게팅(검색어에 기반을 둔 맞춤광고 기법 – 옮긴이) 광고, 의심스러운 자료에 지쳐 있다. 이런 기만적인 관행이 어찌나 횡행했던지 「뉴욕타임스New York Times」가 2019년 마지막 일요논평에서 2010년대를 "불신의 10년"이라고 명명했을 정도다. 그들은 이 10년의 세월 동안 미국인이 얻은 가장 값진 교훈이 "누구도, 무엇도 믿어서는 안 된다"는 사실이라며 신랄하게 비꼬았다.

고객들은 신뢰할 수 있는
콘텐츠를 간절히 원한다.

고객들은 신뢰할 수 있는 자료와 리뷰를 찾아 헤매야 하는 처지에 내몰렸다. 그들의 고충은 당면한 현실이며 이런 상황은 소셜채널들의 평판과 의의, 가치에 의문을 갖게 만들었다. 플랫폼의 신뢰도와 가치, 유효성이 계속해서 떨어질 경우 이 채널들은 많은 것을 잃게 된다.

구글Google, 페이스북, 링크드인LinkedIn, 옐프를 비롯한 몇몇 성공적인 소셜플랫폼들은 신뢰도 문제와 우려스러운 콘텐츠가 미치는 악영향을 해소하기 위해 지속적인 시스템 개선에 나서고 있다. 그들은 신뢰와 관심, 유용성을 잃는 순간 자신들의 플랫폼이 존재의 이유를 상실할 수 있음을 잘 알고 있다.

이 기업들에겐 사기꾼과 위선자 무리가 자신들의 성장세를 가로막는 것을 지켜보고만 있을 여유가 없다. 커다란 위기가 턱밑까지 닥쳐왔기 때문이다. 그래서 그들은 싸움에 뛰어들었고, 꽤 효과를 보고 있는 곳들도 있다. 모든 사이트가 저마다 최대한 믿을 만한 결과와 흥미로운 콘텐츠를 생성, 보호할 수 있도록 매일같이 알고리즘을 수정해가며 커뮤니티와 명성을 지키기 위해 애쓰고 있다.

● 구글은 사람들이 실제로 사용하는 콘텐츠에 기반해 가장 적합한 검색결과가 도출되도록 알고리즘을 지속적으로 업데이트하고 있다. 그들은 검색결과 조작으로 여겨질 만큼 과다한 키워드나 링크를 포함한 글, 은밀한 리다이렉트, 자동생성 콘텐츠 등 여러 의심스러운 관행을 벌이는 업체들을 제재해왔다. 이러한 노력은 구

글이 사용자의 경험을 얼마나 소중히 여기는지에 대한 직접적인 방증이다.

- 2018년 1월, 페이스북은 자사 알고리즘에 대한 대대적인 정비를 단행했으며, 낚시성 게시글, 스팸메일 전송자, 유해 콘텐츠 등을 제재하는 엄격한 보호정책을 지속적으로 시행중이다. 그들은 가족과 친구, 진솔한 사연들이 우선적으로 노출되도록 기준을 정하고 있다. 또한 '좋아요'와 댓글 및 공유에 그 어느 때보다 높은 가중치를 두고, 사용자들과 빈번히 교류하는 브랜드들을 예의 주시하고 있다.

- 옐프는 가짜 리뷰가 자신들에게 미치는 위협을 일찌감치 깨달았다. 2012년에 이미 그들은 옐프에 올려진 리뷰 중 최소 20-25%에서 의심스러운 점을 포착했다. 이에 알고리즘을 재정비하는 과감한 조치에 들어가 리뷰의 엄격한 검열을 통해 진정성이 담보될 수 있도록 했다. 그러나 진정성 있는 리뷰의 상당수가 승인과정에서 부당하게 누락되는 경우가 많다는 업주들의 불만도 이어지고 있다. 옐프는 리뷰 검열 수위의 적절한 균형점을 찾기 위해 여전히 고심중이다.

이는 온라인 메시지의 가치와 신뢰도를 지키기 위해 취해지고 있는 조치들 중 극히 일부일 뿐이다. 몇몇 소셜채널들이 지난 10년간 살아남아 번영을 누릴 수 있었던 이유는, 그들이 자신들의 콘텐츠를 흥미롭고 진실되게 유지하기 위한 전략 수립과 시행에 엄청난 시간을 투입했기 때문이다. 그들은 자신들의 채널이 신뢰받는 환경이 되려면 단순히 정보를 담는 것만으로는 부족하다는 사실을 잘 알고 있다. 소셜채널은 진정한 영향력을 통해 사람들이 서로 배움을 얻고 함께 즐길 수 있는 공간이 되어야 한다.

구글이 정확한 검색결과를 도출하려 애쓰고 페이스북이 소중한 추억을 전달하려 노력하는 데서 알 수 있듯이 소셜채널들은 사용자가 관심을 보이는 콘텐츠를 제공하는 데 역점을 둔다. 이런 채널들의 최대 관심사는 사용자를 그들이 가치 있게 여기는 기업이나 상품 또는 경험과 연결시키는 데 있다.

이들이 양질의 콘텐츠와 책임감 있는 브랜드 스토리를 추구해나가는 과정에서 건전한 분위기를 저해하는 무리들은 차츰 제거된다. 또 이 과정에서 시스템 조작으로 이득을 취하는 브랜드들도 발각되기 마련이다. 책임감 있는 스토리텔링을 요구하는 요즘 시대에 기만적인 기업과 사기꾼, 수상한 마케터들이 마음 놓고 활개치기는 힘들다. 참으로 다행스러운 변화다. 실제와 다른 거짓된 모습으로 가장하는 브랜드보다 더 볼썽사나운 것도 없으니 말이다.

허풍 떨지 말라

어린 시절부터 나는 남들보다 조금 더 빨리 가겠다고 잔꾀를 부리는 브랜드들에 대해 혐오감을 가지고 있었다.

오하이오주 스튜번빌에서 두 분 다 교육학 박사이신 부모님 밑에서 자라면서 우리 형제들은 건전한 도덕관과 확고한 노동윤리, 능력을 갈고닦는 성실성을 기르도록 배웠다. 그 모든 가르침 중에서도 특히 한 가지 원칙이 내가 학업과 운동, 사업과 인생의 길을 찾아가는 길잡이가 되어주었다.

그것은 단순한 규칙이었다.

감당하지 못할
허풍은 떨지 말라.

물론 이 말을 우리 아버지가 처음 하신 건 아니다. 다른 사람들도 아마 비슷한 말들을 들어보았을 것이다. 그러나 우리에게 이 말은 단순한 경구가 아니었다. 키넌 집안에서 이 말은 실질적인 규범이었기 때문에, 우리 형제들은 근거를 댈 수 없는 말이나 행동은 하면 안 되는 줄로 알고 자랐다.

이 말을 귀가 닳도록 들으며 나는 나 자신이나 내가 이룬 성취에 대해 왜곡되게 전달할 생각은 아예 꿈도 꾸지 않도록 훈련이 되었다. 이런 마음가짐 덕분에 나는 책임감 있게 성장할 수 있었을 뿐 아니라 스스로가 성장해가는 모습에 자부심을 가질 수 있었다.

그런데 불행히도 사회생활을 시작한 뒤 얼마 지나지 않아, 나는 다들 나처럼 입조심을 하는 건 아니라는 사실을 깨닫게 되었다. 허풍스럽게 내뱉는 말에서 빚어진 왜곡이 기업문화에 얼마나 팽배해있던지 가히 충격적이었다. 그때는 인터넷과 책임 마케팅 개념이 출현하기 전이어서 수시로 거짓말을 하거나 스스로를 왜곡하는 기업들이 약속을 어겼다고 해서 실질적인 부담을 지게 되는 일은 거의 없었다. 「컨슈머 리포트Consumer Reports」에 이따금씩 올라오는 부정적인 리뷰 말고는 구매자들이 이런 기업들에게 책임을 묻기 위해 필요한 정보를 접할 수 있는 수단이 없었다.

요즘은 다르다. 수시로 헛소리를 해대는 기업은 결국 큰 성공을 거두지 못한다. 브랜드가 충족시킬 수 없거나 애초에 충족시킬 생각이 없었던 수준의 기대치를 설정했다가는 부정적인 평점과 리뷰로 역풍을 맞게 된다. 처음엔 대중의 눈길을 피할 수 있을지 몰라도, 그런 업체는 결국 잔뜩 올라간 기대치를 충족시키지 못한 데 대한 심한 반발에 부딪칠 가능성이 높다. 진솔한 스토리가 없는 브랜드는 장차 성공의 반열에 오를 수 없다.

리뷰 사이트들이나 웹 기반의 포럼들이 진정성 문제로 골머리를 앓고 있기는 하지만, 브랜드들에 매겨진 순위의 무게감과 영향력은 여전히 막중하다. 그만큼 책임 있는 위치에 있기 때문에 이런 기업들이 여론의 재판에 회부되어온 것이다. 없는 것을 가진 척했다가는 대중의 엄한 심판을 면할 수 없다. 그러므로 기업들은 그 어느 때보다 본모습에 충실하고 허튼소리를 삼갈 필요가 있다.

이제는 약속을 지키는 사람들을 위한 시대다

직원과 고객에게 한 약속을 지킬 수 있는 기업은 이 새로운 책임의 시대를 맞아 마음껏 열정을 불사를 수 있을 것이다. 당신이 이 책을 읽고 있다는 사실은 브랜드 스토리에 담긴 약속을 보다 나은 방식으로 이행할 만반의 준비가 되어 있음을 뜻한다. 그렇다고 모든 소비자의 비위를 다 맞춰주는 노예가 되라는 뜻이 아니다. 모두를 위해 무슨 일이든 다 할 수는 없는 법이다. 스스로 정한 책임을 다하기만 하면 회사의 감동적인 측면들을 대대적으로 알릴 힘이 생긴다.

그럼 이제 브랜드의 진정성을 강조하게 된 계기와 그 중요성에 대한 논의는 이쯤에서 마무리하고, 다음 장에서는 '문화개발 마케팅'이라는 프로세스를 통해서 어떻게 브랜드 스토리를 예찬할 수 있는지 알아보기로 하자. 이 체계를 활용하면 브랜드 스토리의 여러 가지 버전과 비전들로 브랜드 지지자를 교육하고, 브랜드의 가치를 공고히 하며, 기업문화를 강화할 수 있다. 통합과 참여는 브랜드의 도약과 성공을 돕는 최고의 촉매제다.

요약

- 정직성은 선택이 아닌 필수다. 거짓말은 금세 탄로나고 만다.
- 정직한 방법을 사용해야 한다. 구글, 페이스북, 옐프는 가짜를 뿌리 뽑기 위해 알고리즘을 지속적으로 업데이트하고 있다.
- 허풍은 금물이다. 사람들은 믿고 신뢰할 수 있는 콘텐츠와 인물들을 찾고 있다. 실현 가능한 것들에 대해서만 이야기하라.

문화개발 마케팅

CHAPTER FOUR

제이미 디도메니코Jamie Didomenico는 왠지 모를 의심이 들었다. 2009년 당시 그가 운영중인 회사는 대성공을 거두고 있기는 했지만, 마케팅 면에서 뭔가가 부족했다. 나는 그에게 과감한 변화를 시도해볼 것을 제안했고, 그가 이에 응할지는 확신할 수 없었다.

그때는 우리 마케팅대행사가 출범한 지 얼마 안 되었을 때였다. 우리는 제이미의 회사 쿨투데이CoolToday를 위해 우리가 독자적으로 개발한 '문화개발 마케팅Culture Development Marketing: CDM' 프로세스를 제안했다. 제이미의 특별한 가정방문 서비스 업체는 성실한 직원들과 함께 냉난방 및 환기 장치, 즉 공조설비 사업으로 당시 연간 1천만 달러에 이르는 수익을 거두고 있었다. 그런데 쿨투데이가 공조설비를 넘어 다른 분야까지 영역을 확장하면서 두 가지 브랜드가 추가되었다. 하나는 배관 서비스를 전문으로 하는 플러밍투데이Plumbing Today, 다른 하나는 전기서비스를 전문으로 하는 에너지투데이EnergyToday였다. 그런데 이 동떨어진

세 브랜드의 구조로 인해 회사 안팎에서 문제가 불거지기 시작했다.

제이미가 그쪽 시장에서 최대 광고주 중 하나였던 만큼, 쿨투데이는 충분한 광고기획의 수혜를 입고 있었다. 그러나 그들이 내놓는 메시지는 대부분 쿨투데이 브랜드 하나에 국한된 것이었다. 심지어 시엠송마저도 공조설비에 관한 이야기뿐이었다. "쿨투데이 하세요. 오늘 바로 됩니다"라는 노랫말과 중독성 있는 멜로디가 브랜드의 뚜렷한 비전을 강조하기는 했지만, 공조설비 사업 하나만을 광고하면서 일면 이들의 문제를 가중시키는 측면이 있었다.

제이미를 보자마자 나는 그가 자기 직원들과 기업문화를 소중히 여기는 밝고 지적인 리더라는 걸 직감했다. "전에 만났던 광고기획사가 그러는데 우리 쿨투데이, 플러밍투데이, 에너지투데이 브랜드에 문제가 있다는군요." 제이미가 먼저 말문을 열었다. 그래서 그들이 제시한 해결책이 무엇이었냐는 나의 물음에 그가 대답했다. "해결책 같은 건 없었어요. 그냥 '당신 회사에 문제가 있습니다'라는 말뿐이었죠."

이런 경우라면 상당히 우려스러운 상황이 아닐 수 없었다. 그러나 그 업체를 면밀히 들여다볼수록 내게는 문제보다 기회가 엿보였다. 그런 유형의 상황이야말로 우리 프로세스에 적합했다. 사실 그는 나에게 이상적인 고객이었고, 나는 그 기회를 놓치지 않았다.

제이미가 언급했던 광고기획사와 나는 생각이 달랐다. CDM을 활용하면 그들의 세 사업부문을 아울러 하나의 종합적이고도 매력적인 내러티브를 구성할 수 있을 것 같았다. 스토리를 명확하고 짜임새 있게 정립하기만 하면 에어컨 설치나 배수관 청소, 전기패널을 점검해준다는 통상적인 광고에 그치지 않고 직원 및 고객과의 관계를 예찬하는 수준에까지 도달하게 할 수 있었다.

물론 그는 CDM의 C자도 모르고 있었다. 이제 막 세상에 모습을 드러내기 시작한 프로세스였으니 당연한 일이었다.

괜히 꾸물대다가 쫓겨나기 전에

내가 얼른 질문을 이어갔다. "세 사업부문을 누구나 하나의 통합된 브랜드로 인식하게끔 만들어주는 프로세스가 있다면 어떨까요?"

간절히 염원하던 바였는지 그는 내 이야기에 귀를 쫑긋 세웠다. 나는 그의 회사에 이미 존재하는 성공적인 문화를 우리가 어떻게 스토리로 담아낼 수 있는지 설명했다. 그 스토리는 **외부**에서만큼이나 **내부**에서도 예찬할 필요가 있었다.

제이미가 그 아이디어에 바로 반응을 보이며 내 말을 가로막고 이야기했다. "듣던 중 반가운 소리네요. 우리 직원들의 장점을 널리 알릴 기회가 되겠어요. 안 그래도 그런 게 필요했어요. 계속 말씀해보시죠." 제이미의 태도로 미루어 보아 그가 내 설명을 제대로 이해하고 있음을 알 수 있었다.

나는 그에게 문화개발 마케팅을 한 문장으로 정리해주었다. 지속적인 대화와 교류 및 경험을 통한 브랜드 스토리 예찬으로 사람들의 참여를 유도하고, 기업문화를 굳건히 하며, 장기적인 관계를 구축하는 마케팅의 한 방법이라고 말이다.

그러고는 다음의 단계를 밟으면 이 프로세스를 간단히 작동시킬 수 있다는 설명을 얼른 덧붙였다.

● 인상분석Impression Analysis으로 브랜드의 가장 감동적인 측면이 무

엇인지 탐색한다.

- 브랜드 스토리 개요Brand Story Summary를 통해 각각의 아이디어를 구체화하고 이들을 서로 연결한다.
- 직원과 고객, 커뮤니티와 함께 스토리 예찬을 위한 계획을 세우고 실행한다.
- 스토리라인들이 계획대로 스토리와 관련성을 유지하고 있는지 그리고 스토리가 전반적으로 잘 정돈되어 있는지 매년 정기적으로 점검한다. 회사와 커뮤니티의 요구가 변하는 대로 스토리라인과 등장인물, 아이디어를 적절히 가감한다.

고객들은 쿨투데이가 신속한 서비스와 즉각적인 대응으로 명성이 높다는 사실을 익히 알고 있었다. 그러나 쿨투데이는 분명 시엠송이 광고하는 것보다 훨씬 더 많은 서비스를 제공할 수 있었다. CDM이 그 부분을 알릴 수 있는 해결책이었다.

CDM 프로세스로 우리는 쿨투데이 직원들과 고객들의 힘을 빌려 스토리 예찬에 활력을 불어넣었다. 이들의 참여는 스토리를 지지하고 강화하기 위한 사용자 제작 콘텐츠에 도움이 되었다. 사진을 올리고, 직원들을 소개하며, 스토리를 공유하는 채널로는 주로 페이스북과 유튜브를 사용했다. 시리즈 영상은 우리가 제작했고, 교육과 이해를 돕기 위한 콘텐츠의 흐름을 만드는 일은 우리 소셜미디어팀과 쿨투데이 직원들이 협력해 진행했다.

이 콘텐츠 전략의 목적은 관계를 증진하는 데 있었다. 우리는 마음이 맞는 사람들을 다음의 단계를 거쳐 변화시키고자 했다.

- 스토리를 감상하는 관람자에서
- 그 스토리가 주는 혜택을 높이 평가하는 공감자로
- 더 나아가 스토리 예찬에 직접 참여하고자 하는 예찬자로

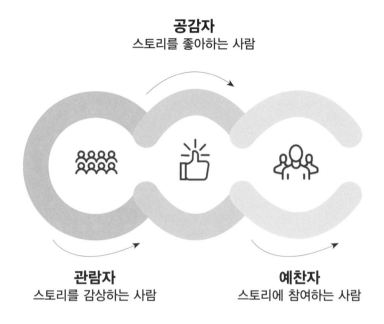

공감자
스토리를 좋아하는 사람

관람자
스토리를 감상하는 사람

예찬자
스토리에 참여하는 사람

예찬이 지속되게 하려면 스토리 예찬이 기업 정체성의 일부로 인식되는 스토리 기반의 문화를 확립할 필요가 있다. 그렇게 되면 콘텐츠 생산이 모든 부서가 참여하는 팀 스포츠가 된다. 쿨투데이, 에너지투데이, 플러밍투데이도 이런 식으로 판도를 바꿀 수 있었다.

이 방법은 그들이 기존에 해오던 방식과 많이 달랐다. 게다가 쿨투데이가 쓰고 있던 마케팅 전략은 눈에 띄기는 했지만 경쟁사들이 언제든 따라할 수 있는 방법이기도 했다. 어느 브랜드라도 더 우수한 제품

과 더 낮은 가격, 더 빠른 서비스를 약속하며 그들과 경쟁할 수 있었다. 쿨투데이에는 세 업종의 스토리를 하나로 합칠 기회가 있었다. CDM 프로세스를 실행하면 쿨투데이의 전 직원을 재교육하고 사람들에게 회사의 스토리를 알릴 수 있었다.

이러한 기회에 대해 논의하면 할수록 제이미는 그 아이디어에 점점 더 빠져들었다. 그는 직원들을 인플루언서로 활용한다는 발상이 마음에 든다며 당장 프로세스를 실행할 준비에 들어갔다. 어서 예찬을 시작하고 싶어 견딜 수가 없는 모양이었다.

새로운 방향 설정

CDM 프로세스를 통해 우리는 쿨투데이의 스토리를 발굴했다. 고객들이 "투데이에서 최고의 혜택을 가져가도록" 지원을 아끼지 않는 직원들의 헌신적인 모습을 보여줄 스토리였다. 스토리 예찬이 시작된 것이다.

이 계획에서 우리는 쿨투데이, 에너지투데이, 플러밍투데이가 브랜드 스토리 교육과 시행에 전념하기 쉽도록 '투데이'라는 단어를 통해 신속한 서비스에 방점을 두는 기조를 유지했다. 세 부서가 함께 담긴 이미지가 사방에 게시되었고, 곧이어 직원과 고객, 지역사회가 "투데이에서 최고의 혜택을 가져가도록" 회사가 얼마나 물심양면으로 지원하고 있는지에 대한 전면적인 예찬이 이루어졌다.

그 영향은 곧바로 나타났다. 사상 처음으로 쿨투데이, 플러밍투데이, 에너지투데이가 어깨를 나란히 하고 고객 및 지역사회와 하나가 되어 자신들의 브랜드 스토리를 예찬하고 있었다. 그들은 함께 사람들을 교육하고, 스스로에 대한 자부심을 내보이며, 당당히 소신을 밝히는 통일된 집단이 되었다. 그리고 이제는 스토리가 있는 가정방문 서비스 업계의 리더가 되었다.

스토리가 장기적 성공을 보장한다

문화개발 마케팅은 한 번의 홍보나 일시적인 프로그램이 아니라 장기적인 결과를 얻기 위한 문화적 노력이다. 우리가 쿨투데이와 일한 지도 10년이 넘게 흘렀지만 여전히 쿨투데이의 스토리는 성장하고 진화하며 계속해서 예찬되고 있다. 그들이 자신들의 스토리를 얼마나 효과적으로 예찬했던지 연매출이 5천만 달러 이상으로 올랐을 정도다. 그들은 경쟁이 치열한 가정방문 서비스 시장을 지배하고 있으며, 지금도 변함없이 업계의 리더로 인정받고 있다.

CDM은 차별성을 부각시키고, 가치를 창조하며, 신뢰를 유발하는 궁극적인 수단이다. 우리는 쿨투데이를 비롯한 십여 곳의 다른 가정방문 서비스 업체들과 함께 지속적인 성공을 구가하고 있다. 겉으로 보이는 결과와 성공의 양상은 비슷할지 몰라도 그들이 보유한 스토리는 저마다 다르다. 모든 기업의 스토리가 독특하며, 그로 인해 각 기업은 독보적인 위치로 올라서게 된다. 그 기업만의 특색이 돋보일 수 있도록 스토리가 계획되기 때문이다.

진정한 브랜드 스토리를 예찬하는 데 힘을 쏟으면 브랜드에 대한 홍보로 그치지 않고 소비자에게 그들이 원하는 것, 다시 말해 알짜배기 정보와 진실된 콘텐츠, 진정한 브랜드 스토리를 전할 수 있다.

자기 브랜드를 제대로 알아야
남들에게 가르칠 수 있다.

자기 브랜드의 독보적인 개성과 성과, 혜택에 대해 알고 있다고 해서 무조건 그러한 차별성을 명확히 드러낼 수 있는 것은 아니다. 브랜드 스토리 개요를 작성하는 목적은 브랜드 예찬의 체계를 세우기 위해서다. CDM 프로세스는 스토리 기반의 문화 형성으로 예찬의 토대를 만들어준다.

- 브랜드 스토리 개요를 정립하면 브랜드에서 가장 감동적인 측면이 무엇인지 명확히 이해할 수 있다. 브랜드 평판이 그 한 가지 사례이며, 이는 콘텐츠 제작의 든든한 기초가 된다.
- 브랜드 스토리 개요는 스토리 예찬의 기회를 확대해줄 관련 스토리라인들의 개발에 도움을 준다. 스토리라인은 브랜드 스토리 개요의 하위집합이며, 각각의 스토리라인은 브랜드의 핵심적인 측면들을 한 가지씩 다룬다. 이 독립된 영역들에서 서로 다른 집단과 인물들이 브랜드와 통일성 있게 연결될 기회가 열린다.
- 브랜드 스토리 예찬은 브랜드 스토리와 개별 스토리라인의 콘텐츠를 접한 사람들이 자신들도 그런 콘텐츠를 공유하거나 새로운 스토리 창작에 참여할 마음을 가지기 시작할 때 일어난다.
- 콘텐츠의 공유를 통해 얻어지는 통찰력과 아이디어 및 혁신은 파티에 참석한 데에 대한 보상이다. 그러한 교류는 브랜드에 정보

와 에너지, 흥분감이 끊일 새가 없게 만든다.

- CDM 프로세스의 목적은 파티를 지속할 수 있는 스토리 기반의 기업을 육성하는 데 있다.

예찬에 참여하는 동안 사람들은 일상 속에서 자연스럽게 '브랜드 중심의 콘텐츠를 제작'하게 된다. CDM 프로세스는 이처럼 브랜드 저널리즘(브랜드가 자체적으로 생산한 콘텐츠를 통해 브랜드에 대한 신뢰감을 높여 간접적인 광고효과를 얻는 마케팅 방식 – 옮긴이)의 개념을 넘어 다 같이 기여하는 문화를 조성한다. 이런 문화에서는 친구, 팔로워, 고객, 직원 들 모두가 새로운 관점과 혁신적 아이디어, 귀중한 의견으로 예찬에 동참한다.

고객을 넘어 마케팅 부대로

종합적인 스토리가 발굴되고 확정되면, 그 스토리를 열과 성을 다해서 정확하게 홍보할 계획을 마련해야 한다. 브랜드 스토리 예찬의 목표는 고객과 직원, 파트너를 감화시켜 브랜드를 보다 깊이 이해하고 공감하도록 만드는 데 있다. 이런 브랜드 예찬자들이야말로 어느 기업에나 가장 귀중한 인플루언서 자산이다.

가급적 더 많은 사람들을 감화시켜 브랜드 스토리에 통합되도록 하자. 브랜드 예찬자들은 단순히 혼자만의 가치관으로 브랜드를 지지하는 충성고객이나 옹호자와는 다르다. 이들은 브랜드에 대한 개인적 지지와 이해에 그치지 않고 마음이 맞는 다른 사람들과 함께 브랜드 스토리와 통합된 관계를 발전시켜나간다.

마음이 맞는 사람들이 모여든다고 해서 꼭 브랜드가 무미건조해지는 것은 아니다. 브랜드 예찬자들은 저마다의 취향과 개성으로 브랜드와 색다르게 결합한다. 이런 식의 결합이야말로 기업에게 꼭 필요한 것이다. 어떤 사람들은 칙필레Chick-fil-A(미국의 치킨 패스트푸드 체인 – 옮긴이)가 확고한 가치관을 가지고 있어서 좋아하고(칙필레의 대표는 동성결혼 반대 입장을 분명히 했다. – 옮긴이), 어떤 사람들은 매콤한 치킨샌드위치가 맛있어서 좋아한다. 각자가 가진 가치관은 다르더라도 브랜드 예찬자는 모두 소중하다.

스토리 속에서 자신이 할 수 있는 역할을 찾게 될 때 예찬자는 최고의 인플루언서가 된다. 그들은 고유의 관점으로 스토리의 일부분을 이해하고 공감한다. 이 독보적인 시점을 통해서 스토리와 연결될 때 그들은 특별한 통찰력과 아이디어, 영향력을 제공할 수 있게 된다.

이들은 브랜드 경험과 관련된 기대치를 가지고 있다. 또한 브랜드 경험이 주는 가치를 분명히 인식하고 이해한다. 이러한 인식은 대단히 귀중하며, 이 역시 그들에게 인플루언서로 거듭날 힘을 준다.

예찬자들은 각자가 원하는 방식으로 브랜드와 결합하고 브랜드 스토리에 참여할 자유가 있다. 좋아하는 시리즈 영화나 스포츠팀, 대의를 위한 활동에 참여할 때와 마찬가지다. 그들은 스스로 사명감을 갖고, 주변 사람들까지 설득해 브랜드에 참여시키는 등 독특한 방식으로 기여한다.

이런 사람들이 브랜드에 누구보다 중요한 이유는 그들이 브랜드 스토리 예찬에 참여함으로써 다양한 영역들에서 새롭게 네트워크를 확장할 기회가 생기기 때문이다. 브랜드 예찬자들은 브랜드에 대해 끊임없이 더 알고 싶어한다. 통찰력과 이해가 증진될수록 그들은 종합적인 이해를 바탕으로 브랜드에 대한 본인의 애착을 강화시킬 뿐 아니라 다른 사람들도 브랜드에 더 깊이 공감할 수 있도록 유도한다.

이 교육과정에는
누구나 참여할 수 있다.

이들은 자기만족의 단계를 지나 브랜드와 보다 깊은 유대관계를 맺는다. 이런 종류의 연결성은 '나'에서 '우리'를 생각하도록 사고방식을 전환시키며 브랜드와의 친밀도를 높인다. 브랜드가 이런 사람들을 얻게 된다는 것은 무척이나 감격스러운 일이다.

많은 브랜드들이 메시지 전략을 마케팅 수단으로만 바라보는 경향이 있다. 스토리 확산과 브랜드 이미지 강화는 당연히 고객에게 접근하기 위한 작전처럼 들린다. 그러나 알다시피 나는 예찬자를 고객에 한정 짓지 않고 **사람들**로 언급해왔다. 의도적으로 이런 표현을 쓴 것인데, 그 이유는 고객뿐만 아니라 직원이나 파트너, 경영진 등 누구라도 예찬자가 될 수 있기 때문이다.

CDM 프로세스는 브랜드와 열렬한 지지자들 사이의 연결성을 증진하기 위해 고안되었다. 다시 말해, 브랜드 안팎의 사람들에게 쉽게 다가가고 직원들과의 관계 역시 증진할 계획으로 마련된 것이다. 사실, 브랜드 예찬에 가장 먼저 합류시켜야 할 사람들은 직원들이다. 연결은 브랜드 내부에서 처음 시작된다.

직원들이 각자에게 적합한 자리를 알아보기 쉽도록 스토리를 제시하자. 스토리에 참여하고 스토리와 통합되는 사람이 진짜 인플루언서라는 사실을 유념하자. 직원들은 소속감을 갖기를 원하고, 자신들의 태도와 행동이 중요하게 취급되기를 바란다. 소속감이 생기면 스토리를 만드는 스스로의 역할에 자부심을 갖게 된다. 이는 '되먹임 고리feedback loop(어떤 시스템에서 처리결과의 정밀도와 특성 유지를 위해 입력, 처리, 출력, 입력의 순으로 결과를 자동적으로 재투입하도록 설정된 순환회로—옮긴이)'를 발생시킨다. 즉, 직원들이 스토리를 더 잘 전달하게 되고, 아이디어를 더 자주 공유하게 되며, 지속적으로 스토리를 예찬할 방법을 찾게 되는 선순환이 일어난다.

직원들이 자신의 역할을 시각화하고 받아들일 수 있게 되면, 그들이 하는 일의 가치는 상승한다. 단순히 개인적 공감을 확보하기만 해도 대부분의 브랜드에게 큰 도움이 된다. 그러나 CDM 프로세스는 그 이상을 실현시켜준다. 이 프로세스의 목표는 브랜드 스토리 예찬을 통해 직원들이 브랜드에 대해 더 큰 비전을 갖고 더욱 적극적으로 참여할 수 있도록 교육하는 데 있다.

관건은 졸업이다.

사람들은 숭고한 대의를 추구하는 일에 참여하기를 원한다. 고객들과 직원들은 사사로운 이익추구보다 더 중요한 일을 하고 싶어한다. 브랜드는 이런 마음을 갖고 있는 사람들을 더 큰 배움과 공감의 길로 인도할 방법을 찾아야 한다.

브랜드 스토리 예찬은 요란한 이목 끌기에 치중하기보다 협력을 유도하고, 지식 공유를 장려하며, 기여의 문화를 조성해 보다 포용적인 환경을 만들어준다.

이 의도적인 프로세스는 내부 직원들이나 고객들과의 관계를 증진해 그들이 현 단계를 졸업하고 새로운 차원에서 브랜드를 이해하고 공감할 수 있는 연결의 장으로 나아가게 한다. 이들의 졸업을 가능하게 하는 것은 빠른 전환율이 아니라 장기적인 관계를 구축하려는 지속적인 노력이다.

공감을 얻으려면 교육이 필요하다

콘텐츠의 힘은 자주 과소평가되곤 한다. 워낙에 많은 콘텐츠가 매일같이 쏟아지다보니 소화가 다 안 된다. 이렇게 콘텐츠가 신경에 거슬리는 지경이 되니, 그에 대한 공감도가 떨어지는 것도 당연하다. 결합력이 없는 콘텐츠는 쓸모없고 무의미하다. 그러나 함께하는 브랜드 스토리 예찬과 결부된 브랜드 스토리 콘텐츠는 무의미하지 않다. 그 힘은 막강하다.

소셜미디어 게시글이든, 30초짜리 영상광고든, 회사 복도에 붙어 있는 포스터든, 목적이 있는 브랜드 스토리 콘텐츠는 교육과 지지를 증진하는 한편 브랜드 스토리도 강화한다. 브랜드 스토리 콘텐츠는 조직의 예찬이라는 혈관을 타고 흐르는 피와 같다는 사실을 명심하자. 브랜드 스토리에 생명력을 부여하려면 사람들을 교육할 수 있는 콘텐츠가 필요하다.

콘텐츠를 공유할 때는 브랜드 내부에서 있었던 좋은 일들을 활용하면 좋다. 예컨대 따기 힘든 자격증을 받고 미소 짓는 팀원의 사진을 가지고는,

- 그 자격증의 세부 내용과 자격증의 중요성을 알릴 수 있다.
- 회사가 훈련에 기울인 노력이 팀원의 성취와 어떻게 연결되는지 설명할 수 있다.
- 목표를 달성한 팀원을 자랑스럽게 여기는 마음을 전달할 수 있다.

이렇게 단 하나의 콘텐츠만으로도 브랜드 스토리 교육을 통해 스토리와의 연결고리를 찾고, 스토리라인을 강화하며, 애착을 높일 기회를 마련할 수 있다. 모두가 함께 기뻐할 만한 이런 순간들을 콘텐츠로 활용하면 교육을 통해 브랜드 스토리 예찬의 힘을 발휘할 수 있다.

이런 콘텐츠 하나하나가 모여 지속적인 교육의 흐름을 창출하는 데 기여한다. 브랜드를 표현하려면 반드시 콘텐츠가 필요하며, 이런 콘텐츠들이 누적되어 의미 있는 결과를 만들어낸다. '이해와 공감 형성을 위한 교육'이라는 개념이 물론 CDM에만 있는 건 아니다. 이 원칙은 거의 모든 관계에 적용된다.

무언가에 대해 속속들이 알게 될수록 거기에 더 깊이 공감할 기회가 많아진다. 이처럼 예찬에 교육이 더해질 때 어떤 관계가 생성될 수 있는지 잘 보여주는 사례가 바로 스포츠다.

예컨대, 미식축구 문외한인 사람에게 NFL(미국 프로 미식축구 연맹) 경기에서 순식간에 매진되는 50야드 라인의 좌석표를 쥐봤자 그 사람은 경기에 제대로 몰입하지 못할 것이다. 아무리 좌석이 좋은 자리이고, 관중이 열광적이고, 경기 내용이 흥미진진하더라도 소용없다. 미식축구를 이해하지 못하는 한 그는 경기에 깊이 빠져들 수 없다.

배경지식이 있어야
공감할 수 있다.

이번에는 위에서 말한 미식축구 문외한에게 똑같은 경기의 좌석표를 2주일 전에 미리 주었을 경우 어떤 변화가 생길지 그 과정을 따라가 보자.

- 표를 받고 얼마 지나지 않아 경기장에 대한 호기심이 생겨 구단의 홈페이지를 방문한다.
- 구단 홈페이지의 리타게팅 기능으로 홈페이지 방문 기록이 추적되어 구단측에서 구단 페이스북 페이지 가입 초청장을 보낸다.
- 구단의 페이스북 페이지에 '좋아요'를 누르고, 그곳에서 얼마간 시간을 보내며 구단에 대해 약간의 정보를 얻는다.
- 페이스북 뉴스피드에서 구단에 대한 광고를 몇 편 더 본다.
- 페이스북에서 사람들의 즐거운 경기 관람 사진을 본다. 또 구단의 멋진 전통을 소개받고, 구단이 후원한 지역사회 행사들도 알게 된다.
- 며칠 뒤 다시 구단의 홈페이지에 들어가본다. 구단의 핵심선수 몇 명에 대한 프로필 영상을 보고 나니 구단에 대해 더 알고 싶은 마음이 생긴다. 그래서 구단의 역사와 구단주, 팬들에 대한 짧은 영상들을 더 시청한다.
- 경기 날짜가 임박해 구단의 인스타그램 페이지를 방문한다. 와! 멋진 사진이 한가득이다. 십여 개의 이미지를 보다가 다가오는 경기가 라이벌전임을 알게 된다. 다시 페이스북으로 건너가 페이

지의 다른 사람들과 소통하며 라이벌전에 대한 이야기를 주고받고 처음으로 NFL 경기를 관전하게 될 흥분감을 털어놓는다.

이 사람은 스토리의 힘으로 배우고, 연대하고, 교육받았다. 이제 이 '신규교육생'이 똑같은 경기의 똑같은 50야드 라인의 좌석에 앉았을 때 얼마나 더 그 경험을 소중하게 받아들일까? 얼마나 더 경기에 열정을 보이고 몰두할까? 아마 완전히 빠져들어 신나게 경기를 즐기게 될 것이다.

요지는 스토리와 긴밀하게 연결되고 싶다면 관련지식을 습득하라는 것이다. 간단하다. 제대로 된 교육은 공감과 참여의 욕구를 불러일으킨다. 마찬가지의 애착 원리가 자신이 근무하는 회사, 사용하는 상품, 선택하는 서비스, 계획하는 활동에도 적용된다.

이렇게 서로 마음이 맞는 사람들이 교육을 통해 스토리에 통합되는 만큼 브랜드 예찬자는 회사에 누구보다 큰 영향력을 끼치게 된다. 그들은 조직에 관한 모든 정보를 '입수'하고 조직이 하는 일을 자랑스럽게 예찬하고 지지하며, 스스로도 그 경험에 동참하기를 원한다. 이를테면 공연장 맨 앞좌석과 단체 티셔츠를 간절히 원하고, 친구들까지 함께 데려가는 이들이 이런 사람들이다.

예찬자는 브랜드에 끊임없이 에너지와 영향력을 주입한다. 그들의 부단한 조언과 협력은 가치를 구축하는 지속적인 교육의 흐름을 통해 브랜드를 강화하고, 혁신적인 아이디어를 도입하며, 브랜드를 지속적으로 발전시킨다. 게시글, 그림, 사례 하나하나가 영향을 미치며 조직 문화에 따뜻한 마음과 긍정적인 태도, 인류애를 불어넣는다.

이번 장에서는 문화개발 마케팅의 구성과 구조 및 그 혜택에 대해 알아보았다. 다음 장에서는 이를 실제로 구현하는 데 필요한 재료들에 관해 알아보도록 하자.

요약

- 문화개발 마케팅에는 브랜드 내부의 좋은 소식들을 전하는 콘텐츠가 필요하다.
- 고객은 물론이고 직원들에게도 회사의 '장점'을 알려 공감을 얻어라.
- 기업에서 가장 감동적인 면들을 찾아 '큰 그림'과 연결 지어라.
- 예찬과 교육을 통해 관계를 증진하라.

신뢰받는 브랜드의
3요소

CHAPTER FIVE

어떤 사람이 테슬라^{Tesla} 차주인지 확인하는 가장 손쉬운 방법이 무엇인지 아는가? 고민할 것 없다. 당사자가 알아서 털어놓을 테니까 ……. 자기가 완전 채식주의를 실천하는 크로스핏^{CrossFit}(안전하고 효과적인 운동방법과 건전한 식습관을 추구하는 미국의 피트니스 단체 – 옮긴이) 체육관에 다닌다는 말을 먼저 하고 나서 말이다.

사실이다. 테슬라 운전자는 자신이 테슬라의 어떤 점을 좋아하는지, 왜 테슬라에 열광하는지 사람들에게 말하지 않고는 못 견딘다. 그들이 테슬라에 유대감을 느끼는 이유는 테슬라가 꾸준히 자신들의 스토리를 만방에 예찬함으로써 그들의 스토리에 대해 관심을 갖도록 교육하고 있기 때문이다. 그들의 내러티브는 명확하고 진실되며 종합적이어서 강력하면서도 영향력이 있다. 테슬라의 브랜드 스토리는 관심사가 비슷한 소비자들에게 자신들이 추구하는 커다란 대의를 소개하고 그들도 동참해 그 대의를 지지하도록 초대한다. 테슬라가 하고 있는 것은 스토리텔링이 아니라 그들이 벌이고 있는 운동에 대한 예찬이다.

테슬라가 자신들이 제조하는 자동차를 자랑스러워하는 것은 사실이지만, 이색적인 디자인의 제품은 그들 스토리의 일면일 뿐이다. 테슬라의 사명선언문은 그들이 그 이상의 가치를 지향하고 있음을 당당히 밝히고 있다.

> 테슬라의 사명은 세계가 지속 가능한 에너지를
> 사용하는 체제로 **빠르게 전환되도록** 하는 것이다.
> 테슬라는 전기차를 타기 위해
> 굳이 불편함을 감수할 필요가 없으며,
> 전기차가 휘발유 자동차보다 더 우수하고 빠르며
> 즐거운 운전을 보장한다는 사실을 증명하고자 한
> 한 엔지니어 그룹에 의해 2003년에 설립되었다.

테슬라는 자기 브랜드의 가장 감동적인 측면들을 강조함으로써, 관심을 보이는 모든 이들이 멋지고 흥미진진하며 의미 있는 활동에 참여하도록 독려한다.

브랜드의 3요소를 활용한 테슬라의 의미 있는 연대구축

브랜드의 태도, 추진력, 방향성을 공유하면 사람들이 브랜드와 연결되고 신뢰할 수 있는 요소들이 드러난다. 테슬라의 사명선언문을 다시 살펴보며 거기에 담긴 태도와 추진력 및 방향성으로 어떻게 그들이 광범위한 신뢰를 구축할 수 있었는지 알아보자.

- **태도**Attitude: 테슬라는 사명선언문에서 자신만만하고 솔직하며 흥미로운 방식으로 자신들의 긍정적이고 진취적인 관점을 강조하고 있다. 테슬라의 스토리는 사람들을 끌어당기는 강렬한 기운을 발산함과 동시에 직접적인 참여를 통해 그들과 행동을 같이할 기회를 제공한다.

- **추진력**Drive: 테슬라는 사명선언문에서 '더 우수하고 빠르며 즐겁게 운전할 수 있는 자동차를 제조하겠다'는 책무를 스스로 설정함으로써 구체적인 연결의 기회들을 마련하고 있다. 덕분에 그들의 이런 의지를 예찬하는 분위기가 조성되며, 그 속에서 테슬라는 구체적인 시스템과 유익한 습관 및 프로세스를 활용해 두각을 나타내며 성공을 구가하고 있다.

- **방향성**Direction: 테슬라는 사업 운영에 대한 포부를 밝히는 분명한 방향 제시로 사명선언문을 시작하고 있으며, 지속 가능한 에너지로의 전환이라는 중차대한 목표를 추구하겠다는 진술로 배수의 진을 치고 있다. 그들은 자신들의 브랜드를 의미 있는 목적과 연계시키고 있으며, 이를 그간 그들이 얻은 성과와 명성에 대한 예찬을 통해 입증해보이고 있다.

태도는 브랜드가 풍기는 정서다.
추진력은 브랜드의 업무 및 운영방식을 대변한다.
방향성은 브랜드의 사명이다.

이 3가지가 어우러질 때 이해하기 쉽고 공감가는 종합적인 스토리 예찬이 가능해진다. 이 3요소는 브랜드의 정서와 행위, 관심사와 관련된 기대감을 일으킨다.

자연스럽게 형성된 내러티브와 진실된 스토리라인들을 종합적으로 드러낼 때는 콘텐츠 제작이 어렵지 않다. 이러한 구조에서 형성된 브랜드 예찬은 회사 안팎의 열정적인 사람들과 물 흐르듯 관계를 이어준다.

문화개발 마케팅의 효과가 얼마나 지대했던지 테슬라는 지지자들이 회사를 대신해 온갖 궂은일을 도맡아 해주는 경지에 이르렀다. 그들을 다음의 단계를 거쳐 변화시키는 것은 어려운 일이 아니다.

- 테슬라가 무슨 일을 하는지 흥미롭게 바라보는 관람자에서
- 테슬라가 생산하는 제품과 아이디어를 구매하지 않고는 못 배기는 공감자로
- 더 나아가 테슬라의 디자인, 행동, 사고방식에 감명을 받아 '테슬라 라이프스타일'을 자랑스럽게 받아들이는 예찬자로

테슬라가 이런 종류의 유대감을 형성할 수 있었던 이유는 그들이 판매 촉진이 아닌 지속적인 예찬의 유발에 목표를 두었기 때문이다. 테슬라는 끊임없이 놀라운 경험을 제공하는 데 집중하며, 스토리를 꾸준히 예찬함으로써 브랜드 안팎의 열광적인 지지자들과 관계를 구축하고 있다.

내부에서는 테슬라의 직원들이 열정을 불태운다. 회사의 사명에 자신들이 어떤 영향력과 관련성을 지니는지 잘 알기 때문이다. 테슬라는 명확한 기대를 설정해 이런 종류의 유대감을 확보한다. 그 한 가지 사례를 테슬라의 구인광고에서 찾아볼 수 있다.

테슬라는 전 분야에서 최고의 인재를
고용하고 육성하는 데 힘쓰고 있습니다.
세계에서 가장 유능한 테슬라의 직원들은
제품개발에 대한 철학을 가지고
수평적인 조직구조 속에서 각자의 전문성을 발휘합니다.
여러분은 창조와 혁신에 도전하고,
또다른 도전을 받게 될 것입니다.

여기까지만 보아도 충분히 흥미롭지만 "누구나 테슬라와 함께할 수 있는 것은 아닙니다"라는 마지막 말은 더더욱 마음을 사로잡는다. 이 문구는 마치 자석처럼 사람들을 끌어당겨 "자신의 능력을 입증해보이고" 테슬라의 성공에 일조하고 싶게끔 만든다. 테슬라의 전 직원은 자신들이 무엇을 위해 매진하고 있는지 잘 알고 있으며, 자랑스러운 마음으로 이에 동참한다. 결과적으로 이들은 자신들이 추구하는 대의에 더 몰입하고 헌신하게 되며, 이는 고객에게 보다 나은 경험을 제공하려는 노력으로 이어진다. 또다른 되먹임 고리가 탄생하는 것이다.

또 외부에서는 테슬라의 고객들이 브랜드와 감동적인 유대감을 확립할 수 있는 기회를 끊임없이 가진다. 테슬라에는 차량 구매시의 번거로움을 덜 수 있는 **고객우선 정책**부터 다른 사람에게 테슬라 제품을 추천해 높은 보상을 받을 수 있는 특유의 고객소개 프로그램까지 다양한 유대감 형성의 기회가 존재한다. 테슬라가 주는 경험은 단순한 거래적 말하기에 그치지 않는다.

테슬라의 CEO 일론 머스크Elon Musk는 이따금씩 트위터에 접속해 고객의 글을 리트윗하거나 답글을 남겨 자신이 테슬라의 지지자들과 예찬자들이 하는 말에 귀 기울이고 관심을 갖는 것은 물론 그들에게서 배움을 얻고 있다는 사실을 드러낸다. 브랜드와의 이러한 통합성에서 일론 머스크의 영향력은 극대화된다. 회사의 대표이자 창립자인 사람과 교류할 기회가 있다는 것은 그가 '진짜배기'임을 상징하기 때문이다.

테슬라의 브랜드 예찬에 팬들은 자신에게 테슬라를 위해 활동할 권한이 있다고 느끼게 된다. 그들은 자신들의 참여와 영향력이 장려되고 공감을 받으며 값지게 여겨지고 있음을 안다. 테슬라는 이런 포용의 경험을 매 단계마다 더더욱 증진하고 있다. 그로 인해 테슬라 차주들은 브랜드가 내놓는 성과에 관심을 가지는 것은 물론, 회사의 일거수일투족을 일일이 챙기게 되었다.

테슬라 차주들은 이 회사가 단지 자동차 판매 이상의 보다 숭고한 목적을 위해 존재한다는 사실을 자랑스럽게 여긴다. 그 뿌듯함이 어찌나 큰지 그들이 몸소 회사의 전통적인 마케팅을 전부 도맡아 하고 있을 정도다. 그렇다. 테슬라는 자신들이 전통적인 마케팅에는 돈을 한 푼도 쓰고 있지 않고 있다는 사실을 자랑스럽게 이야기한다. 심지어 페이스북 페이지를 없앴는데도 워낙에 흥미진진한지라 그들의 스토리는 광고 없이 다른 브랜드들에 비해 더 빨리 퍼져나간다.

좋은 스토리가
뛰어난 홍보채널보다 더 중요하다.

테슬라는 대단히 강력하고 통일된, 그들 특유의 화법을 지니고 있다. 작위적인 고객 마케팅을 위한 판매 목적의 말하기 대신 그들은 자신들의 태도를 예찬하고, 실행중인 프로세스를 홍보하며, 어떤 변화를 이루려 하는지를 제시한다.

테슬라는 사람들을 교육하고 격려하며 그들도 그 예찬에 동참하지 않을 수 없게 만든다. 이런 브랜드 예찬은 떠들썩한 분위기를 조성하며 아주 독특하고도 차별화된 마케팅을 촉발시킨다. 광고비 한 푼 안 들이고서 말이다. 다음은 테슬라가 예찬을 통해 엄청난 양의 무료 홍보기사를 양산하는 방법들이다.

- 과거 미래적 디자인의 사이버트럭Cyber Truck 모델을 실시간 방송으로 공개했을 때처럼, 신제품을 선보인 뒤 열띤 구매예약 경쟁을 일으키는 방식
- 일론 머스크가 직접 소셜미디어에 답글을 남기거나 게시글을 올려 사람들에게 수시로 새로운 정보를 주며 즐거움과 놀라움을 선사하는 방식
- 자동차 생산의 혁명을 일으킬 첫번째 주자로 기가프레스Giga-Press(리어섀시 모듈 등 많은 알루미늄 부품을 통합된 한 덩어리로 찍어낼 수 있는 대형 프레스 기계 – 옮긴이) 같은 혁신적인 기술을 발표하며 흥분감을 유발하는 방식
- 자매기업인 스페이스엑스SpaceX와 보링컴퍼니Boring Company와의 연계로 테슬라에 대한 흥미와 영향력을 증대하는 방식
- 완성도 높은 홍보방송, 테슬라 헌정 유튜브 채널들, 시선을 사로잡는 SNS 게시글과 리뷰 등 고객이 직접 콘텐츠를 생산하는 방식
- 코로나바이러스 대유행 중 테슬라 차의 환기 기능에 대해 기술적 업데이트를 제공한 유튜브 영상처럼 테슬라 직원이 교육용 영상을 제공하는 방식

- 맷 데이먼Matt Damon, 레오나르도 디카프리오Leonardo DiCaprio, 카메론 디아즈Cameron Diaz, 케이티 페리Katy Perry 같은 A급 테슬라 차주들이 열정을 다해 테슬라를 지지하고 아무런 대가 없이 영향력의 파도를 일으키는 방식

위의 사례들은 테슬라가 자기 브랜드를 둘러싼 감동과 참여의 분위기를 유지하는 방법들 중 극히 일부일 뿐이다. 그들의 종합적인 브랜드 스토리 예찬은 문화개발 마케팅으로 어떻게 유의미하고 강력하며 계속해서 진화해가는 브랜드를 만들 수 있는지 보여주는 훌륭한 사례다.

명심하라.
회사가 한 약속은 반드시 지켜져야 한다.

스토리 예찬은 팀 스포츠다. 많은 선수를 확보한 팀일수록 유리하다. 그런데 브랜드 예찬자는 어떻게 양성할까? 브랜드 스토리를 공유함으로써 사람들의 에너지와 열정, 지지를 불러일으킬 필요가 있다.

회사가 한 약속은 반드시 지켜져야 하며, 브랜드 내부의 모든 구성원이 그러한 책임을 인식하고 존중할 **필요**가 있다. 또한 브랜드 스토리의 가치와 중요성을 조직 전체가 인지해야 하며, 전 직원이 기꺼이 참여할 만큼 브랜드 스토리가 진실되고 매력적이어야 한다. 그리고 마음이 맞는 사람들이 내부로 들어와 함께 활동할 수 있게 해야 한다.

브랜드 안팎의 사람들이 다음과 같이 될 수 있도록 하자.

- 브랜드의 태도에 공감한다.

- 브랜드의 추진력을 이해한다.
- 브랜드의 방향성을 믿는다.

태도와 추진력, 방향성은 종합적인 스토리의 3대 구성요소로, 사람들로 하여금 브랜드에 통합되어 스토리에 참여하고 개입할 기회를 열어주는 통로 역할을 한다. 이 요소들을 잘 전달하면 사람들에게 스토리를 인정받고 신뢰를 얻을 수 있다.

신뢰는 기업과 스토리를 하나로 엮는 실이다

이 3요소는 서로 다른 방식으로 사람들에게 어필한다. 물론 모두 다 신뢰를 구축하는 데 핵심적인 요인이며, 따라서 스토리에서 무엇보다 중요한 구성요소다. 문화개발 마케팅은 신뢰 없이는 불가능하다. 실제로 CDM 프로세스와 관련된 모든 원칙과 행동 및 아이디어는 신뢰를 통해 실천되고 효과를 발휘한다.

사람들이 믿고 신뢰하지 않는 브랜드 스토리로는 어떤 것도 장기적으로 구축하거나 확립할 수 없다.

그런 이유에서 브랜드는 잘 짜인 스토리를 활용해 종합적인 방식으로 신뢰를 쌓아야 한다. 그 메시지와 의미는 완전해야 하며, 모든 성격 유형이 추구하는 욕구를 충족시킬 필요가 있다. 사람마다 신뢰를 확립하기까지 자극을 받고 마음을 움직이게 되는 계기가 다르고, 저마다 서로 다른 지점에서 마음을 빼앗긴다. 어떤 사람은,

- 브랜드의 감성적 측면에 감동받는다.
- 브랜드의 운영방식에서 기대감을 가진다.
- 브랜드의 성과와 평판에서 신뢰의 근거를 찾는다.

브랜드의 태도와 추진력, 방향성을 브랜드 스토리에 모두 담아야만 전체 부류를 다 만족시킬 수 있다. 이 3요소가 정립되면 전방위적인 연결을 통해 모든 부류의 사람들로부터 신뢰를 얻을 수 있다.

그렇게 되면 브랜드와 사람들 사이를 가로막는 장벽이 무너져 사람들에게 다가가고, 영향을 미치며, 감동을 줄 수 있는 기회가 열린다. 그렇지 않다면 성공을 담보할 수 없다.

가짜 친구도, 가짜 브랜드도 가라

사람들은 '가짜' 친구를 곁에 두고 싶어하지 않는다. 같은 이유에서 가짜 브랜드나 가짜 스토리도 좋아하지 않는다. 소비자에게는 무수한 선택권이 있다. 그들이 굳이 신뢰할 수 없는 브랜드에 정을 붙이며 시간과 노력을 허비할 이유가 없다.

소비자가 브랜드에 애착이 생기려면 스토리를 믿을 수 있어야 한다. 그러기 위해서는 반드시 믿고 확신할 수 있는 방식으로 스토리와 연결되어야 한다. 그러나 사람마다 신뢰를 키우는 방식은 천차만별이다.

일차원적인 스토리만 전하는 브랜드는 내러티브에 필수적인 요소들을 빠뜨린 탓에 많은 잠재적 예찬자들을 어이없이 놓치는 결과를 맞이하고 만다.

브랜드의 감성적 측면과 운영방식, 성과가 모두 담긴 **완전한** 스토리를 전할 때 모든 부류의 사람들이 브랜드와 결속해 신뢰를 구축하는 데 필요한 재료를 공급받을 수 있다. 다양한 맥락을 조성해 사람들에게 흥미진진하고 매력적인 방식으로 다가가 신뢰를 창출할 수 있는 모든 경우의 수를 확인하자.

그럼 이제 브랜드 스토리의 3대 구성요소로 어떻게 사람들의 신뢰를 얻을 수 있는지 좀더 자세히 살펴보도록 하자.

스토리로 신뢰를 확보하는
3가지 방법

감성적 인정
'감성에 귀 기울이는' 부류

- 개인적 친밀함을 통해 신뢰를 쌓기 원한다.
- 브랜드의 열정과 감성, 활력을 함께 느끼고자 한다.

기능적 인정
'프로세스를 신뢰하는' 부류

- 브랜드의 운영방식을 상세하게 이해하여 신뢰를 쌓기 원한다.
- 브랜드가 원활히 돌아가고 운영될 수 있게 해주는 시스템과 프로세스, 전략, 도구들을 살피고자 한다.

경험적 인정
'보이는 대로 믿는' 부류

- 이론이나 순수한 논리보다는 증명 가능한 관찰과 경험을 통해 신뢰를 쌓기 원한다.
- 브랜드의 실적과 평판 및 성과를 보여주는 정보를 검토해 기업의 앞날에 대한 명확한 그림을 그리고자 한다.

감성적인 사람들: "나는 좋은 느낌을 원해요"

이런 사람들에게는 브랜드 스토리의 감성적 측면으로 접근해야 한다. 감정에 호소하면 이들과 순식간에 신뢰를 구축할 수 있다. 감성적 스토리텔링은 브랜드의 태도를 이해하지 않고는 브랜드와 깊은 관계와 유대를 형성할 수 없는 사람들을 만족시킨다.

이러한 접근방식의 중요성과 그 영향은 과학적 이론으로도 뒷받침된다. 신경경제학자 폴 잭Paul Zak은 옥시토신과 스토리 사이에서 중요한 연결성을 발견했다. 옥시토신은 신뢰감과 유대감을 일으키는 데 중요한 역할을 한다. 신뢰감을 느낄 때나 애정의 대상이 될 때 또는 성적인 관계를 맺을 때 분비되기 때문에 옥시토신은 '사랑의 호르몬'이라고도 불린다.

잭은 정서적으로 공감이 가는 이야기를 들을 때에도 옥시토신이 분비된다는 사실을 발견했다. 옥시토신이 분비되면 더 높은 수준의 신뢰감이 형성된다. 따라서 스토리는 거기에서 경험되는 감정을 통해 브랜드에 대해 남다른 느낌을 받게 할 뿐만 아니라 옥시토신으로 인한 신뢰감 형성으로 스토리와의 연결성도 강화시킨다.

이런 과학적 사실을 믿든 안 믿든, 감성적 인정은 많은 사람들이 가장 우선순위로 꼽을 만큼 브랜드에 필수적이다. 누구나 알듯이 끈끈한 관계에는 언제나 모종의 정서적 애착이 수반된다. 브랜드 스토리로 신뢰와 장기적 관계를 구축하고자 한다면 감정을 자극할 필요가 있다.

그렇다고 모든 브랜드 스토리가 신뢰를 확보하기 위해서 무조건 강렬한 사랑의 감정을 유발해야 한다는 뜻은 아니다. 이 말은 단지 브랜드의 개성이 개인적이든 개인적이지 않든, 브랜드에 존재하는 정서가 무엇인지 명확히 밝혀 사람들이 이를 인식하고 브랜드의 개성과 연결지을 수 있게 해야 한다는 뜻이다. 브랜드의 태도를 명확히 규명한 다음 그 태도를 스토리의 일부분으로 분명하고도 일관되게 예찬하도록 하자.

기능적인 사람들: "그게 어떤 효과를 내죠?"

기능적인 스토리텔링은 브랜드에 성공을 가져다주는 특유의 행위와 프로세스를 예찬한다. 이런 유형의 메시지 전달은 '프로세스를 신뢰하고' 싶어하는 소비자들에게 영향을 미친다. 기능적 평가와 공감은 그들의 신뢰를 키우며, 교육용 콘텐츠는 브랜드의 업무처리 방식에 대한 확신과 믿음을 북돋운다. 그런 사람들은 브랜드가 돌아가는 사정에 대한 이해를 통해 확신을 얻는다.

이런 전문적인 영역을 조명하면 브랜드가 기능하고 운영되는 방식의 차별화된 가치를 전달할 수 있다. 브랜드가 운영되는 특유의 방식을 제시할 때 사람들은 브랜드가 어떻게 돌아가고 기능하는지 이해할 수 있으며, 자신들이 그 스토리에 어떻게 참여할 수 있을지에 대한 통찰을 얻기도 한다.

경험적인 사람들: "헛소리는 집어치우고 사실을 말해요"

데이터와 사실 확인 없이는 마음을 움직이지 않는 사람들이 있다.

누구나 어느 정도는 그렇다. 우리 뇌에는 헛소리를 용인하지 못하는 특정 부위가 있다. 그런 얘기라면 질리도록 들어서 더이상은 이론이나 가정, 추측 따위를 듣고 싶지 않은 것이다. 이런 뇌 부위가 남들보다 더 큰 사람도 있고 더 작은 사람도 있을 수 있다. 그러나 다들 말보다 행동이 중요하다는 사실을 알기에 대개 어느 정도는 경험적 인정을 중시한다.

경험적 인정을 필요로 하는 부류는 어떤 경험에 대한 최종결과를 확정짓는 데 관심을 두기보다 결말을 열어두고 그 경험을 지속적으로 검증해나가기를 선호한다. 경험적 스토리텔링은 증명 가능한 진술과 측정된 결과치(스토리를 입증하고 브랜드의 약속을 뒷받침하는 확실한 증거)를 끊임없이 제시하는 방식으로 진행된다.

신뢰감과 유대감을 키우기 위해 확인된 정보를 필요로 하는 결과 지향적 소비자들을 끌어들이려면 경험적 증거를 제시해야 한다. 요컨대, 이들은 브랜드가 나아갈 경로와 약속을 이해하고 싶어한다. 그들은 브랜드 스토리에 경험적 증거와 문헌, 데이터가 담겨 있어야만 반응을 보인다.

전방위적인 문화개발 마케팅

CDM은 다양한 성향을 지닌 사람들의 신뢰를 확보하기 위해서 예찬을 통해 이 3가지 스토리 구성요소를 꾸준히 알리는 데 중점을 둔다. CDM은 기업을 부각시키고 끊임없이 성장, 발전시키는 지속적인 프로세스다. 물론 이 프로세스를 누구나 다 실행할 수 있는 것은 아니다. 스토리를 정립하고, 그 스토리를 예찬할 계획을 세운 뒤, 힘을 합쳐 계획을 이행하는 번거로운 과정을 모든 리더가 다 감당하려 들지는 않기 때문이다. 그런 연유로 예찬되지 못하고 잠들어 있는 스토리들이 무수히 많다.

고진감래

판매 목적의 말하기는 교육 목적의 예찬하기보다 효과가 빠르고 손이 덜 가는 방식이다. 여기에는 노력과 준비가 크게 필요하지 않으면서 전환은 더 빨리 일어난다. 전환과 판매를 위한 이야기는 쉽게 지어낼 수 있고, 굳이 정확하거나 진실되게 만들 필요도 없다. 그러나 아무리 쉬워도 효과 없는 일이라면 무슨 소용이 있겠는가? 브랜드 스토리 개발 시 쉬운 길을 택할 때의 문제는 소비자들이 똑같은 이야기를 듣는 데 질린 나머지 귀를 닫아버려서 메시지가 갈 길을 잃게 된다는 데 있다. 사람들이 귀를 닫아버리면 브랜드는 주목을 끌기가 힘들어지고, 문제는 더 악화된다.

CDM 프로세스는 길을 잃지 않을 스토리를 바탕으로 예찬을 계획한다. 이렇게 하면 브랜드의 위상을 높이고 사람들의 시선을 끌 수 있어 장기적인 관계구축이 가능해진다. 또한 브랜드와 메시지가 예찬과 참여를 통해 함께 발전하기 때문에 지속적인 성공을 위한 기반도 마련된다.

태도, 추진력, 방향성의 발전

태도, 추진력, 방향성이라는 3요소는 브랜드 스토리를 통해 신뢰를 구축할 뿐 아니라 브랜드를 성장시키고 발전시킬 연결지점들도 생성한다. 누구든 이 3요소 중 하나에는 끌리게 마련이다.

관련된 사례와 설명을 지속적으로 제시하면 새로운 관심사와 아이디어 및 혁신을 통해 각 영역을 발전시키는 데 도움이 된다. 이 각각의 영역이 어떻게 발전할 수 있는지에 대한 이해가 중요한데 이러한 인식은 매년 스토리와 스토리라인의 적절성을 평가할 때 도움이 된다. 그러면 상황이 변화함에 따라 스토리와 스토리라인을 조정해 회사의 당면과제를 해결할 수 있다.

태도는 일관되게, 개성은 융통성 있게

브랜드의 태도는 스토리의 3요소(태도, 추진력, 방향성) 중 늘 일관되게 유지되는 항목이다. 소비자는 매일같이 의견을 달리할 수 있어도 브랜드는 반드시 변함없는 태도를 견지해야 한다. 그런 태도를 정립할 때 진정성을 잃지 않는 한도에서 브랜드의 개성을 어느 정도 변화시킬 수 있는지 감이 잡힌다.

브랜드의 태도가 수용되는 범위를 이해하면 어떤 콘텐츠나 아이디어 또는 행위가 브랜드와 일치하고 어떤 것들이 그렇지 않은지를 융통성 있게 판단할 수 있다. 또 필요할 때 사람들과 교감하고 공감할 최선의 방안을 찾을 수도 있다. 이런 이해를 갖추면 잠재적 브랜드 예찬자들에게 다가가 소통할 수 있는 능력이 향상된다.

일을 추진하는 방법에는 정답이 없다

브랜드의 추진력은 브랜드를 움직이는 기업의 습관과 시스템, 루틴과 기준을 강화한다. 이것들은 브랜드를 정의하는 근본적인 행위이자 관념이다. 이상적으로는 이런 습성들이 변함없이 유지되는 것이 좋다. 그러나 경제 상황과 기술의 발달, 경쟁 여건 등 여러 요인들이 이 영역에 변화를 가져온다. 외부에서 정보가 들어올 문을 열어두면 브랜드의 기능과 실적을 지속적으로 개발하고 향상시킬 수 있다.

추진력은 업무를 처리하는 방식, 즉 운영방식과 관련이 있다. 1980년대에 NBA는 래리 버드Larry Bird가 소속된 보스턴 셀틱스와 매직 존슨Magic Johnson이 소속된 LA 레이커스 사이의 명경기들로 전성기를 구가했다. 두 팀은 전혀 다른 방식으로 운영되었다. 레이커스는 스피드와 기교가 뛰어난 경기를 펼쳤고, 셀틱스는 적극적인 수비에 능했다. 그들은 상반된 스타일을 가지고 있었지만 양 팀 모두 상대를 존중했다.

방향성은 경험이 가져올 결과를 암시한다

브랜드마다 사람들이 기대하는 바가 따로 있다. 고든 램지Gordon Ramsay가 운영하는 레스토랑에 갔는데 맥도날드 햄버거가 나온다면 〈헬스키친Hell's Kitchen〉 최신 회차에 출연한 고든보다 더 화를 내게 될지도 모른다. 반대로 맥도날드에 갔는데 음식이 다 나오기까지 2시간이 걸리고 음식값도 400달러나 청구된다면 역시나 솟구쳐 오르는 짜증을 주체할 수 없을 것이다.

브랜드의 방향성은 세계가 발전하는 과정에서 사람들이 브랜드 경험을 이해하고 그 이해를 다시 브랜드 경험에 반영하면서 조정된다. 스토리가 전하고자 하는 메시지는 관련된 아이디어와 경험이 증거를 통해 입증될 때 지속적으로 전파될 수 있다. 물론 증명 가능한 사실과 결과는 신뢰를 쌓는 데 도움을 주지만, 그 영향이 영원하지 않기 때문에 재차 검증되어야 한다. 증명 가능한 콘텐츠의 흐름을 끊임없이 공급하는 브랜드 스토리 예찬은 신뢰와 확신을 북돋우는 한편, 반대론자들의 접근을 막는 데에도 중요한 역할을 한다.

CDM 프로세스는 브랜드의 태도와 추진력, 방향성에 대한 예찬을 통해 스토리가 생명력을 유지할 수 있도록 해준다. 예시와 설명을 곁들이면 스토리의 지속적인 전개에 도움이 된다. 끊임없이 사람들을 교육하고 손을 내밀어 참여를 유도하자.

태도, 추진력, 방향성은 서로를 보강한다

브랜드 스토리의 이 3대 구성요소를 명확히 정립하면 브랜드 주변의 모든 사람들이 각자의 방식대로 브랜드에서 성공을 꿈꾸고, 의미를 찾으며, 브랜드를 신뢰할 수 있게 된다. 이런 변화의 마법은 브랜드의 태도와 추진력, 방향성을 종합적으로 기술할 때 일어난다. 이 3가지를 서로 연결 지어 정립하면 전체적인 위력이 더 커지며 이때 각각의 영역은 브랜드의 감동적인 면들을 분명히 드러내는 보다 의도적이고 계획적인 형태로 변화한다.

브랜드 스토리 발굴은 화학실험과 같다. 원하는 효과를 내기 위해 재료를 혼합하는 작업이 수반되기 때문이다. 태도, 추진력, 방향성이 실험재료고 원하는 결과는 핵심 스토리의 노출이다. 이 과정은 각 영역에 대한 탐구와 이해, 세부적인 설명을 요한다. 3가지 구성요소를 하나로 결합하면 연쇄적인 상호연결 반응이 일어나면서 각자가 서로에게 필요한 것을 빌려와 별개로 존재할 때보다 더 우수한 개체로 변모한다.

이 영역들 각각에서 기업의 가장 감동적인 측면들을 발굴하다 보면 스토리의 구조와 스토리라인들이 드러난다. 브랜드의 태도와 추진력, 방향성의 정립을 통해 브랜드 스토리가 발굴되는 과정은 실로 놀랍다. 이 3요소 사이에는 신기한 상호의존성이 존재하며, 이것들이 하나의 종합적인 스토리로 융합되면 서로 간의 상호작용이 최고조에 달하는 '3P원리®'라는 상태가 창출된다.

요약

- 강의가 아닌 파티를 열어라.

- 브랜드 예찬을 위해서는 관심과 흥미를 가지고 브랜드에 통합될 사람들이 필요하다.

- 중요한 사실들을 찾아서 이를 부각시키고 거기에 관심을 보이는 비슷한 부류의 사람들을 유인할 수 있는 계획을 세워라.

Positive, Powerful, Purposeful
(긍정, 강력, 명확): 3P원리®

CHAPTER SIX

언제나 전체는 부분의 합보다 크다. 고소한 베이컨, 담백한 달걀, 바삭한 토스트는 따로 먹어도 맛있지만 이 3가지를 하나로 합치면 묘한 상승작용이 일어나 각 재료의 풍미가 한층 더 강렬해진다. 하나로 어우러져 완벽한 아침식사로 거듭나는 베이컨과 달걀, 토스트 삼인방의 케미스트리는 부인할 수 없는 진리다.

스토리를 개발할 때도 이처럼 잘 어울리는 조합이 존재한다. 핵심적인 재료 몇 가지를 합치면 훌륭한 내러티브가 만들어진다. 개별적으로 잘 정립된 태도와 추진력, 방향성을 결합해보라. 그러면 마법이 일어날 것이다.

이때 태도는 더욱 **긍정적으로**Positive, 추진력은 더욱 **강력하게**Powerful, 방향성은 더욱 **명확하게**Purposeful 변화한다. 이 3요소는 별개의 재료로 존재할 때보다 하나로 합쳐졌을 때 훨씬 더 큰 위력을 발휘한다. 이것이 '3P원리®'다.

이처럼 종합적인 방식으로 스토리를 구성하면 그 메시지로 사람들에게 다가가고 개인적인 공감을 얻을 수 있는 것은 물론, 그들에게 브랜드 스토리 예찬에 동참할 마음도 불러일으킬 수 있다. 이 3요소가 조합된 스토리는 모든 면에서 진실되고 진정성이 있기 때문에 거기에 담긴 메시지로 신뢰를 쌓을 수 있다.

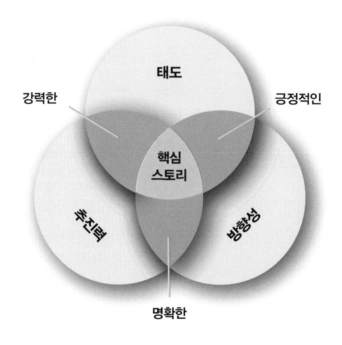

이 3가지 요소를 다루고 있는 경제경영서는 무수히 많다. 각각이 모두 대단히 중요한 영역이며, 이들을 개별적으로 정립하면 명료성 확보에 확실한 도움이 된다. 그러나 이렇게 개별적으로 정립된 영역들을 하나로 결합하면, 각 영역을 보다 나은 모습으로 진화시킬 수 있다.

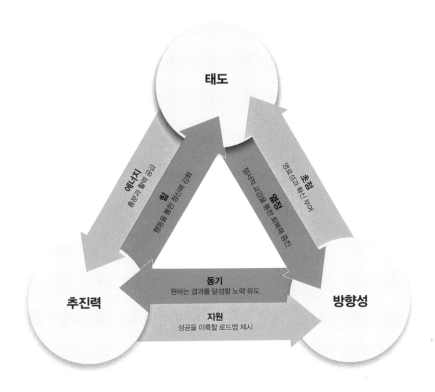

태도는

- 방향성에서 초점과 확신을 얻는다
- 추진력에서 힘과 강인함을 빌린다
- 이로 인해 더욱 긍정적이 된다

추진력은

- 태도가 뿜어내는 에너지에서 활력을 얻는다
- 뚜렷한 목표와 방향성을 통해 동기를 키운다
- 이로 인해 더욱 강력해진다

방향성은

- 지원받은 추진력으로 몰입도를 키운다.
- 태도가 보이는 열정에 힘입어 개인적인 공감대를 형성한다.
- 이로 인해 더욱 명확해진다

3P원리®의 상호의존성을 표현한 이 그림은 3가지 요소가 하나로 결합될 때 각 영역에서 어떤 변화가 일어나는지 보여준다. 이런 놀라운 상호작용은 3가지 요소가 서로의 장점을 빌리고, 브랜드의 가장 감동적인 측면들이 하나의 간단명료한 브랜드 스토리 개요로 통합되는 과정에서 일어난다. 스토리 개요가 장황해지거나 지나치게 상세해지지 않도록 하자. 관련성과 공감대를 유지할 수 있는 선에서 가급적 간명한 말로 더 큰 영향력을 미칠 수 있도록 하자.

3P원리®는 조직에 지대한 영향을 미친다. 새롭게 발굴된 관점으로 브랜드가 모든 영역에서 교육을 확대하고, 이해를 증진하며, 신뢰를 구축할 수 있기 때문이다. 이처럼 3요소의 결합으로 브랜드의 초점이 뚜렷해지면 과거와는 판도가 달라진다. 다시 말해, 종합적인 스토리 구성이 가능해지고 이상적인 스토리라인을 설정하기가 쉬워져 브랜드를 장기적인 성공의 반열에 올려놓을 수 있게 된다.

그럼 이제부터 3P원리®로 사업의 궤도를 바꾼 한 기업의 사례를 살펴보도록 하자.

물을 바꾸세요.
인생이 달라집니다.

2017년에 내 아내는 건선이 생겨 피부과에 다녔는데 어쩐 일인지 좀처럼 나을 기미가 보이지 않았다. 의사는 수돗물이 문제의 원인일지 모르겠다고 귀띔해주었다. 알아봤더니 정말로 우리가 사는 플로리다 남서부 지역 수돗물에서 염소와 오염물질이 검출되는 문제가 자주 발생하고 있었다. 한 배관업체에 의뢰해 수질을 검사했더니, 아니나 다를까 우리집 수돗물에서도 염소를 비롯한 여러 독성물질의 수치가 높게 나왔다.

업체는 '헤일로 5HALO 5' 정수장치를 설치해보라고 권했고, 며칠 뒤 우리는 그 장치를 집에 설치했다. 장치의 작동원리를 정확히 알지는 못했지만 은빛 실린더가 그럴듯해 보였다. 그 장치의 효과를 깨닫는 데는 그리 오랜 시간이 걸리지 않았다. 결과는 놀라웠다.

헤일로 5 덕분에 물맛이 기가 막히게 좋아졌고, 아내의 피부 트러블도 사라졌으며, 배관에 덕지덕지 들러붙던 물때도 더이상 끼지 않았다. 깊은 인상을 받은 것을 넘어서 아예 그 장치에 홀딱 반해버린 나는 헤일로 5를 만든 제조사에 대해 더 자세히 알고 싶어졌다. 그래서 헤일로 워터시스템즈HALO Water Systems의 홈페이지를 찾아들어갔는데, 화면이 열린 순간 곧장 당혹감이 밀려들었다. 우리집에 설치된 헤일로 5 필터는 매끈하게 잘 빠진 세련된 모습이었는데, 그들의 홈페이지는 구닥다리에 밋밋하기 짝이 없는 것이 아무런 감흥도 들지 않았기 때문이다. 뭔가 예찬할 만한 거리가 있지 않을까 기대했지만, 그곳에는 파티를 열만한 스토리가 전혀 없었다. 그런데 어찌 보면 이런 상황이 내게는 기회였다.

좀더 알아보니 헤일로는 지난 20년간 건실하게 운영되어온 정수회사였다. 다만 한눈에 보기에도 이 회사의 스토리는 어수선하게 정리가 안 된 모습이었다. 그들은 자신들의 가장 감동적인 측면을 알리는 마케 팅에 명백히 실패하고 있었다.

나는 곧장 헤일로의 설립자이자 CEO인 글렌 블러베Glen Blavet에게 연락을 취했다. 그는 자기 회사의 스토리가 제대로 전달되고 있지 않다는 데 전적으로 동의하며 CDM 프로세스를 실시해보기로 합의했다.

다음에서 헤일로가 이 프로세스로 그들 스토리의 핵심요소들을 정립하는 데 어떤 도움을 받았는지 살펴보자.

- **정립된 헤일로의 태도:** 헤일로는 수질이야말로 누구에게나 절대적으로 중요한 가치라는 설립자의 확고한 믿음에서 출범했다. 수질에 대한 애정과 관심은 그가 배관공이 되었을 때 처음 생겨나 설비업자가 된 뒤에 더욱 커졌으며 헤일로 워터시스템즈를 설립한 이후로는 사람들의 삶을 개선하는 밑거름이 되었다. 그의 뜨거운 열정에 헤일로의 직원들도 수질관리는 반드시 필요하며 관리방법이 쉽고 간단해야 한다는 신념을 전적으로 지지하고 있다.

- **정립된 헤일로의 추진력:** 헤일로의 비교 불가한 수질기준은 그들이 배관 설비업자들에게 기울이는 지극한 정성과 직접적인 관련이 있다. 헤일로의 모든 솔루션은 특별히 설비업자들에게 맞추어 설계된다. 실제로 헤일로의 제품들은 의도적으로 "설비업자를 위해, 설비업자에 의해" 제작된다. 그뿐 아니라 헤일로의 모든 시스템과 솔루션 역시 사람들에게 "헤일로를 설치해야 하는" 온갖 이유를 알리는 데 도움이 되도록 고안되어 있다. 그 목표는 현장에 나가는 배관공들이 헤일로의 수질관리 솔루션으로 인생을 바꿀 수 있는 갖가지 방법을 집주인들에게 설명하기 쉽도록 하는 데

있다.

- **정립된 헤일로의 방향성:** 설비업자 출신이 설비업자를 위해 헤일로를 설립했다는 사실은 회사가 추구하는 목표에서도 드러난다. 헤일로의 목표는 배관공들이 "국민의 건강과 안전을 지키는" 책임을 다할 수 있도록 솔루션을 지원하는 것이다. 헤일로의 수질관리 솔루션은 모든 가정이 깨끗하고 건강한 물을 마실 수 있도록 할 방안을 제공함으로써 배관 설비업자들이 사람들의 인생을 바꾸기 쉽게 해준다.

다음은 이렇게 해서 나온 헤일로의 브랜드 스토리 개요다.

헤일로 워터시스템즈

헤일로 워터시스템즈는 배관 설비업자가 배관 설비업자를 위해 설립한 회사입니다.
우리는 수질관리 솔루션을 개발함으로써 배관공들이 국민의 건강과 안전을 지키는 의무를 다하도록 돕고 있습니다.

헤일로의 비교 불가한 제품들은 모든 수질관리 업무를 즐겁고 쉽고 효과적이게 만들어줄 옵션을 제공합니다.

우리는 수질관리의 중요성과 우리 제품의 장점, 그리고 헤일로를 설치해야 하는 갖가지 이유를 알리는 데 최선을 다하고 있습니다.

우리가 이 일에 열정을 아끼지 않는 이유는 진심으로 믿기 때문입니다.

물을 바꾸면 인생이 바뀐다고.

앞서 우리는 3P원리®가 브랜드 스토리의 핵심요소들을 어떻게 보다 나은 모습으로 변모시키는지 이야기했다. 이제는 3P원리®가 헤일로에서 어떻게 작동했는지 살펴보기로 하자. 다음 분석은 각 영역이 어떻게 서로에게서 힘을 얻는지 보여준다.

헤일로가 3P원리®로 최선의 결과를 이끌어낸 방식

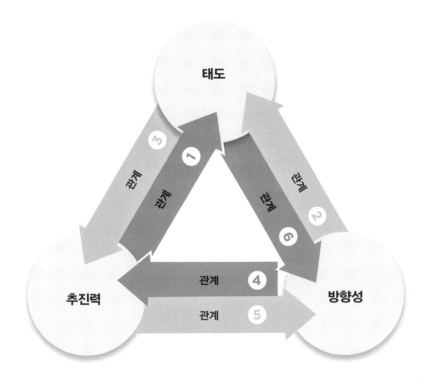

관계 1 | 헤일로의 태도는 정립된 추진력에 의해 강화된다

헤일로의 태도는 확실한 수질기준 및 연계된 시스템에 의해 강화된다. 이 결합으로 그들의 열정은 실행 가능해지고 공감을 얻는다. 성공을 부르는 습관과 시스템 및 프로세스가 갖추어지면 태도에 자신감이 실린다. 행동에 의해 태도가 힘을 얻으면 반드시 목표를 달성하고자 하는 의지력이 생긴다.

관계 2 | 헤일로의 태도는 정립된 방향성에서 초점을 얻는다

명확한 목표는 헤일로가 어디에 초점을 두고 어떤 의도로 행동할지를 분명히 해준다. 헤일로는 사람들에게 깨끗한 물을 제공하고자 하는 설립자의 열정에서 탄생했다. 그 때문에 중간에서 역할을 해줄 설비업자들과의 제휴관계가 무엇보다 중요하다. 헤일로는 교육에 초점을 두고 "깨끗한 물을 통한 인생의 변화"라는 그들의 전사적 목표를 사람들이 보다 쉽게 이해하고 공감하며 의미 있게 여기도록 힘쓰고 있다.

관계 3 | 헤일로의 추진력은 정립된 태도에서 에너지를 얻는다

헤일로의 열정적인 태도는 그들의 시스템과 활동에 활력을 불어넣는다. 설립자의 열정이 확인되면 기업의 활동과 시스템, 규범이 활발하게 가동될 수 있다. 브랜드를 키우고 싶다면 브랜드가 지닌 태도와 에너지를 감추지 말고 널리 전파해야 한다.

관계 4 | 헤일로의 추진력은 정립된 방향성에서 동기를 얻는다

헤일로는 목적과 연계해 그들이 실행하는 프로세스를 과감하게 밀어붙인다. 목표가 정립되면 행동은 목표를 따라가게 되어 있다. 결승선을 상상하고 흔들림 없이 달려가면 집중력과 성과가 대폭 향상된다.

관계 5 | 헤일로의 방향성은 정립된 태도에서 열정을 얻는다

헤일로의 열정적인 태도는 직원들의 사기를 높이고 그들이 하는 일을 더욱 의미 있게 만든다. 달성하고자 하는 목표에 대한 뚜렷한 비전과 열정적인 태도가 결합되면 성공에 필요한 용기와 투지가 생긴다. 그러면 목표를 달성하고자 하는 마음이 샘솟고, 바라는 결과를 얻고자 열정을 쏟아붓게 된다.

관계 6 | 헤일로의 방향성은 정립된 추진력의 지원을 받는다

헤일로는 자신들이 무슨 일을 하는지, 왜 그 일을 하는지, 어디로 나아가고 있는지 이해하고 있다. 헤일로는 자신들이 설비업자 연수에 힘쓸 때 설비업자가 배관공에게 지식을 전달하기 쉬워지고, 다시 배관공을 통해 그 지식이 집주인에게 전달될 수 있다는 명확한 구상을 가지고 있다. 헤일로의 전 구성원은 이 의도적인 도미노 효과를 일으키기 위해 각자의 역할에 최선을 다하고 있다.

헤일로는 스토리를 발굴하면서 자신들의 태도와 추진력, 방향성을 개별적으로 정립했다. 그러나 실질적인 프로세스가 작동한 것은 각 요소가 명료해지고 서로 협력하는 과정에서 과거에는 미처 인지되지 않았거나 과소평가되었던 잠재력을 드러내면서부터다.

긍정적이고, 강력하고, 명확한(3P®) 결과

신념의 일치는 3P원리®가 제공하는 엄청난 혜택이다. 이는 기업문화를 굳건히 해주고, 프로세스에 동력을 공급하며, 전혀 새로운 차원에 도달할 수 있도록 도와준다. 일례로 헤일로의 스토리 발굴과정은 브랜드 스토리 예찬으로 이어져 유통과 매출의 상당한 증가를 가져왔다. 헤일로는 새로운 시장 십여 곳에 진출해 2019년에는 30퍼센트, 2020년에는 35퍼센트의 매출 신장을 기록했으며, 2021년에는 사업 규

모가 두 배로 확대되기에 이르렀
다. 엄청난 반전이 아닐 수 없다.

헤일로의 설립자 글렌 블러베가 CDM의 효과에 대해 증언한 영상은 EveryoneIsAnInfluencer. com/Halo에서 확인할 수 있다.

헤일로의 CEO이자 설립자 글
렌 블러베는 "물을 바꾸세요. 인
생이 바뀝니다"라는 그들의 새 스토리 타이틀에 우리 프로세스와의 묘
한 공통점이 있다고 고백했다. 문화개발 마케팅을 실시하고 헤일로의
스토리를 예찬하기로 한 그의 결정이야말로 자신의 인생과 회사를 크게
바꾸어놓았기 때문이다. 글렌의 말은 3P원리®의 효과를 강력히 뒷받침
해주는 증언이다.

3P원리®는 모든 성향의 인플루언서와 브랜드를 연결한다

3P원리®의 구조는 모든 성향의 사람들에게 신뢰를 주는 스토리를
만들어낸다. 그렇다고 '모든 성향'이 결코 '모든 사람'을 뜻하는 것은 아
니다. 어떤 메시지도 모두를 만족시킬 수는 없고, 또 그럴 필요도 없다.
미국에서 가장 인기 있는 텔레비전 프로그램도 2-3퍼센트의 시청자만
을 사로잡아 방송사에 수십억 달러의 수익을 안겨준다. 결국 비슷한 관
심사를 가진 사람들에게 집중할 때 지지를 받을 수 있으며 흡족한 결과
도 얻을 수 있는 것이다.

목표는 적합한 메시지로 적합한 사람들에게 다가가는 데 있다. 브랜
드와 궁합이 잘 맞는 아주 열정적인 사람들을 합류시키자. 그런 사람들
이 바로 누구보다 중요한 인플루언서다.

브랜드가 무슨 일을 하는지 이해하는 고객이나 친구, 팔로워 들이

이상적인 인플루언서다. 이들은 서로 다른 배경과 관점 및 경험을 가지고 브랜드 스토리와 독특하게 결합한다.

사람들이 감성적인 면, 기능적인 면, 경험적인 결과에 기반해 서로 다른 방식으로 브랜드와 연결된다는 점을 유념하자.

감성적인 면으로 연결되는 사람들은 주로 브랜드가 지닌 개성에서 본능적으로 신뢰감을 느끼기 때문에 브랜드와 편안한 관계를 맺을 수 있다. 이들은 브랜드로부터 긍정적인 태도를 기대한다.

기능적인 면으로 연결되는 사람들은 보다 실용적이며, 브랜드의 프로세스와 시스템을 점검해 브랜드 경험을 가시화할 수 있기를 기대한다. 그들은 브랜드가 믿을 만한 방식으로 운영되는지를 바탕으로 신뢰를 구축하며, 브랜드가 강력한 추진력을 보일 때 깊은 인상을 받는다.

결과에 기반해 연결되는 사람들은 주로 기업이 어떤 일을 하는지에 관심을 가지며, 신뢰구축에 앞서 브랜드에서 하게 될 경험을 사실과 수치를 토대로 미리 가늠해볼 수 있도록 그간의 성과에 대한 증거를 원한다. 이들은 기업에서 명확한 방향성을 보고 싶어한다.

세계 최고의 브랜드들은 종합적인 스토리를 제시해 모든 영역의 사람들에게 신뢰감을 준다. 그들은,

- 사람들이 브랜드와 정서적인 교감을 하기를 바란다.
- 회사의 운영방식을 투명하게 공개한다.
- 자신들의 성과와 함께 지금껏 이루어왔으며 앞으로 계속해서 이루어갈 변화를 과감하게 제시한다.

직원과 고객 그리고 마음이 맞는 사람들은 이 3가지 요소가 포함된

스토리와 결합한다. 브랜드의 감정을 느끼고, 그들의 행위를 이해하며, 변화에 참여하기 위해서다. 따라서 브랜드는 어떤 성향의 사람들도 스토리와 연결되어 그 스토리를 이해하고 공감하며 예찬에 동참할 수 있도록 힘써야 한다.

판매 목적의 타게팅을 넘어서

오늘날의 브랜딩에는 빛의 속도로 고객을 사로잡아 곧장 구매의 길로 인도하기 위해 태깅tagging(콘텐츠의 내용을 대표할 수 있는 키워드 또는 태그를 다는 것 – 옮긴이)과 타게팅(기업의 목적이나 특정 제품의 주요 목표 집단을 선정해 표적으로 삼는 것 – 옮긴이), 리타게팅 등의 기법이 동원된다. 이런 기법은 빠른 수익실현을 위한 영리한 판매전략이지 결코 관계 구축을 위한 프로세스는 아니다. 마케팅 계획에서는 신속한 판매를 유도하기 위한 전술들이 맹활약을 펼치는 게 옳겠지만 브랜드 스토리 예찬에서는 주도적인 역할을 하면 안 된다.

판매와 관계구축 사이에는 현격한 차이가 존재한다. 요즘은 기술이 발전한 덕분에 마케팅을 할 때 적합한 소비자층과 소비자의 심리를 공략하는 정확도가 비약적으로 향상되었고, 판매 목적의 말하기가 자동화되어 있는 경우도 많다. 그러나 자동화는 비인간적이다. 사람들을 감동시켜 그들이 브랜드 스토리를 예찬하는 인플루언서가 되도록 하려면 종합적인 스토리로 그들을 교육해야 한다.

브랜드 스토리에서 핵심요소가 한 가지라도 빠지면 그 스토리는 힘을 잃고 만다. 관념들이 서로 따로 놀고 스토리의 짜임새와 견고성이 떨어지면서 산만하고 모호한 내러티브가 되어버리기 때문이다.

확고히 정립된 종합적인 스토리는 핵심요소들을 결합해 긍정적인 사고방식과 강력한 동기, 명확한 비전을 형성한다. 이처럼 초점이 분명해지면 콘텐츠 제작이 수월해져 브랜드 예찬을 성공으로 이끌 기틀이 마련된다. 여기에서 드러나는 스토리라인들로 브랜드는 교육과 성장 및 발전을 위한 전략을 세울 수 있다.

3P원리®를 활용하면 이런 식의 연결성이 만들어진다. 이 과정에서 브랜드는 머릿속에 그려지고 납득이 가며 신빙성 있는 스토리를 얻게 되며, 브랜드 개발시에는 물론 비즈니스와 인생에서도 명료한 인식으로 발전과 성공을 도모할 기회를 배가할 수 있다.

스토리라인은 3P® 연결의 기회를 열어준다

3P원리®에서 얻을 수 있는 주된 혜택 중 하나는 콘텐츠 제작이 단순해진다는 점이다. 어떤 통찰과 아이디어가 스토리와 맥을 같이하고 예찬할 만한 대상이 되는지 알아보기 쉬워지기 때문이다. 종합적인 브랜드 스토리 개요가 마련되면, 다음으로 할 일은 예찬을 통해 사람들에게 스토리를 교육하는 것이다. 이때 브랜드 스토리 개요는 어떤 콘텐츠 아이디어가 통할지 판단할 수 있는 지표로 활용된다. 스토리에 담긴 특징과 사상, 계획을 조명하는 스토리라인들을 통해 브랜드 스토리 개요의 메시지를 전하면 예찬의 과정이 좀더 수월해진다.

브랜드 스토리 개요는 핵심 스토리이며 스토리라인은 그 연장선으로, 이 스토리라인들에서 다양한 방식의 연결이 이루어진다. 각각의 스토리라인은 브랜드의 활동과 관련된 구체적인 약속과 아이디어 및 기대를 서술한다. 이런 스토리라인들은 스토리를 교육하고 표현할 공동 노선을 형성하며 그 길을 따라 조직화된 아이디어들이 브랜드 안팎을 드나든다.

이런 시으로 콘텐츠를 조직하다 보면 예찬할 가치가 있는 콘텐츠를 식별할 수 있는 간단한 로드맵이 생긴다. 그런 콘텐츠는 다음의 규칙을 따른다.

브랜드에 담긴 정서를 제시한다.
브랜드가 어떻게 운영되는지 보여준다.
브랜드를 통해 어떤 경험을 하게 될지 알려준다.

스토리를 교육하고, 가치를 형성하며, 명확한 사실로 울림을 줄 수 있으려면 반드시 이 규칙을 따라야 한다. 이러한 구조는 가장 연결성이 강하고 가장 가치 있는 아이디어와 행위에 시선을 집중시킨다. 콘텐츠를 제작할 때는 속임수를 쓰거나 사실을 조작해서는 안 된다. **확실히** 뒷받침할 수 있는 브랜드의 개성과 가치, 약속을 사람들에게 교육하며 대화를 이끌어갈 기회를 붙잡자.

3P는 모든 요소를 선명하게 부각시킨다

그런데 만약 브랜드가 이미 이러한 특성들을 보유하고 있다면 굳이 애써 홍보를 할 필요가 있을까? 물론 브랜드에 이미 존재하는 내러티브를 고객이나 직원들이 접하고 있을 수도 있다. 그러나 브랜드가 이런 개념들을 따로 떼어 거기에 예찬을 가미해 소개하는 노력을 기울인다면 이 개념들의 존재가 증폭되어 더 뚜렷하게 보이고, 지속적으로 인식되며, 각각의 존재감이 한층 더 커질 것이다. 이렇게 하면 브랜드 스토리의 깊이와 진정성을 보여주는 동시에 그들의 스토리가 단지 광고에 불과한 것이 아님을 인지시킬 수 있다. 이런 노력을 기울이면 기울일수록 브랜드의 자신감은 커지고 가치는 더 높아질 것이다.

브랜드 스토리 예찬은 듣고 배우고 성장하며 끊임없이 발전하려는 브랜드의 부단한 노력을 보여준다. 대중이 이를 알아차릴 때 그들의 충성도와 공감대는 커지고, 브랜드 스토리는 길을 잃거나 사람들을 실망시키는 일 없이 진정성과 관련성을 유지할 수 있으며, 지지자들은 거기에 자신의 이야기를 더하고 싶은 마음이 생긴다. 그러니 스토리를 예찬하는 여정 동안 신뢰를 구축하자. 그러면 스토리가 계속해서 새로운 모습으로 변모되며 진화해갈 것이다.

3P원리®는 직원들이 기업문화를 이해하도록 도와준다.

브랜드가 스스로를 정의하는 것은 전혀 새로운 일이 아니다. 오래전부터 각종 위원회나 주요 결정권자들이 관행적으로 브랜드의 가치를 탐구하고, 비전을 논의하며, 목표시장을 설정하는 작업을 해왔다. 자기 브랜드의 존재 이유를 결정하는 책무는 흔히 브랜드의 리더들이 맡는다. 그들은 브랜드에 자신의 신념을 주입하거나 간결한 언어로 생각을 정리해 핵심가치를 세우기도 하고, 기업의 사명선언문이나 비전선언문을 작성하기도 한다. 물론 이런 도구들도 귀중하기는 하지만 브랜드 스토리 개요와는 다르다.

브랜드 스토리 개요는 CDM 프로세스의 스토리 발굴과정을 통해 확립된다는 점에서 차이가 있다. 이 개요는 경영진에 의해 작성되거나 마케팅팀에 의해 창작되지 않는다. 인플루언서 부대에게 브랜드 스토리를 예찬할 마음이 우러나게 하려면, 이미 확보된 브랜드 인식을 바탕으로 스토리를 구축해야 한다.

진정한 브랜드 스토리는 단순히 포부를 보여주거나, 제공하고자 하는 브랜드 경험에 초점을 두고 서술하는 게 아니다. CDM의 목표는 현재의 브랜드 평판을 확인하고, 남들이 공감하는 브랜드의 본모습을 파악하는 데 있다. 이런 이해를 바탕으로 브랜드는 자신들의 가장 감동적인 측면에 주목해 성공에 도움이 되는 일들에 더욱 집중할 수 있다.

진정한 브랜드 스토리는 인간적이고 공감 가능한 방식으로 직원들과 리더들이 그 속에서 자신들의 모습을 보며 그들이 스토리

> 인플루언서 부대에게 브랜드 스토리를 예찬할 마음이 우러나게 하려면, 이미 확보된 브랜드 인식을 바탕으로 스토리를 구축해야 한다.

에서 하는 역할의 중요성을 이해할 수 있도록 만들어져야 한다. 그런 이유에서 우리가 CDM 프로세스를 의도적으로 실행하려는 것이다.

많은 경우 사명선언문이나 브랜드의 목표 또는 가치를 제안하는 일은 대다수의 구성원과 동떨어진 높으신 분들에 의해 작성되어 브랜드가 열망하는 비전을 대변하곤 한다. 그러나 그 메시지가 브랜드의 실제 모습에서 나온 것이 아니라면 직원과 고객 모두가 그 스토리를 믿고 교감하는 데 어려움을 겪을 것이다. 소개팅에 나갔는데 상대에 관해 들었던 내용이 실제와 다르면 신뢰가 깨지고 실망감이 들어 관계가 발전될

수 없는 것과 마찬가지다.

브랜드의 숨은 가치를 찾아라. 지어내지 말고.

진정성 있는 브랜드 스토리는 자연스럽게 표출되어야 한다. 회사로부터 사명선언문을 억지로 외우라는 지시를 받은 직원들은 정작 필요할 때 이를 제대로 말하지 못하는 경우가 많다. 나는 이런 전략이 무척 못마땅하다. 브랜드 스토리에 대한 공감은 스토리에 대한 개개인의 해석을 바탕으로 이루어져야 한다. 직원들이 브랜드 스토리나 사명선언문을 광신도처럼 달달 외우고 있을 필요는 없다. 브랜드의 문화는 독재가 아니다.

스토리는 말로 하기보다 직접 보여주는 게 좋다. 그리고 사람들이 스토리에 동참하기 쉽도록 만들어야 한다. 그 이유는 사람들이 스토리를 인정하고, 가치 있게 여기며, 스토리에 감명을 받아 각자의 방식대로 예찬에 참여할 자신감을 키워주기 위해서다. 스토리텔링을 특정한 방식으로 강요하면 자발적인 참여에서 발생하는 진솔한 의견과 에너지, 아이디어를 얻을 수 없다. 또 마음이 맞는 사람들이 합류해 브랜드 스토리를 각자의 버전으로 소화할 수 있는 기회도 빼앗게 된다.

브랜드 스토리 예찬을 통해 내러티브를 공개하면 사람들이 전체 스토리 속에 자신을 대입해보며 어떤 기여를 할 수 있을지 본능적으로 감지할 수 있다. 스토리텔링은 이야기의 요지만 전달하는 비포용적 공유 방식으로, 거기에는 개입을 장려하는 초청장이 들어 있지 않다. 반면에 스토리 예찬은 사람들을 브랜드 안으로 끌어들인다. 인간이란 본디

원대한 비전을 목격하면 자신도 함께 그 의미와 목적을 추구하고픈, 즉 세상에 영향력을 끼치고 싶은 욕구가 생기기 마련이다.

DNA와 브랜드 스토리

기업을 인간의 신체로, 기업에 속한 사람들을 그 몸을 구성하는 낱개의 세포라고 가정해보자. 세포들에게는 저마다 신체의 일부분으로 원활하게 기능하도록 안내해줄 청사진이 필요하다. DNA가 바로 그 청사진이다. 기업에서는 핵심 브랜드 스토리가 DNA의 역할을 한다. 기업의 스토리는 기업에서 이루어지는 모든 상호작용과 절차를 관장하는 비즈니스의 '규칙'을 제공한다. DNA는 이미 우리의 몸속 세포에 내재되어 있으며, 본래 있는 특성을 발현할 수 있을 뿐 새로운 특성을 추가할 수는 없다.

그럼에도 사람의 46개 염색체 속에 배열된 이 작은 유전적 정보의 조합은 인류에게 어마어마한 유전적 다양성을 안겨준다. 기업도 스토리가 제시하는 청사진으로 얼마든지 다양한 모습으로 구현될 수 있다. 다만 기업의 스토리 역시 DNA처럼 기업이 보유하고 있는 특성만을 이야기해야지 없는 사실을 지어내서는 안 된다.

인터넷상에서 기업의 책임감 문제가 불거지기 전에는 기업들이 말하고 싶은 스토리를 마음대로 지어내는 일이 비일비재했다. 물론 지금도 그렇게 할 수 있다. 뛰어난 지략가에게 맡겨 회의 참석자들이 고개를 끄덕일 만한 감동적인 브랜드 스토리를 지어내게 만들 수도 있다. 하지만 그런 감동 포인트가 적절한 행위와 조치로 꾸준히 뒷받침되지 않으면 그 스토리는 결국 허구에 지나지 않는다. 진정성을 주장하면서 필요한 절차는 이행하지 않으면 괜한 이야기를 꺼냈다가 상황만 악화시키는 꼴이 된다. 그런 식으로는 지지를 얻지도, 오래 유지할 수도 없어 결국 브랜드 예찬의 시도가 용두사미로 끝나고 만다.

3P원리®를 이해하면 브랜드에 보다 폭넓은 연결성이 확보되지만, 이 원리를 작동시키기 위해서는 적절한 노력이 뒷받침되어야 한다. 이 점을 유념하며 다음 장에서는 3P원리®의 혜택을 누리기 위해 필요한 인식과 이해에 도달하게 해줄 단계들에 대해 살펴보기로 하자. 이런 방법을 제시하는 이유는 CDM 프로세스가 노출Revealing과 평가Assessing, 결합Combining과 부각Elevating이라는 R.A.C.E 프로세스에 따라 실행되기 때문이다. R.A.C.E. 프로세스는 기업이 3P원리®를 작동시키고 오래도록 브랜드 예찬을 이어갈 수 있도록 해줄 방법이다.

요약

● 사람들은 감성적인 면, 기능적인 면, 경험적인 결과에 의거해 각기 다른 방식으로 브랜드와 결합한다.

● 3P원리®는 교육을 확대하고, 이해를 증진하며, 다방면으로 신뢰를 구축할 스토리가 만들어지도록 돕는다.

● 인플루언서 부대가 브랜드 스토리를 예찬해주기 바란다면 이미 확보된 브랜드 인식을 바탕으로 스토리를 구축하라.

● R.A.C.E. 프로세스는 브랜드에 대한 이해를 도출해 3P원리®를 작동시킨다.

노력의 출발점,
인상분석

CHAPTER SEVEN

"기억해라, 네가 누구인지." 영화 〈라이언 킹^{Lion King}〉의 새끼 사자 심바는 본래 아버지로부터 왕국을 물려받기로 되어 있었다. 그러나 남몰래 야심을 품고 있던 사악한 삼촌 스카의 음모로 아버지를 잃고 무리에서도 쫓겨난다. 고향을 떠나 지내던 심바는 왕좌를 차지한 스카가 왕국을 제대로 다스리지 못해 고향땅이 황폐하게 변해버렸다는 사실을 알게 된다.

심바는 어떻게 해야 할지 확신이 없다. 하지만 "기억해라, 네가 누구인지"라는 아버지의 음성이 들려오자 두려움과 의심, 불안이 눈 녹듯 사라진다. 깨달음의 순간, 아버지의 정의롭고 선한 영혼과 연결되어 본래 자신이 물려받았어야 할 왕국을 되찾을 용기가 생긴 것이다. 결국 심바는 응석받이 어린아이에서 왕국이 절실히 필요로 하는 지도자로 변모한다.

브랜드가 자기 정체성을 인지하고 있으면 기존의 평판을 유지하면서도 명확한 초점과 확신을 가지고 새로운 아이디어를 받아들여 이를 문화에 통합할 수 있다. 브랜드는 자기 스토리의 기조를 유지하면서 동시에 혁신과 발전을 통해 자신이 한 약속을 지켜나가야 한다.

브랜드 스토리가 전하는 경험을 소중히 여기고,
브랜드의 참모습에 공감하며,
그러한 마음가짐으로 나아가라.

문화개발 마케팅의 핵심요소

CDM 프로세스는 브랜드가 자신들의 정체성이 무엇인지 그리고 어떤 식으로 가치를 제공하는지를 하나하나 소개할 때 회사가 어떻게 인식되는지 이해하는 데 도움을 준다.

나는 CDM 프로세스를 반복적으로 실행 가능한 순차적인 단계들로 정립하는 데 10년이 넘는 세월을 보냈다. 그리고 이 프로세스를 우리 직원 및 고객들과 함께 실제로 운영하는 데 또다시 10년을 보냈다. 프로세스를 실행하는 공식적인 단계들에는 기억하기 쉽도록 R.A.C.E.라는 이름을 붙였다. R.A.C.E의 목표는 CDM 프로세스의 메커니즘을 '노출, 평가, 결합, 부각'이라는 개별적 차원에서 제대로 이해할 수 있도록 하는 데 있다. CDM 프로세스는,

- 인식된 패턴들의 지도를 그리는 것으로 시작된다.
- 이러한 인상들이 어떻게 확보되는지를 이해하면서 성장한다.

- 스토리 요약 작업으로 원숙기에 이른다.
- 그 스토리의 예찬을 통해 효력을 발휘한다.

다음으로는 R.A.C.E.라는 이 4단계의 CDM 프로세스를 어떤 식으로 진행할 수 있는지 개괄적으로 살펴보기로 하자.

- **노출**: 인상분석을 통해 가장 중요한 개념들을 추출하고 이해해 스토리를 드러낸다.
- **평가**: 인상분석의 결과가 어떻게 확보된 것인지 명확히 파악할 수 있도록 브랜드 스토리 설문을 실시해 스토리를 평가한다.
- **결합**: 연결지점들을 결합해 종합적인 브랜드 스토리 개요를 완성한다.
- **부각**: 브랜드의 가장 감동적인 측면들을 브랜드 스토리 예찬으로 부각시킨다.

프로세스 거꾸로 돌리기

디테일이 중요하다. CDM 프로세스는 가장 넓은 범위에서 가장 세밀한 부분까지 두루 정보를 탐색하며 브랜드 스토리를 발굴하는 작업으로 이루어진다. 반대로 독자로서 스토리를 경험할 때는 이 프로세스를 거꾸로 접하게 된다.

독자로서 스토리를 발견할 때는,

- 먼저 제목에 관심이 끌린다.
- 개요를 훑어보고 그 스토리와 연결될 수 있을지 가늠한다.
- 개별 사건들을 따라가며 스토리의 전개방식을 이해한다.
- 스토리를 전체적으로 접한 뒤에 모종의 인상을 받는다.

반면에, 스토리를 발굴할 때는 위의 단계를 거꾸로 밟는다. 다음은 CDM 프로세스를 작동시키는 방법이다.

- 먼저 스토리가 남긴 인상을 검토하면서 관련된 스토리라인에 대한 인식을 확보한다.
- 다음으로 스토리가 어떻게 전개되는지 파악하고, 위와 같은 인상이 어떻게 얻어지는지 분석한다.
- 발견된 사실들을 결합해 스토리의 의미를 전달할 브랜드 스토리 개요를 작성한다.
- 마지막으로, 단순하고 공감가는 브랜드 메시지로 스토리의 정수와 에너지를 담아낼 제목을 짓는다.

한 단계씩 차근차근

이제부터 CDM을 통해 브랜드 스토리를 발굴하는 R.A.C.E 프로세스를 한 단계씩 차례로 살펴보도록 하자. 각각의 단계를 찬찬히 진행하면 잘못된 방향으로 지나치게 멀리 갈 우려가 없다. 스토리를 접하는 사람들이 어느 한 단계라도 놓치지 않게 하려면 속도 조절이 필요하다.

CEO나 기업주인 독자의 입장에서는 아무래도 이 책이 한낱 전술적인 마케팅 학습서로 끝나지 않기를 바랄 것이다. 다시 말해, 계획은 실행이 중요한데 세부적인 분석이 무슨 소용일까 하는 의구심을 가질 수도 있다. 그래서 나는 독자들이 시간 낭비 없이 도움을 받을 수 있도록 이 책에 CDM 프로세스를 이해하고 공감할 수 있을 만큼의 관련 지식과 개념 및 통찰만을 담았다.

물론 실제로 프로세스를 관리하고 실행할 실무자들에게는 사용할 도구들에 대한 기본적인 해설과 프로세스 실행방법에 대한 설명, 온라인에서 내려받을 수 있는 몇 가지 도구들을 제공할 것이다. 그러나 시야를 포괄적으로 유지하기 위해 자세한 절차상의 이야기보다는 꼭 알아야 할 사항들 위주로 전달할 것이다.

대략적으로 말해, 이 책으로 당신은 CDM이 당신에게 맞는 방식인지 아닌지 명료하게 판단할 수 있을 뿐만 아니라 이 프로세스를 뒷받침하는 이론과 근거도 이해하게 될 것이다.

『인플루언서는 가까이에 있다』를 이 책의 제목으로 정한 이유는, 스토리 예찬이 조직에 커다란 변화를 가져올 수 있다는 사실을 이해하고 공감하는 데 인플루언서를 가까이에 있는 존재로 바라보는 자세가 결정적인 역할을 하기 때문이다. 이런 자세를 가지면 회사와 관련된 모든 이들을 더 큰 기쁨과 성공의 길로 인도할 능력을 얻게 된다. 꽤 괜찮은 소득이 아닌가.

이번 장의 나머지 부분에서는 R.A.C.E.를 시작하기에 적합한 관점을 확보하기 위해 필요한 통찰과 사고방식에 대해 탐구해볼 것이다. 있는 그대로의 모습을 보여주고, 브랜드가 전하는 가치가 무엇인지 숙고하며, 어떤 난관과 경쟁 속에서도 자기 스토리를 굳건히 지탱해나가는 것이 중요하다. 그러나 R.A.C.E. 단계들을 본격적으로 살펴보기에 앞서 실제로 있었다면 세기의 경기가 되었을 레이스에서 얻을 수 있는 교훈을 먼저 살펴보기로 하자.

모든 레이스에
만능인 챔피언은 없다.

1950년대 영국의 아마추어 육상선수 로저 배니스터Roger Bannister는 역사상 가장 놀라운 기록을 세운 주자 중 한 명으로 많은 이들에게 기억되고 있다. 1990년대에 활동했던 미국의 올림픽 챔피언 마이클 존슨Michael Johnson 역시 지금껏 육상 트랙에 발을 디딘 선수 중 가장 뛰어난 실력자로 추앙받는다.

이 전설적인 선수들을 각자 최전성기 시절의 모습으로 같은 트랙에 불러 세기의 대결을 펼칠 수 있다고 상상해보자. 승패는 트랙을 한 바퀴 도는 것으로 결정되며, 모두가 이 모습을 흥미롭게 지켜보고 있다. 배니스터와 존슨은 몸을 풀며 준비를 하다가 경기가 가까워오자 출발선으로 이동한다. 관중들은 일어서서 기대에 찬 함성을 보낸다.

두 챔피언이 출발대에서 자세를 잡는다. 로저는 조금 긴장한 듯 보이고 마이클은 굳은 표정으로 출발음에 집중하고 있다. 블록버스터급 대전이 펼쳐질 시간이 점점 다가오고, "탕!" 출발을 알리는 총성이 울린다.

존슨이 시작부터 출발대를 박차고 총알같이 달려나간다. 그리고 계속 속도를 높이며 간격을 더 벌린다. 여세를 몰아 존슨이 배니스터를 크게 앞질러 결승선을 끊고 승리를 거둔다.

오랜 논쟁 끝에 뭔가 문제가 있다는 판단이 내려진다. 두 챔피언은 다시 경기장으로 돌아와 재경기를 펼치기로 합의한다. 하지만 결과는 동일하다. 아무리 경기를 되풀이해도 매번 존슨이 이긴다. 아슬아슬한 격차도 아니다.

어떻게 이런 일이 벌어질 수 있을까? 세계 최고의 선수들이 둘 다 최전성기의 실력으로 경기를 펼치는데 어째서 서로 상대가 안 되는 것일까?

그 이유는 이 경기의 조건이 배니스터의 재능과 기량에는 맞지 않는 것이기 때문이다. 그는 1마일(1.609킬로미터)을 세계 최초로 4분 이내에 주파해 유명세를 떨친 중거리 선수였다. 반면에 존슨은 200미터와 400미터 경주에서 올림픽 금메달을 따고 세계기록과 올림픽기록까지 세운 단거리 선수였다. 이 두 사람이 400미터 경기를 펼치는 한 아무리 경기를 거듭해도 배니스터가 지는 것은 당연하다. 하지만 그들에게 1마일을 달리게 했다면 존슨의 순발력이 결국 배니스터의 지구력에 밀려 배니스터가 우승을 차지했을 것이다.

비즈니스에서도 똑같은 상황이 벌어지고 있다. 경기의 조건이 자신에게 적합하든 아니든 모두가 같은 레이스에 뛰어들고 있다.

기업들은 어떤 면에서도 우위를 놓치지 않으려고 다들 같은 방식으로 같은 말을 하면서 같은 고객을 확보하려 애쓴다. 또 동일한 장점을 가진 직원들을 채용하고, 동일한 결과를 내놓겠다고 주장한다. 그들은 모두가 한꺼번에 뛰어든 정신없는 운동장에서 이길 수 없는 경기를 펼친다.

모두와 한꺼번에 경쟁해서는
승리를 차지할 수가 없다.

남들과 뒤죽박죽 엉켜서 경쟁을 벌이다가는 결국 나가떨어질 게 뻔하다. 매번 더 잽싸게 움직이고 더 값싼 물건을 파는 업체가 있을 테니까. 하지만 자신의 재능과 기량에 맞는 레이스를 펼치는 데 집중하면 더 많은 일을 하고, 더 큰 존재감을 뽐내며, 더 멀리 나아가 경쟁자들을 따돌리고 독보적인 우위를 점할 수가 있다.

경기의 조건이 자신에게 맞지 않으면, 남들과 어떻게 하면 잘 겨룰 수 있을까를 고심하느라 많은 시간을 허비하게 된다. 그보다는 내가 도달할 수 있는 최고의 자리에 오르는 데 매진하고 남들을 자신의 경기에 끌어들이면, 거기서는 내가 모든 이점을 누리며 유리한 패를 사용할 수 있다.

어쩌면 이미 당신의 회사에 브랜드를 차별화하고 경쟁에서 우위를 점할 만한 세계 최고의 장점들이 있을지도 모른다. 그러나 이런 강점을 예찬하며 노력을 지속해나가지 않으면 장기적인 성공을 달성하기 힘들다. 브랜드 스토리를 명확히 설정하고 예찬하지 않으면, 브랜드가 제대로 이해받지 못하고 저평가되어 결국 경쟁업체들과 뒤섞이게 된다.

그렇게 되면 결국 경쟁사와의 비교에 내몰리는 불편한 상황에 처한다. 많은 기업들이 남들과 가격을 맞추고, 남들의 우위를 반박하고, 남들을 이길 궁리에 시간을 허비하다가 제 할 일을 하지 못한다. 그리고 가격을(그리고 마진율을) 낮출 수밖에 없는 처지에 내몰려 사업을 위기에 빠뜨린다.

마케팅에서는 대응전략이 반드시 필요하지만 그런 것들이 중심축을 차지해서는 안 된다. 다른 기업들에 뒤지지 않는 데 집중해 사업 내용을 구성하고 설계하다가는 결국 자신에게 적합하지 않은 분야에서 경쟁하게 된다. 또 누구보다 중요한 사람들과 연결될 기회를 놓치게 될 뿐만 아니라 자신의 재능과 능력에 부합하지 않는 조건에서 평가를 받고 가치가 매겨지게 된다. 이런 브랜드는 경쟁에서 이기기가 점점 힘들어진다. 로저 배니스터처럼 자신에게 맞지 않는 레이스를 펼치다가 결국 뒤처지고 마는 것이다.

> 다른 기업들에 뒤지지 않는 데 집중해 사업내용을 구성하고 설계하다가는 결국 자신에게 적합하지 않은 분야에서 경쟁하게 된다.

변화가 닥치면 어떻게 대처할까

때로는 시장의 변화로 기업이 이미 뛰고 있던 레이스의 조건을 변경해야만 할 때가 있다. 이러한 변화는 어느 기업에나 슬그머니 다가와 미래를 담보할 결정을 내리도록 압박한다. 브랜드 스토리 개발은 바로 이런 변화가 일어날 때 가장 큰 어려움을 겪는다.

다국적 커피/도넛 회사인 던킨Dunkin'은 브랜드 쇄신에 능한 기업이다. 1950년 던킨도너츠Dunkin' Donuts로 출범한 그들은 수차례의 인수합병 및 브랜드와 관련된 변화들로 많은 변천을 겪었다. 2019년 초반에는 브랜드명을 던킨도너츠에서 던킨으로 바꾸며, 그들을 상징하는 대표적인 상품인 '도넛'을 브랜드 이미지에서 제거해 세간을 떠들썩하게 했다.

이 상징적인 브랜드명 변경은 지난 10년간 그들이 음료 주도의 드라이브스루 방식으로 비즈니스를 전환하면서 단행한 일련의 조치들 중 최종적인 조치였다. 던킨 브랜드는 늘 변화와 함께했다. 그들이 속한 업계가 워낙에 자주 급변하기 때문에 지속적인 쇄신은 필수다. 그렇다고 변화가 쉽다는 말은 아니다.

1997년 던킨도너츠는 광고상 수상에 빛나는 "도넛 만들 시간Time to Make the Donuts!" 캠페인을 마무리하기로 결정했다. 그들은 미래를 위해 브랜드에 더 건강한 정체성을 부여할 필요가 있다고 생각했지만 뾰족한 묘수가 떠오르지 않았다. 2004년에야 그들은 "미국은 던킨이 움직인다America Runs on Dunkin'"라는 새 캠페인에 돌입해 회사를 음료 주도의 드라이브스루 브랜드로 착실히 재정립해나갔다. 이 슬로건은 한 도넛 판매상이 건강과 에너지, 활력이라는 속성을 던킨의 주력상품인 블루칼라 커피와 결합하여 브랜드 스토리에 부여할 창의적인 방법을 발견하면서 만들어졌다. 만만치 않은 일이었지만 던킨은 새 스토리 만들기에 매진했고, 새로운 스토리를 열심히 예찬했으며, 결국 그 스토리가 통하게 만들었다.

영리한 전략이었다. 던킨이 이를 시행할 준비가 확실히 되어 있었다는 점을 고려하면 더더욱 현명한 전략이었다. "미국은 던킨이 움직인다" 캠페인은 브랜드에 엄청난 성공과 성장 및 확장을 가져왔다. 이 캠페인 덕분에 중독성 있는 괜찮은 품질의 커피와 더불어 발길을 멈출 필요가 없을 정도로 빠른 던킨의 서비스가 효과적으로 홍보되었다. 나는 그 캠페인에 열광했고, 나 말고도 수백만 명에 이르는 사람들이 던킨의 예찬자가 되었다.

이 스토리가 성공을 거둔 이유는 "미국은 던킨이 움직인다"라는 콘셉트가 그들 브랜드의 가장 감동적인 측면에 기반하고 있었기 때문이다. 그들은 이 레이스에 적임자였고, 실전에서 뛰어난 실력을 보였다.

2013년에 던킨은 또다른 방향으로 발길을 돌려 주문이 들어오면 신선한 에스프레소, 라떼, 카푸치노를 그 자리에서 바로 내려주는 커피 라인업을 도입했다. 커피 전문 브랜드로의 전환은 논리적으로 당연한 수순이었다. 이론상으로는 말이다. 하지만 음료 중심의 사업으로 방향을 전환하다 보니 매장에서의 대응과 품질 면에서 문제가 발생했다. 전환의 속도가 너무 급격했던 것이다.

이 글을 읽으면서 고개를 끄덕이고 있다면 아마 당신도 '던킨이 업계의 판도 변화에 서서히 적응하는 대신 스타벅스Starbucks의 스토리를 따라가려고 애쓰고 있구나' 하는 생각을 했던 던킨의 예찬자 중 한 명일 것이다. 아이스커피와 라떼, 고급 에스프레소 커피를 홍보할 때는 커피 머신을 구입하고, 음료에 근사한 이름을 붙이고, 영리한 마케팅 캠페인을 벌이는 것 말고도 한 가지 더 해야 할 일이 있다. 바로 이를 실행할 운영체계를 마련하는 것이다.

"미국은 던킨이 움직인다" 캠페인을 통해 사람들은 주문 시 바로 받아갈 수 있고, 블루칼라 계층이 만족할 만한 품질의 커피를 제공한다는 던킨의 스토리에 익숙해져 있었다. 그런데 던킨이 다른 레이스에 참여하기로 결정하면서 판을 바꾸고 판돈을 높이는 바람에 이로 인해 근무자의 노동강도가 높아지고 업무연수에도 더 많은 시간이 소요되었다. 게다가 주력으로 내세우는 음료도 견고하게 자리를 지켜온 블루칼라 계층의 취향과는 거리가 멀어졌다. 스타벅스 부류의 업체들을 대상으로 하는 레이스에 던킨이 뛰어든 것이다. 이길 수 없는 게임이었다.

변화에 요구되는 반응

던킨도 아마 기존에 판매하던 도넛팩과 블루칼라 취향의 커피를 대대손손 판매하고 싶었을 것이다. 그러나 스타벅스가 만든 시장이 미국인의 입맛을 상향시켰다. 심지어 맥도날드마저 이 레이스에 뛰어들어 고급 맥카페 에스프레소와 라떼, 카푸치노를 판매했다. 이런 트렌드를 무시했다면 던킨의 사업은 심각한 어려움에 빠졌을 것이다.

이기적인 마음이겠지만 던킨의 예찬자로서 나는 던킨이 자기 상품의 품질과 빠른 서비스, 블루칼라적 사고방식을 일관되게 예찬하는 모습을 보고 싶었다. 하지만 이후 그들의 스토리가 뒤죽박죽 엉키면서 던킨의 새로운 스토리에 마음을 열고 교감하기가 힘들어졌다.

다행히 적응기를 거치고 광고회사와 지도부가 바뀌면서 던킨의 스토리는 다시 살아났다. 새 지도부는 어떻게 하면 미국이 원하는 음료를 제공하면서도 "미국은 던킨이 움직인다"라는 약속에 부합하게 회사의 운영체제를 정상화할지 방법을 강구했다. 이후 그들은 자신들의 스토리를 다시 대대적으로 예찬하기 시작했고, 던킨의 앞날도 밝아졌다.

어찌나 놀라운 복귀였던지 외식업 전문지 「QSR 매거진QSR Magazine」이 2018년에 던킨을 '올해의 최고혁신 브랜드'로 선정했을 정도다. 관련 기사는 어떻게 던킨이 다시 "던킨다운 방식"으로 운영체제를 전환하고 자신들의 스토리를 종합적으로 예찬하기 시작했는지 설명했다. 던킨의 최고마케팅책임자인 토니 와이즈먼Tony Weisman이 처음 쓴 이 "던킨다운 방식"이란 표현은, 던킨이 자신들의 운영방식을 브랜드에 대한 기대와 일치시키는 데 중점을 두고 있음을 잘 보여준다.

또한 이 표현은 던킨이 고객들의 브랜드 경험에 자부심을 되돌려놓는 데에도 매진하고 있음을 시사한다. 신형 수제 에스프레소 머신과 8가지 음료 디스펜서 시스템, 또 이런 종류로는 최초인 모바일 주문 전용 드라이브스루 매대 같은 아이디어의 도입으로 고객들이 사랑했던 속도와 가치의 경험이 던킨에 다시 돌아왔다. 던킨은 숙고의 시간을 가지며 자신들의 정체성에 맞는 계획을 세워 이를 훌륭하게 수행해냄으로써 브랜드 스토리의 강점을 재편성하고 재확인했다. 한 던킨 가맹점주가 「QSR 매거진」에 "360도 문화전환을 한 셈이다"라고 말한 것처럼 그들은 자기 스토리의 뿌리로 되돌아갔다.

브랜드 스토리를 지키는 브랜드 쇄신

이러한 사례는 브랜드 쇄신에 따르는 까다로운 문제를 짐작하게 해준다. 변화가 일어나더라도 브랜드의 가장 감동적인 부분은 존중되어야 한다. 처음부터 브랜드 스토리와 일치하도록 새로운 아이디어와 프로그램을 구상해야만 던킨처럼 불필요한 진통을 겪으며 제자리로 돌아올 일이 없어진다. 그러면 애초부터 브랜드 스토리에서 힘을 얻을 수 있기 때문에 더 빠르고, 강하며, 확실한 전환이 가능하다.

어떤 산업에든 변화는 일어나기 마련이므로 미래에 브랜드가 어떤 위치에 있기를 바라는지에 대한 본질적인 구상은 필요하다. 그러나 기존에 형성된 관계들이 브랜드 스토리에 대해 브랜드 예찬자들이 갖는 인상을 통해 구축된 것이라는 점도 명심해야 한다. 브랜드 예찬자들은 열정적인 지지자로서 브랜드의 변화와 쇄신을 용인할 테지만, 그러한 쇄신은 반드시 제대로 관리되고 스토리와 부합해야 하며 그에 알맞게 계획되어야 한다. 어떤 경우에도 브랜드가 자기 스토리와의 연관성을 유지할 수 있도록 기업은 브랜드가 주는 인상을 이해하고 존중하며 소중히 여겨야 한다. 이런 관점을 견지할 때 기업은 시류를 따르면서도 예찬자들에게 납득이 되는 방식으로 변화를 꾀할 수 있다.

현재 위치에서 시작하라

문화개발 마케팅 프로세스에서는 브랜드가 주는 인상을 무엇보다 중시한다. 이 프로세스는 브랜드에 대한 지배적인 인식을 파악하는 데서 출발한다.

사람들은 브랜드가 주는 인상을 매우 생생하게 체감한다. 이 인상과 브랜드는 강력한 힘과 막중한 무게로 연결되어 굉장한 효과를 발휘한다. 브랜드에 누구보다 중요한 역할을 할 사람들의 관심을 끌고 싶다면 브랜드가 가장 중요하게 생각하는 개념들과 스토리를 일치시키자. 브랜드 개발의 힘은 브랜드가 이미 보유하고 있는 속성들을 먼저 이해하는 데서 생긴다.

브랜드와 연결되는 특성들은 저절로 드러나지 않는다. 브랜드가 주는 인상은 수천 가지에 이를 수 있다. 그 압도적인 양만큼이나 브랜드가 어떤 면에서 사람들에게 가장 감동을 주는지 파악하기란 쉽지 않은 일이다. 이런 관점을 확보할 계획과 프로세스는 이미 준비되어 있다.

브랜드 평판을 조사하라: 인상분석

몇 년 전에 나는 한 월례 CEO 포럼에 강연을 나갔다가, 같은 강연 시리즈의 또다른 강연을 들을 기회가 있었다. 강연자는 『겁쟁이 리더는 없다Leadership isn't for Cowards』의 저자인 마이크 스테이버Mike Staver였고, 강연장 안에는 CEO들과 기업주들이 가득했다. 강연중에 그가 기업의 리더들에게 질문을 던졌다. "직원들이 지금 여러분에 대해 이야기하고 있을 거라고 생각하시는 분이 얼마나 될까요? 손 좀 한번 들어보시겠습니까?"

청중을 둘러보며 몇 명이나 손을 들었는지 확인하고는 그가 말했다. "손을 들지 않은 분들은 틀린 겁니다." 청중에서 웃음이 터져나왔고, 잠시 후 웃음이 가라앉자 그가 계속 강연을 이어갔다.

"우리는 모두 지금 누군가의 입에 오르내리고 있습니다. 한 사람도 빠짐없이요. 그게 사람들의 습성이니까요. 여러분은 직원들이 여러분의 이야기를 한다는 사실을 **받아들여야** 하며, 그들이 무슨 이야기를 하는지, 여러분이 어떤 인상을 주고 있는지 알 필요가 있습니다."

그는 마지막 조언으로 자신의 인상을 이해하는 것이 중요하다고 강조했다. "사람들이 여러분에 대해 무슨 이야기를 하는지 알아보기 위해 어떤 식의 평가든 해보신 적이 없다면, 당장 해보셔야 합니다." 나는 그가 그런 연습을 해보도록 권하는 게 마음에 들었고, 그의 의견에 전적으로 동의했다. 브랜드 스토리 예찬은 브랜드가 스스로를 어떻게 생각하는지와 스스로 어떤 브랜드가 되고 싶은지를 이야기하는 것이 아니다. 브랜드에 대한 평판이 어떤지부터 알아보는 게 우선이다.

CDM의 출발점은 인상분석이다. 본격적인 분석에 들어가기에 앞서 먼저 비즈니스에서 **인상**이라는 단어를 다양한 관점에서 바라보고 있다는 점을 알아두자. 이 프로세스에서 말하는 **인상**은 특정 브랜드를 생각할 때 드는 느낌이나 의견을 가리킨다. 브랜드가 주는 가장 지배적인 인상들을 파악해 브랜드가 어떤 지점에서 대중과 연결되고 있는지 규정하고, 어떤 부분에서 가치를 전달하고 있는지 이해하며, 어떤 종류의 평판을 듣고 있는지 인식하자.

한 사람이 아닌 전체의 의견 듣기

CDM 프로세스에서는 360도 인상분석으로 모든 유형의 사람들로부터 의견을 취합해 브랜드에 관한 전방위적 관점을 파악한다. 브랜드에 친숙하지 않은 사람들이 받은 첫인상부터 매우 관여도가 높은 사람들이 받는 지속적인 인상에 이르기까지, 브랜드가 형성하는 관계의 모든 단계들에서 브랜드가 어떻게 인식되는지 이해해야 한다. 그 취지는 모든 단계들을 관통하는 가장 지배적인 연상聯想이 무엇인지 알아내는 데 있다. 다양한 관점에서 본 브랜드의 인상을 지도로 그려보면 어떤 영역이 변함없이 빛을 발하는지 알 수 있다.

인상분석을 실시할 때는 참가자를 의도적으로 구분할 필요가 있다. 데이터 그룹을 내부 참가자와 외부 참가자로 나눠보자.

내부 참가자:	외부 참가자:
경영진	신규 고객
직원	현재 고객
판매자	과거 고객
공급자	
파트너	
가족	

고른 응답률을 확보하는 것이 관건이다. 경험상 내부 참가자의 응답률이 외부 참가자에 비해 서너 배 더 많다. 그러므로 외부 참가자의 수를 서너 배 더 많이 확보하도록 하자. 이런 식으로 명단을 작성하면 다양한 시점에서 개개인의 관점을 확보하는 데 도움이 된다.

정확한 결과를 얻으려면 모든 차원의 관계를 다 살펴야 한다. 중요하지 않은 관계는 없다. 참가자들이 브랜드에 갖고 있는 생각이나 의견을 파악하기 위해 그들의 반응을 알 필요가 있다.

브랜드 평가를 위해서는 참가자들에게 개인적 가치와 속성을 표현하는 약 120가지의 단어 목록을 제공하면 된다. 정확하고 유용한 결과를 위해 브랜드의 긍정적인 특성과 부정적인 특성을 모두 포함시키자. 우리는 평가를 할 때마다 매번 목록의 90프로는 일정하게 유지하고 나머지는 참가자나 기업 및 브랜드에 따라 필요한 항목들을 가감한다. 가치와 속성의 목록에는 사람들이 브랜드와 결부지을 수 있는 개인적, 묘사적인 용어들이 포함되어야 한다.

개인적 속성을 분석에 활용하는 것이 적절치 않은 업종도 많다. 그러나 그런 항목들을 곧바로 목록에서 빼버리기 전에 신중하게 고려해보자. 개인적 속성은 연상이 쉬워서 브랜드에 대한 신뢰를 구축하고 관계를 시작하게 해줄 결정적인 요소가 될 수 있다.

개인적 가치와 속성에 해당하는 목록은 EveryoneIsAnInfluencer. com/Impression에서 구할 수 있다. 결과 측정에 활용할 수 있는 역배점 프로세스에 대한 설명도 첨부되어 있다. **brandstoryexpert**를 패스워드로 입력하면 목록을 내려받고 설명을 볼 수 있다.

이 목록은 출력해서 바로 쓰는 용도가 아니다. 나열된 속성들을 하나하나 살펴보고 각자의 업종이나 업태에 맞게 항목을 가감하자. 개인적 가치와 속성의 수는 총 100-130개 범위에서 사용할 때 가장 효과적이다.

인상분석의 일차적인 목표는 순위가 가장 높게 매겨진 인상들이 무엇인지 파악하는 데 있다. 완성된 결과지를 통해 브랜드는 가장 많은 공감을 받고 있는 속성들을 파악하고, 반복되는 패턴들을 인지하며, 연결된 영역과 단절된 영역을 인식할 수 있다.

통찰이 기회를 연다.

인상분석에서 일관되게 선택된 항목들로 지도를 만들고, 개념들을 연결하며, 패턴들을 인식하면 중요한 통찰을 얻을 수 있다. 나는 이런 절차로 '연결노트Connection Note'를 작성해 관찰 내용을 도식화한다. 그러면 CDM 프로세스의 각 단계에서 이루어지는 관찰 내용을 추적할 수 있다.

실제 행위와 인식된 패턴들에 대한 관찰을 기록하면 스토리와 스토리라인들을 발굴하는 데 필요한 관점이 확보된다. 브랜드 스토리는 창작하는 것이 아니라 발굴하는 것이다. 그 목표는 두서없이 흩어져 있는 단절된 구상들을 간단명료한 스토리로 정립하는 데 있다. 이런 연습을 통해 통찰과 인식이 생기면 흩어진 점들을 연결할 수 있다.

브랜드 스토리는 창작하는 것이 아니라 발굴하는 것이다.

창작이 아닌 노출

스토리는 이런 경로로 생성된다. 스토리를 창작하지 말고 노출시키는 것이 중요하다는 점을 명심하자. 단편적인 이야기나 경영진이 세운 계획이 스토리로 굳어지지 않도록 분석할 수 있는 모든 부문에서 정보를 입수하자. 인상분석은 강한 영향력을 가진 속성들을 발굴해 시야를 넓혀준다. 인상분석에서 얻어진 결과로 브랜드는 자기 정체성에 대한 생각과 믿음을 확인할 수 있다. 다시 말해, 과소평가되었거나 간과되었거나 이전에는 보지 못했던 관점들에 대한 통찰과 지식을 얻을 수 있다.

2019년 말, 나는 인디애나폴리스에서 사업체를 운영하는 한 고객을 만났다. 이 회사의 지도부는 자신들의 브랜드가 주는 이미지 중에서 지역사회 공헌활동이 꽤 큰 몫을 차지하고 있으리라는 확신에 차 있었다. 그도 그럴 것이, 그들은 오랫동안 사회공헌활동을 해온 전통이 있었고 내부적으로도 이런 활동에 늘 우선순위를 두고 있었다. 게다가 지역사회 주민들과 기관들을 돕고 장학금을 지급하는 등 금전적인 지원도 많이 하고 있었다. 이러한 공로는 마땅히 인정받아야 했다.

그러나 실상은 그렇지 못했다. 인상분석 결과, 사람들이 이 회사로부터 받고 있는 인상 중 "지역사회에 대한 공헌"이라는 속성은 상위 15위는커녕 30위 안에나 겨우 들 뿐이었다.

이 회사 입장에서는 자신들이 지역사회에서 해온 노력이 인정을 받고, 가치 있게 여겨지며, 공감을 받으리라 확신했건만 뭔가가 잘못되어 있었다. 다행히 인상분석으로 좀더 깊이 파고들어 분석해본 결과, 우리는 그 같은 인식의 단절이 어디에서 비롯되었는지 찾아낼 수 있었다. 몇 년 전, 그들은 자신들이 하는 사회공헌활동을 새로운 프로그램 하에 티나지 않게 묵묵히 진행하기로 결정했다. 그런 활동이 회사의 잇속을 차리기 위한 것으로 비쳐지지 않도록 하려는 생각에서였다. 도저히 그들이 기울인 노력을 드러낼 수 없는 방식이었다. 결국 티가 안 나도 너무 안 났던 나머지 아무도 그들이 지역사회에 쏟는 노력을 브랜드와 연결시키지 못했다. 그들이 무슨 일을 하는지 전혀 눈에 띄지 않았으니 당연한 일이었다.

새롭게 밝혀진 사실 덕분에 우리는 그들에게 사회공헌활동을 좀더 드러내놓고 하도록 조언해 문제를 해결할 수 있었다. 그들은 이제 전면에 나서서 자부심을 가지고 활동하면서 동시에 자신들이 미치는 영향을 대중이 감지할 수 있도록 했다. 결과는 금세 눈에 보일 만큼 확연히 나타났다. 라디오와 텔레비전, 신문 등의 매체는 물론이고 소셜미디어 채널들에서까지 엄청난 존경과 감사의 인사가 쏟아지기 시작했다. 방향을 전환한 지 얼마 지나지 않아 그들의 공헌활동을 소개하고 예찬하는 무료 뉴스기사들이 양산되기 시작했다. 하던 일을 바꾼 것이 아니라 그저 자신들의 노력을 예찬하기 시작했을 뿐인데, 단시간에 그들이 지역사회에 공헌해온 이미지가 마땅히 인정받고 존중받게 된 것이다.

지도부의 관점만 고수했더라면 이 회사는 자신들이 "지역사회에 공헌하고 있다는" 평판을 잘 쌓아가고 있는 줄 착각하고 있었을 것이다. 분명 시간과 돈을 쓰고 있었고, 변화를 꾀할 아무런 이유도 없었으니 말이다.

이런 연습을 하지 않았더라면 그들은 그 방식이 옳다고 믿고 일은 일대로 하면서 계속 인정을 못 받았을 것이다. 그러나 인상분석을 통해 확보된 새로운 인식으로 그들은 보다 넓은 시야로 더 강력한 스토리를 구축할 수 있게 되었다.

주목도의 상승

인상분석은 인식을 키워줄 뿐 아니라 가장 중요한 인상들에 대한 주목도도 높여준다. 인상분석을 완료하고 나면 파악된 인상들에 관심이 더 가고, 통찰력이 증진되며, 도처에서 그러한 면들이 눈에 보이기 시작한다.

어쩌면 당신은 이런 궁금증이 들 수도 있다. '어디서나 이런 속성들이 보이고 이런 인상들이 감지된다면 왜 굳이 이런 번거로운 절차를 거쳐서 밝혀야만 하는 거지? 그냥 알 수 있는 거 아니야?'

그러나 안타깝게도 통찰과 지식, 이해가 없이는 무엇도 분명하고 뚜렷하게 보이지 않는다. 앞선 기업의 사례에서 알 수 있듯이, 브랜드 스토리는 추측에 의지해서는 구축할 수 없다. 인상분석 프로세스로 우리는 브랜드의 강점과 의미를 확인할 수 있으며, 특정 인상들의 가치가 이해될 때 그 인상들은 더 눈에 띄는 자리로 옮겨져 우선권을 얻게 된다. 이처럼 새롭게 형성된 지위가 인식을 끌어올리는 현상을 **지각적 경계**perceptual vigilance라고 한다.

어떤 단어를 인식하고 난 후에 갑자기 그 말이 어디서나 들리고 보였던 적이 있는가? 사고 싶은 차에 대해 알아보고 난 뒤에 가는 곳마다 그 차가 보이기 시작했던 적이 있는가? 사람들이 자신에게 더 의미 있는 자극을 감지하고 인식하게 되는 이런 현상이 바로 **지각적 경계**다. 이런 반응은 자동적으로 일어난다.

인상분석은 이런 식으로 자극을 유발해 브랜드의 가장 감동적인 측면이 무엇인지 파악하고 거기에 우선순위를 둘 지혜를 준다. 그때 비로소 우리는 어떻게 그런 개념들이 청중에게 지대한 영향을 미치는지 인식하게 되며, 그 개념들이 어떻게 서로 연결되는지 알아차리고 그 존재에서 가치를 보기 시작한다.

물론 지각적 경계만으로 스토리를 정립할 수는 없다. 그러나 이 첫 번째 단계에서 얻어진 통찰은 전체 프로세스의 성공에 결정적인 역할을 한다. 인상분석은 가장 지배적인 인상을 드러냄으로써 발전을 유발하며, 각각의 인상을 인식하고 공감하도록 도와줘 브랜드의 감동적인 요소들에 대한 집중력을 높여준다. 또한 이런 개념들이 브랜드에 어떻게 영향을 미치는지에 대한 이해와 인식, 공감을 불러일으킨다.

이런 지혜는 R.A.C.E.의 다음 단계에서 브랜드를 정의하는 진술들을 특정할 때에도 필요하다. 이 평가 단계에서는 브랜드의 핵심요소들에 대한 설문을 검토해볼 것이다.

평가 준비 완료

브랜드의 가장 감동적인 속성들에 대한 관점과 인식으로 무장되었다면 이제 평가 단계에 들어갈 차례다. 인상분석에서 얻어진 통찰과 중요 개념들은 연결지도Connection Map를 그리는 것은 물론 설문의 응답을 검토하는 데에도 도움을 준다. 또 새롭게 확보된 관점은 지배적인 인상들이 어떻게 생성되는지 더 뚜렷하게 보게 해준다. R.A.C.E.의 첫번째 단계인 '노출 단계'에서 작성한 연결노트와 새롭게 확보된 관점 및 인식은 스토리의 정리를 도와줄 뿐 아니라 추후 콘텐츠를 개발할 귀중한 자료가 된다.

다음 장에서는 R.A.C.E.의 두번째 단계로 넘어가, 평가 단계가 생기게 된 계기를 살펴보며 평가에는 어떤 효과가 있고, 누구에게 도움이 되며, 어째서 이 프로세스를 성공적인 브랜드 예찬의 길로 나아가게 하는 데 큰 몫을 담당하는지 알아볼 것이다.

요약

- CDM 프로세스는 기업이 가치를 전달하는 방식을 개별적으로 파악해 기업의 정체성이 무엇인지, 어떻게 인식되고 있는지 이해하도록 도와준다.
- CDM은 가장 넓은 범위에서 가장 세밀한 부분까지 두루 정보를 탐색하며 브랜드 스토리를 발굴하는 작업으로 이루어진다.
- 브랜드의 재능과 기량에 부합하는 레이스를 펼치는 데 초점을 두면 더 많은 일을 하고, 더 큰 존재감을 뽐내며, 더 멀리 나아갈 수 있다.
- CDM의 목표는 두서없이 흩어져 있는 단절된 구상들을 간단명료한 스토리로 정립하는 데 있다.

스토리만으로는
배의 침몰을 막지 못한다

CHAPTER EIGHT

지인의 집들이에 초대받아 갔더니 거실에는 빨랫감이 널브러져 있고, 주방에는 2주치 설거지가 쌓여 있는 데다, 하수구 냄새까지 코를 찌르는 상황에 맞닥뜨리게 되었다고 상상해보자. 그 집에 갔다 온 손님들은 분명 '소문을 퍼뜨릴' 테고, 십중팔구 좋은 쪽으로 이야기하지는 않을 것이다. 부정적인 인상이 지배적이었던 그 모임이 예찬의 현장이 되었을 리는 만무하다.

CDM의 경우도 마찬가지다. 브랜드 스토리가 부정적인 인상으로 가득하기를 바라는 기업주는 없을 것이다. 브랜드의 부정적인 측면이 무엇인지 파악하고는 있어야겠지만, 굳이 큰소리로 떠들어댈 필요는 없다. CDM의 목표는 스토리의 가장 감동적인 측면을 발굴해 그 부분이 무대의 중앙을 차지할 수 있게 하는 데 있다. 이런 영역들이 파악되면 그 부분과 관련된 브랜드의 태도와 운영방식, 그것이 가져오는 결과에 시선을 집중시킬 수 있다. 우리가 이런 긍정적인 속성들을 진실되고 공감가는 방식으로 소개하고 예찬하는 것은 그런 부분을 부각시키고 이해와 공감을 얻기 위해서다.

완벽한 기업만이 스토리 예찬을 할 수 있는 것은 아니다. 발전과 개선이 필요한 부분은 늘 있기 마련이다. 그러나 브랜드 스토리 개발에 시간과 노력을 투자하기에 앞서 먼저 기업이 심각한 균열 없이 제 기능을 하고 있는지 확인할 필요가 있다.

브랜드 경험의 긍정적인 면을 탐색하고 그 영향을 가늠해볼 때에는 부정적인 면과 그 영향에 대해서도 함께 살피자. 긍정적인 면에는 점수를 주고 부정적인 면에는 점수를 빼는 식으로 계산하면 된다. 총점에서 긍정적인 측면이 부정적인 측면을 상회하는 것으로 나오면 브랜드가 제 기능을 하고 있으므로 스토리 예찬을 할 준비가 되었다고 보면 된다. 그러나 부정적인 측면이 더 많은 것으로 나오면 아직 예찬의 준비가 안 된 것이며 그러한 현실을 직시할 필요가 있다. 스토리로 브랜드의 기능을 정상화시킬 수는 없다. '좋은 점을 찾는다는' 의미가 모래 속에 머리를 처박고 현실을 외면한다는 뜻은 아니다. 나는 사회 초년생 시절 일찌감치 이 교훈을 터득했다.

1994년 여름, 나는 대학 졸업 후 첫 직장생활을 시작했다. 이후 고향인 오하이오주에서 대학을 나왔던 터라 인근에서 직장을 구해 오하이오 밸리 지역에서 운영중인 '컨비니언트 푸드마트Convenient Food Mart: CFM' 점포 37개를 관리하는 광고 책임자로 일하게 되었다.

고객사를 찾아간 나는 위층으로 안내되어 지사장과 첫 대면을 했다. 전에도 광고를 맡겨본 적이 있었던 그는 내게 요령을 알려주려 열심이었다. 그는 악수를 하면서 바로 몇 마디 농담을 던지고는 곧장 본론으로 들어가 그동안 있었던 일들을 간략히 설명해주었다. 주된 논지는 그 지역사무소를 관할하는 상부의 CFM 프랜차이즈 그룹이 어려움을 겪고 있다는 사실이었다. CFM 프랜차이즈는 본사의 관리주체가 통일되어 있지 않아 일관된 관리를 받지 못하고 있었다.

불과 10년 전만 하더라도 CFM은 미국에서 세번째로 큰 편의점 프랜차이즈로, 약 1,200개 가맹점을 관리하는 20개 지사를 두고 있었다. 그런데 전국사무소의 소유주가 수차례 바뀌며 시스템이 변경되고 추진하던 계획도 제대로 진행되지 못하면서 프랜차이즈 규모는 7개 지사에 약 400개 가맹점으로 쪼그라들었다.

그보다 더 나쁜 소식은, 가맹점주들이 CFM 전국사무소의 광고 프로그램이 엉터리라고 느낀다는 것이었다. 지사장은 예전에도 광고 프로그램에 만족한 점주들이 거의 없었고, 광고기획 회의 참석율도 저조했다고 설명했다. 그날도 회의가 예정되어 있었지만, 다른 참석자는 아무도 없었고 사무실엔 긴장감만 감돌았다. 지사장이 마무리 발언을 했다. "우리 상황은 이렇습니다." 그러고는 웃으면서 덧붙였다. "지금 그만두셔도 괜찮습니다."

나는 멋쩍게 웃었지만, 추호도 그만둘 생각은 없었다. 내가 어떤 상황에 직면해 있는지 정확히 알려준 그의 호의에 나는 부정적인 면에 집중하기보다 긍정적인 점을 찾아보기 시작했다. 내가 통제할 수 없는 문제들에는 신경쓰지 않았다. 맡겨진 업무에 집중했고, 가맹점주들에게 광고의 가치를 느끼게 하는 것이 내가 할 일이었다. 무엇보다 먼저 점주들을 일일이 만나 그들에게 무엇이 필요한지 파악하고 관계를 구축할 필요가 있었다.

새로운 매장에 방문할 때마다 내게는 프랜차이즈 사업에 대해 배우고, 각 점포가 어떻게 운영되는지 이해하며, 회사의 가장 감동적인 측면이 무엇인지 파악할 기회가 생겼다.

내 가맹점 방문 횟수가 늘어가며 변화의 조짐이 보이기 시작하자 광고기획 회의에 참석하는 사람들의 수도 늘어났다. 점점 더 많은 점주들이 판매 계획과 무상제공 품목의 구성과 관련된 논의에 동참하면서 실질적인 진전이 있었다. 그들의 참여로 다양한 아이디어가 쏟아져나왔고, 그 아이디어들은 프로그램의 공동 개발을 통해 현실화되었다.

모멘텀 확보

우리가 개시한 첫번째 프로젝트는 매장에서 만든 치킨과 윙에 코카콜라Coca-Cola와 프리토레이Frito Lay 스낵류를 끼워주는 식품서비스 프로그램이었다. 나는 이 구성에 '몬스터테일게이트패키지Monster Tailgate Package('테일게이트'는 스테이션왜건이나 SUV, 픽업트럭 등의 뒷문을 가리키는 말로, 이런 차의 테일게이트를 열어놓고 벌이는 파티를 테일게이트 파티라고 한다. - 옮긴이)'라는 이름을 붙였고, 거의 모든 점주들이 이에 동참했다. 우리는 함께 가격을 정하고, 마케팅 계획을 세우고, 이 패키지를 홍보할 정상급 인플루언서를 섭외했다.

첫해의 인플루언서는 전 피츠버그 스틸러스의 러닝백으로 NFL 명예의 전당에 오른 프랑코 해리스Franco Harris였다. 몇 년 뒤 나는 또다른 명예의 전당 헌액자로 스틸러스의 디펜스백으로 뛰고 있던 로드 우드슨Rod Woodson과 제휴 협상을 벌였다. 두 선수 모두 몬스터테일게이트패키지를 홍보하는 TV 광고와 지면광고에 합의했다. 꾸준한 프로그램과 인지도 높은 광고모델, 수준 높은 광고가 뒷받침되면서 이 프로젝트는 성공을 거두었다. 그것으로 마케팅 문제 자체가 해결되지는 않아도, 우리는 분명 화제를 일으키며 진전을 거듭하고 있었다.

그다음 식품서비스 프로그램의 대상은 큼직한 피시샌드위치로, 빵 양쪽으로 삐죽 튀어나올 만큼 기다란 생선살 패티가 특징이었다. 나는 여기에 '빅캐치원파운드피시샌드위치Big Catch One Pound Fish Sandwich'라는 이름을 붙였다. 이 독특한 샌드위치는 첫해 사순절 기간 동안에만 67,000개가 넘게 팔렸다(가톨릭 신자들이 지키는 6주간의 사순절 기간에는 금식을 하며 육류 섭취를 삼가기 때문에 대신 수산물 소비가 늘어난다. ─옮긴이). 결국 샌드위치 자체가 어마어마한 인플루언서가 되었고, 옥외 광고판에는 광고판 바깥으로 생선살 패티가 삐죽 튀어나온 모습으로 제작된 샌드위치의 모습이 내걸렸다. 그야말로 대히트였다.

우리는 꾸준히 프로그램을 계획하고 실행하면서 지역의 전 매장에 프로그램을 홍보했다. 참여도는 날로 증가했다. 이러한 혁신과 활발한 참여로 CFM 오하이오 밸리 지역사무소의 평판은 서서히 그러나 확실히 개선되었다. 이런 상황이 가맹점들의 참여 부진으로 어려움을 겪던 다른 지역사무소들에게도 알려지면서 나는 다른 지역들과도 협력하게 되었고, 그러면서 전체 CFM 매장 간에 통일성도 생겼다. 여기서 더 나아가 전사적 범위의 콘퍼런스를 주최했을 때는 CFM이 진출해 있는 전 지역의 공급업체와 제휴사, 점주들이 서로 간의 소통과 이해, 공감을 증진하고자 먼 길을 마다하지 않고 달려오기도 했다.

이 무렵 나는 다른 업계의 고객들에게도 서비스할 준비가 되어 직접 광고회사를 차리고 CFM의 여러 지사를 고객으로 맞았다. 그리고 10년이 넘도록 이 프랜차이즈 점주들과 환상적인 호흡을 선보였다. 나는 그간 그들과 함께한 시간을 소중하게 여길 뿐만 아니라, 공급업체들과의 제휴로 그들과 공동 개발한 십여 가지의 프로그램에 자부심을 느낀다.

그러나 결국 우리의 관계는 프랜차이즈의 부실한 사업구조로 인해 달콤씁쓸한 결말을 맞고 말았다.

말만으로는 관계의 근간을 뜯어고치지 못한다.

나는 각 지역사무소에서 최선의 결과를 이끌어내고 개별 점주들을 돕기 위해 할 수 있는 모든 노력을 다했다. 우리가 개발한 혁신적인 프로그램과 인플루언서와의 제휴로 업계에는 우리 프로그램에 대한 소문이 파다했다. 업계 전문지들과의 인터뷰, 전국 자문위원회 활동, 다양한 관계구축의 과정에서 나는 다채로운 경험을 했고, 심지어 코카콜라와 함께 시드니올림픽 현장에 가기도 했다. 나는 내가 하는 일에서 보람을 찾고자 했고, 실제로 큰 보람을 느꼈다. 그런데 안타깝게도 CFM의 핵심 스토리에는 해결할 수 없는 문제가 있었다.

본사와 가맹점들의 관계가 좋지 않았고, 내 영향력 밖의 문제들이 시작부터 스토리를 오염시켰다. 가맹점주들을 아꼈던 나는 그들의 스토리를 훨씬 더 크게 키워주고 싶었다. 하지만 문화개발 마케팅으로 할 수 있는 일에는 한계가 있다. CFM 조직은 제 기능을 하고 있지 못했다. 그들과 일하면서 나는 브랜드 스토리 개발이 기능이상의 조직을 뜯어고치는 일까지 할 수 있는 프로세스는 아니라는 사실을 깨달았다.

그러한 깨달음이 꼭 부정적인 것만은 아니었다. 어쩌면 그것이 돌파구가 될 수도 있었다. 그로 인해 나는 초점이 분명해져서 프로세스에 적합한 서비스 상대를 구분하기가 쉬워졌다. 결과적으로 그 이후로는 상대를 좀더 면밀히 들여다보고, 깊이 알아보며, 보다 체계적으로 접근하게 되었다.

CFM이 나에게 준 커다란 교훈은 이것이다.

문화개발 마케팅으로 비정상인 브랜드를
정상으로 돌려놓을 수는 없다.
CDM은 정상적으로 돌아가는 브랜드를 최적의 상태로
끌어올려줄 수 있을 뿐이다.

이러한 이해는 새로운 궁금증을 일으켰다. CDM 프로세스가 누구나 쓸 수 있는 방법이 아니라면 나는 그 이유를 알아야만 했다.

제 기능을 못하는 브랜드는 CDM을 통해 장기적으로 의미 있는 관계를 구축할 수 없다. 사람들은 엉터리 문화를 예찬하고 싶어하지 않는다. 이런 브랜드는 먼저 운영상태를 평가해 브랜드가 제 기능을 할 수 있도록 사업구조를 새롭게 개편할 필요가 있다.

코칭으로는 병을 치료할 수 없다

CDM으로 비정상적인 브랜드를 정상화할 수 없다는 사실은 코칭과정과 치료행위 사이의 차이를 생각하면 이해하기 쉽다.

코칭은 최선의 결과를 끌어내기 위해 고안된 방법이다. 사람이나 기업은 코칭을 통해 자신이 누구인지, 어떻게 하면 잠재력을 최대한 발휘할 수 있는지 깨달을 수 있다. 코치는 지도받는 사람이 간과하고 있었을지 모를 아이디어를 발견하게 도와주고, 이미 그 사람 안에 있던 장점을 새롭고 희망적인 시선으로 바라볼 수 있게 함으로써 최선의 결과를 이끌어낸다. **코치의 목표는 대상자의 능력을 그럭저럭 필요한 일을 하던 수준에서 최적의 상태로 끌어올리는 데 있다.** 그러므로 심각한 하자가 있는 상태에서 처음부터 코칭을 시도하는 것은 이상적인 대응책이 아니다.

치료는 문제가 있는 믿음과 행동, 사안과 감정을 진단하고 해결하기 위한 강력한 대책이다. 치료의 목표는 치료 대상자가 더 행복하고 안정된 미래를 가꿀 수 있도록 비정상적 상태를 정상적 상태로 전환해주는 데 있다.

이렇게 비교해보면 CDM 프로세스와 코칭이 얼마나 흡사한지 알 수 있다. 마케팅 업무를 시작한 이래로 내가 비공식적으로 사용해온 전략들과 코칭의 근본원리 사이에는 분명한 연관성이 있다. 코칭 프로세스를 파고들면 들수록 내가 코칭 분야의 전문교육을 직접 받아보면 브랜드 스토리 개발을 위한 메커니즘을 확립할 수 있지 않을까 하는 생각이 들었다. 그래서 나는 '코칭전문가교육원Institute for Professional Excellence in Coaching'의 한 프로그램에 지원했다.

코칭의 원리에 대한 지식이 깊어질수록 여기에서 얻은 통찰력과 명확성으로 그럭저럭 돌아가는 수준의 브랜드를 최적의 수준으로 끌어올릴 절차를 체계화할 수 있으리라는 확신이 커졌다.

정상적으로 돌아가고는 있으나 자신들의 스토리를 예찬하고 있지 않은 브랜드들은 아직 발톱을 숨기고 있는 셈이다. 나름의 특색과 감동적인 측면을 지니고 있음에도 이런 기업들의 스토리는 잘 알려져 있지 않다. 그들이 쌓아온 진실된 평판을 간략하게 정리해 소개하도록 도와

줄 적절한 질문들이 이루어지지 않고 있기 때문이다. 그래서 그들은 다른 기업들 틈에 뒤섞여 기를 펴지 못한다.

이번 R.A.C.E. 단계는 평가 단계다. 여기서는 어떻게 하면 적절한 질문으로 중요한 스토리를 끌어낼 힘을 키워 중요한 사람들을 교육하고 감동시킬 수 있는지 알아볼 것이다. 이것이 인플루언서 부대를 양성할 비결이다.

브랜드 스토리 설문 진행하기

적절한 브랜드 스토리 설문은 브랜드의 현재 상태와 바라는 미래의 모습 사이의 간극을 좁히는 데, 그리고 최선의 결과를 더욱 자주 도출하는 데 중대한 역할을 한다. 설문을 진행할 때는,

- 편안한 환경을 조성해 브랜드 리더들이 브랜드의 강점과 약점을 편안하게 논의할 수 있도록 한다.
- 브랜드 리더들과 여타 이해관계자들 전체에서 대상자를 선정한다.
- 브랜드에 대한 이해를 도모할 수 있는 **의도적인 질문**들을 사용한다.
- 서로 다른 사람들의 응답에서 나타나는 공통점들에 주목한다.

듣고 싶은 말을 유도하지 말고, 장점과 사실을 탐색하라

마케팅 채널을 통해 고객에게 사업에 대한 이야기를 할 때든, 저녁 식사를 하면서 부모가 열세 살 난 자녀에게 말을 건넬 때든, 이런 종류의 대화에서 가장 흔히 엿보이는 경향은 듣고 싶은 이야기를 들을 수 있는 방향으로 분위기를 몰고 가려는 모습이다.

의식적으로든 무의식적으로든 우리는 원하는 대답을 얻기 위한 질문을 하고, 자신의 필요에 적합한 방식으로 논의를 유도한다. 이런 식의 질문에서 발생하는 문제는 구하려는 답안이 미리 정해져 있고, 강제성이 더해지면서 정보의 진정성이 떨어진다는 점이다.

CDM 프로세스는 어떤 생각을 누군가의 머릿속에 집어넣기 위해서가 아니라 좋은 정보를 끌어내기 위해서 고안된 절차다. 대화를 조종하거나, 관념을 주입하거나, 미리 정해놓은 결과로 상대방을 몰아가서는 안 된다. 연결지도를 그리기 위한 질문에는 옳고 그른 답이 있을 수 없다. 본래 의도가 새로운 발견을 바탕으로 프로세스를 유기적이고 자연스럽게 진행하는 데 있기 때문이다. 지도는 영토가 아니다.

통찰과 개념들이 원활히 공유되도록 세심하게 계획된 질문으로 개방적인 환경을 조성하자. 브랜드의 연결지도를 그릴 문항을 작성할 때에는 이런 마음자세가 필요하다.

스토리가 저절로 드러날 수 있도록 문항들을 구성하자. 연결지도를 그리는 목적은 브랜드에 대해 폭넓은 시야를 가진 2-4명의 브랜드 리더들을 위한 질문 목록을 작성하는 데 있다.

이미 인상분석을 통해 브랜드에 대한 종합적이고 고차원적인 평가는 이루어졌으므로 정보를 무한정 입수할 필요는 없다. 파악된 인상들이 어떻게 형성된 것인지 이해하는 데는 핵심적인 인물 몇 명이면 족하다. 중요한 것은 적합한 사람들에게 적합한 질문을 하는 것이다.

브랜드 스토리 설문은 브랜드의 태도와 추진력 및 방향성에 관한 담론을 형성할 수 있는 개방형 질문들로 구성되어야 한다. 브랜드가 행동하고 느끼는 방식, 브랜드가 운영되고 성과를 내는 방식 그리고 어떤 일을 통해 인상분석에서 파악된 평판과 결과를 얻고 있는지에 대한 통찰을 끌어내자. 문항을 작성할 때에는 다음의 전략적 목표들을 달성하기 위해 어떤 질문을 할지 계획하자.

조직의 태도에 대한 이해를 도모하기 위해 다음과 같은 질문을 고려해볼 수 있다.

- "우리 브랜드를 성공으로 이끄는 사고방식은 무엇인가?"
- "우리 브랜드가 열정적으로 달성하려는 목표는 무엇인가?"
- "직원들의 사기를 높이는 것은 무엇인가?"
- "이 회사와 문화의 일원이 된다는 것은 어떤 의미인가?"

브랜드의 성공을 부르는 습관과 시스템, 프로세스에 대해 응답자가 상세히 답변하도록 하기 위해 다음과 같은 질문을 고려해볼 수 있다.

- "언제 우리 브랜드가 가장 원활하게 운영되는가?"
- "우리를 경쟁사와 차별화시키는 시스템이나 프로세스는 무엇인가?"
- "우리 브랜드의 기운을 북돋아주는 행동은 무엇인가?"

- "우리의 정체성에 가장 큰 기여를 하는 핵심적인 시스템이나 프로세스 또는 기준은 무엇인가?"

브랜드가 얻고 있는 인상과 평판에 대한 대화를 유발하기 위해 다음과 같은 질문을 고려해볼 수 있다.

- "우리 브랜드는 무엇으로 가장 유명한가?"
- "우리 브랜드는 고객들이 어떤 목적을 달성하는 데 도움이 되는가?
- "우리 브랜드는 업계의 리더가 되기 위해 특별히 어떤 일을 하고 있는가?"
- "우리 브랜드의 주된 목표는 무엇이며, 이 목표가 확실히 달성되도록 당신은 어떤 노력을 하고 있는가?"

응답자가 설문에 편안한 느낌을 가지고 진실되고 공감가며 진정성 있게 답변할 자유를 주자. 친숙하고 이해하기 쉬운 브랜드의 언어를 사용해 문항을 작성하자. 설문은 시험이 아니므로 고민하지 않아도 쉽게 답할 수 있게 하자.

모든 정보를 입수하라.
문제점까지도.

이 설문이 정확한 답을 요구하는 것은 아니므로 모든 문항에 자연스럽게 응답하면 된다고 설명하면서 브랜드 리더들의 마음을 편안하게 해주자. 꾸밈없고 솔직하며 본능적인 응답들에서 우리는 흩어진 점들을 연결해 스토리를 요약하는 데 필요한 정보를 얻을 수 있다.

브랜드 스토리의 3요소가 순서대로 파악되도록 설문의 문항들을 설계하자.

- 먼저 태도가 드러날 수 있는 문항들을 배치한다.
- 다음으로 추진력을 알아볼 수 있는 문항들을 나열한다.
- 마지막으로 방향성과 관련된 문항들을 배열한다.

많은 질문을 할 수도 있지만 브랜드 리더들이 설문에 응답하다 진이 빠질 일은 없어야 할 것이다. 영역별 문항을 최대 6-8개로 제한하자. 온라인 응답방식 또는 녹음된 질문에 답하는 전화 인터뷰 방식으로 설문을 실시하면 된다. 어떤 식으로 하든 완성된 답변을 통해서 다음 단계로 나아갈 정보를 얻게 될 것이다.

연결지도 그리기: 장점과 사실 연결하기

스토리의 핵심요소 3가지가 결합되어 더 강력한 효과를 내듯이, 문화개발 마케팅 프로세스의 여러 단계들도 통합적으로 실시될 때 더 큰 효력을 발휘한다. 프로세스의 정해진 경로를 따라가다 보면 브랜드에 대한 인식이 생기고, 새로운 관점이 열리며, 초점이 명확해진다. 각 단계가 다음 단계에 영향을 주는 만큼 R.A.C.E. 단계는 반드시 순서대로 실시하도록 하자. 의도적이고 단계적인 실행이 무엇보다 중요하다.

인상분석을 통해 브랜드의 감동적인 면들을 먼저 파악하면 브랜드 스토리 설문을 실시하는 데 필요한 지각적 경계가 생겨난다. 반대로, 설문을 먼저 실시하면 그만큼 뚜렷한 인식을 얻거나 개별 응답들의 무게를 가늠하기가 힘들며 정보와 개념들의 가치를 정확하게 평가할 수 없다. 우리가 이것을 지도라고 부르는 이유는 새로운 영토를 개척하려는 게 아니라 기존의 영토를 표시하려는 것이기 때문이다.

이번 단계를 진행할 때는 인상분석의 결과를 염두에 두고 설문의 응답들을 검토하자. 그런 다음 이 응답들을 활용해 그런 인상들이 어떻게 확보되고 있는지 알 수 있게 점들을 연결하자. 응답들을 검토할 때 중요한 요지에는 밑줄을, 키워드에는 동그라미를 치고, 중대한 발견에는 색칠을 해가며 연결노트를 작성하자. 연결성이 감지되면 미미한 것이라도 존중하고 본능을 믿자. 아직 배울 준비가 안 된 무언가를 마음이 말해주려는 것일지도 모른다.

관찰한 사실들을 바로바로 기록하며 지각적 경계의 지도를 그리자. 그런 사실들이 관찰되는 데는 그럴 만한 이유가 있을 테니 모든 느낌을 소중히 여기자. 당시에는 그 이유가 이해되지 않더라도 최선을 다해 생각을 기록하자. 연결노트는 다른 아이디어와 결합되어 새로운 관점에 눈을 뜨게 해줄 수 있다. 이렇게 확인된 인상이 브랜드 내부에서 어떻게 작동하는지, 브랜드가 어떻게 이런 인상들을 주고 있는지, 전반적인 브랜드 경험에 그런 인상들이 어떤 의미를 지니는지 이해하자. 그리고 나중에 활용할 수 있도록 정보를 기록해두자.

개념의 조직과 개요

설문 대상으로 선정한 리더들에게 브랜드 스토리 설문을 실시해 받은 응답을 평가하고 관련된 연결노트를 모두 작성했다면, 이제는 개념들을 조직할 때다. 브랜드 언어의 패턴과 일관된 콘셉트, 공통된 마음자세의 표현, 각자의 직무능력 등을 살피자. 스토리는 이런 개념들을 묶어서 하나로 요약하는 과정에서 구체화되기 시작한다. 처음에는 개요가 여러 단락에 이르거나 몇 번이고 고쳐써야 할 수 있지만, 무리하지 않아도 된다.

개요를 한 단락으로 압축하는 데 한 시간이면 족할 수도 있고, 이틀 동안 고치고 또 고쳐야 겨우 괜찮다는 느낌이 들 수도 있다. 급하게 마음먹지 말자. 이 작업이 너무 부담스럽게 느껴진다면 잠시 쉬어가는 것도 좋다. 서둘러 마치는 것보다 제대로 하는 것이 더 중요하다는 사실을 명심하자.

개요가 만족스러워지면 아래와 같은 스토리의 3가지 구성요소가 다 포함되었는지 확인하자.

- 브랜드가 사람들과 연결되는 개인적, 정서적 방식을 말해주는 태도
- 브랜드가 운영되는 시스템과 프로세스를 알 수 있게 해주는 추진력
- 브랜드가 안겨줄 경험에 대한 이해를 통해 목적의식을 갖게 해주는 방향성

되도록이면 개요는 30-50단어 길이의 한 단락으로 완성하자. 조금 더 짧거나 길어도 괜찮지만 30-50단어 정도의 분량이 간명하면서도

종합적인 개요를 담아내기에 적절하다.

적을수록 좋다: 과도한 설명은 금물!

우리는 대개 지나치게 많은 콘텐츠로 과도한 설명을 하려는 성향이 있다. 그런 연유에서 마무리 작업에서는 대개 개념들을 추가하기보다는 단순화하는 데 더 중점을 둔다. 전체 스토리가 담겨 있으면서 군더더기 표현이나 콘텐츠를 더 다듬어야겠다는 느낌이 들지 않는 지점까지 다듬었다면 브랜드 스토리 작업의 최종 단계에 도달한 것이다.

진정한 브랜드 스토리 개요를 작성하는 데는 노력과 에너지, 집중력이 요구된다. R.A.C.E. 단계를 거쳐 스토리를 발굴할 때는 너무 성급하게 스토리를 확정하려고 서두르지 말자. 이 프로세스는 시간을 들여 정확하게 수행해야 한다. 시간과 노력이 많이 든다는 것이 대부분의 회사가 이런 유형의 프로세스를 잘 실시하지 않는 주된 이유다.

또다른 이유는 아마 그들이 종합적인 브랜드 스토리의 필요성을 느끼지 못하기 때문일 것이다. 10년 전만 하더라도 기업들이 자기네 브랜드가 어떠하며 고객들에게 어떤 가치를 전달하는지를 구구절절 설명할 이유를 못 느꼈다. 그러나 명확한 브랜드 스토리야말로 브랜드에 꼭 필요한 자산이다. 자신들의 스토리를 예찬하는 브랜드가 눈에 띄게 마련이다.

사람들은 진실을 갈망한다.

사람들은 진실된 이야기를 원한다. 그들은 자신의 개인적인 생각이나 관심사와 연결하고 공감할 수 있는 브랜드의 완전한 스토리를 알고 싶어한다. 잘 정립된 종합적인 브랜드 스토리는 이런 유대를 가능하게 한다. 그러나 아무리 진실되고 강력하며 종합적인 스토리가 마련되어 있더라도 무턱대고 소개하기 전에 먼저 이를 뒷받침할 계획을 세워야 한다.

이번 장에서는 브랜드 스토리 개요의 작성법을 살펴보았다. 다음으로는 R.A.C.E.의 마지막 단계로 스토리 예찬의 체계를 세우는 방법에 대해 알아보기로 하자.

요약

- 장점을 찾아라. 브랜드의 가장 감동적인 측면이 스토리를 빛나게 한다.
- 브랜드 스토리를 예찬하는 것만으로 비정상적인 브랜드를 정상으로 만들지는 못한다.
- 정상적으로 기능하는 브랜드라면 최적의 상태로 만드는 데 집중하라.
- 진실되게 행동하라.

스토리 예찬을 위한
체계구축

CHAPTER NINE

책 초반에서 나는 기업들이 허풍을 떨지 말아야 한다고 강조한 바 있다. 큰 소리만 쳐대는 기업은 결국 아무도 믿지 않게 될 테니 잔꾀를 부리지 않는 게 좋다. 브랜드 예찬에 초점을 두면 진실되고 진정성 있는 콘텐츠부터 만들게 되므로 이런 함정에 빠질 위험을 미연에 방지할 수 있다. 브랜드 예찬은 브랜드 스토리를 뒷받침하는 특징이나 예시 및 사례들이 조명을 받도록 만든다.

진심어린 이야기는 감동을 불러일으키고, 브랜드를 남다른 시선으로 바라보게 만들어 다른 기업들과 차별화시킨다.

그러나 브랜드 스토리가 강요된다고 느껴지면 듣는 사람이 함께 예찬할 마음이 우러나지 않는다. 사람들의 자발적인 동참을 원한다면 예찬의 계획을 세우고 목적을 확인해야 한다. 이 프로세스의 다음 단계가 바로 그 과정을 계획하는 것이다. 새로워진 인식과 연결노트, 명확한 브랜드 스토리 개요를 활용해 콘텐츠를 생성하면 예찬을 통해 브랜드를 드높일 수 있을 뿐 아니라 파티를 계속해서 이어갈 수 있다.

브랜드를 드높여라 | 스토리를 예찬하라

브랜드 스토리 개요는 공감가는 언어와 인상분석을 통해 파악된 개념들, 세심한 구조를 통해 브랜드의 가장 감동적인 측면들이 무엇인지 뚜렷하게 보여준다. 그리고 브랜드의 정체성과 특징을 알려주는 콘텐츠로 브랜드를 예찬할 기회를 제공한다. 그 속의 진술들은 브랜드 스토리의 주요 행위들을 부각시켜 스토리에 생명력을 부여함으로써 브랜드를 돋보이게 만든다. 이 한 단락이 지닌 힘은 막강하다.

그러나 아무리 영향력이 막강하다 하더라도 브랜드 스토리 개요 자체가 스스로 영향력을 뻗쳐 사람들과 연결되지는 못한다. 개요는 스토리 예찬의 토대일 뿐이지, 여기에서 줄기를 뻗어 사람들과 연결되어 마음을 움직이고 정보를 주는 것은 개요를 기반으로 생성된 하위 콘텐츠다. 이런 콘텐츠는 다음의 2가지 도구를 주로 활용한다.

- 짧고, 의미 있고, 기억에 남는 **브랜드 스토리 제목**
- 교육적이고 흥미로운 **스토리라인**

브랜드 스토리의 제목과 이를 뒷받침하는 스토리라인들은 흥미를 유발하고, 사람들에게 정보를 주며, 관계를 구축하는 데 필요한 콘텐츠 도구들이다. 이번 장에서 우리는 브랜드 스토리의 제목 및 그와 연관된 스토리라인의 중요성 그리고 이런 도구들이 어떻게 감동적인 브랜드 스토리 예찬을 일으킬 자양분을 제공하는지에 대해 알아볼 것이다.

슬로건이 아닌 제목 짓기

브랜드 스토리 제목을 슬로건^{slogan}이나 태그라인^{tagline}(기업, 기관, 브랜드 등에 꼬리표처럼 따라붙는 함축적 단어나 짧은 문구−옮긴이)과 혼동하지 말자. 슬로건은 일반적으로 특정 캠페인이나 프로그램에 사용되며 수명이 한정적이다. 태그라인은 브랜드 스토리 제목에 더 가깝기는 하지만, 많은 경우 브랜드보다는 상품 판매에 더 중점을 두며 마케팅에서 주로 활용된다. 브랜드 스토리 제목은 최고의 슬로건이라 할 수 있으며, 브랜드의 이미지를 강화하고 브랜드 스토리 개요를 보완해주는 문화 중심의 메시지다.

> 브랜드 스토리 제목은 최고의 슬로건이다.

브랜드 스토리에 제목을 붙이면, 그 제목은 스토리에서 가장 흥미로운 부분을 대표하는 상징적인 존재가 되어 사람들에게 스토리를 더 자세히 들여다보고 싶은 호기심을 불러일으킨다. 브랜드 스토리 제목이 스스로 지각적 경계를 형성해 소비자의 마음속에 머물면서 그들이 특정한 자극을 받을 때마다 브랜드의 이미지를 상기하게 만드는 것이다.

브랜드 스토리 제목은 개요 및 스토리라인과 협력해 스토리 속 역할들을 조정하고, 예찬할 내용을 구체화하며, 누구보다 중요한 인플루언서가 될 수 있는 사람들을 그 과정에 참여시킨다.

책이나 영화에서 알 수 있듯이 좋은 제목은 사람들의 관심을 끌고 호기심을 자극한다.

좋은 제목은 스토리를 완성시키고 스토리에 대한 정보를 준다. 또 사람들의 관심을 사로잡고, 스토리의 분위기를 전달하며, 지속적인 인상을 남긴다. 제목에 따라 스토리가 받아들여지고 기억되는 방식이 달라진다니 선뜻 납득이 가지 않을 수도 있다.

그 사실을 잘 보여주는 사례가 바로 1990년에 개봉된 영화 〈귀여운 여인Pretty Woman〉이다. 이 러브스토리는 사람들의 가슴속에 달콤하고 로맨틱한 인상을 남겼다. 그러나 사실 이 시나리오의 원제는 〈3,000〉이었다. 리처드 기어가 거래의 대가로 줄리아 로버츠에게 주기로 했던 3,000달러를 의미하는 것이다. 이런 제목은 전혀 로맨틱하지도 않을뿐더러 기억에도 잘 남지 않는다.

이처럼 같은 스토리라도 제목에 따라 미치는 파급력이 전혀 다르다.

제목은 브랜드 스토리 예찬을 계획할 때 빼놓을 수 없는 부분이다. 그러나 제목 혼자서 모든 것을 진두지휘하는 대장 역할을 하지는 못한다. 제목은 브랜드 스토리의 가장 감동적인 측면들에 사람들의 시선을 집중시키는 도구이자, 사람들을 유혹해 더 자세한 이야기를 알고 싶게 만드는 자극제다. 또 브랜드 스토리에 대한 기억을 불러일으키고 메시지를 강화하는 역할도 한다. 제목을 지을 때는 기억에 잘 남도록 브랜드 스토리 개요와 결부지어 관심을 불러일으키고 이해를 도울 수 있도록 하자.

이상적인 제목의 길이는 대체로 다섯 단어 이하며, 짧을수록 더 좋다는 게 일반적인 생각이다. 몇 단어 정도 더 쓰는 건 괜찮지만 지나치게 길어지지는 않도록 하자. 너무 많은 메시지를 전달하려고 하다가 아무 요지도 전달하지 못할 때가 많다. 단순명쾌한 제목이 브랜드의 개성을 인상 깊게 표현하는데 적합하다.

"올스테이트에 맡기고 안심하세요You're in good hands with Allstate"라는 문구는 올스테이트Allstate 보험의 강력한 슬로건인 동시에 브랜드 제목의 기능도 한다. 이 짧은 문구에는 브랜드가 제공하는 경험과 혜택이 오롯이 담겨 있다. 올스테이트의 브랜드 제목은 일반적인 슬로건에 비해 훨씬 더 광범위한 영향을 미친다. 그들의 단호하고 믿음직한 태도와 고객에 대한 헌신적인 서비스, 보장에 대한 확고한 약속을 이야기함으로써 문화를 홍보하는 역할도 하고 있기 때문이다. 이런 식으로 브랜드의 스토리를 짐작할 수 있는 제목을 사용하면, 브랜드 경험과 관련된 기대를 지속적으로 예찬하는 기능을 제목에 맡기고 스토리를 내실 있게 꾸려갈 수 있다.

제목에 절대적인 규칙은 없다

많은 마케터들이 "슬로건과 태그라인에는 마침표를 넣으면 안 된다"라든가 "다섯 단어 이내로 표현해야 한다"라는 식의 엄격한 규칙을 고수한다. 그러나 이런 아이디어가 유용한 기준점이 될 수는 있어도 최종 결정까지 좌우할 수는 없다. 이런 규칙들은 메시지를 다듬을 때 고려할 수 있는 참고사항일 뿐이다.

CDM에서 가장 중요한 규칙은 제목과 스토리라인을 개발할 때 모든 퍼즐 조각이 서로 잘 들어맞도록 해야 한다는 것이다. 그러다 보면 오히려 다른 규칙들은 지키지 못할 수도 있다. 제목에 마침표를 넣으면 안 된다는 규칙을 반드시 지켜야 했다면, 나이키의 "그냥 해봐.Just Do It."나 애플Apple의 "다르게 생각하라.Think Different.", 자동차 렌탈업체 에이비스Avis의 "우리는 더 열심히 노력합니다.We Try Harder." 또는 카드사 아메리칸익스프레스American Express의 "외출할 땐 꼭 챙기세요.Don't leave home without it."라는 역사상 가장 뛰어난 4가지 제목이 탄생하지 못했을 것이다.

또 제목을 다섯 단어 이내로 표현해야 한다는 규칙을 반드시 따라야 했다면, 페더럴익스프레스Federal Express(이하 페덱스FedEx)의 "무슨 일이 있어도 다음날까지 꼭 보내야 할 때When it absolutely, positively has to be there overnight"라는 참신한 제목은 "익일배송 업체Overnight Delivery Company"라는 밋밋하고 재미없는 제목으로 전락하고 말았을 것이다. 문장에 시선을 집중시키기 위해 또는 확정적 의미를 부여하기 위해 마침표가 필요해 보인다면 편하게 사용해도 된다. 제목을 다섯 단어 이내로 줄였다가 메시지의 알맹이가 사라질 것 같으면 줄이지 말라. 전체 스토리를 전달하는 게 더 나을 것 같다면 길더라도 그대로 가고 확실히 그 뜻이 전달될 수 있도록 하라.

나이키, 애플, 에이비스, 아메리칸익스프레스, 페덱스는 효과적인 브랜드 스토리 제목으로 자신들의 이야기를 전하는 몇 안 되는 브랜드들이다. 일류 브랜드들은 브랜드 제목을 활용해 사람들의 궁금증을 자극하는 방법을 알고 있다. 그들의 제목은 자신들의 가치와 신념을 예찬하면서 동시에 브랜드에 관한 기대를 설정하고, 사람들에게 브랜드와 연결될 기회를 제공하는 촉매제다. 기업이 자신들의 스토리를 소중히 여기고, 이를 적절한 제목과 감동적인 스토리라인으로 뒷받침하며 예찬하는 모습은 마치 한 폭의 그림처럼 아름답다.

스토리라인은 특정 계층에게 다가갈 수 있는 가장 빠른 연결통로다

확고하게 정립된 브랜드 스토리 개요는 전체 브랜드 경험을 대략적으로 파악할 수 있게 해주며, 브랜드 스토리 제목은 스토리의 뼈대를 세워준다. 스토리라인은 스토리의 하위집합으로 내러티브를 펼치고 확장하며 브랜드 교육과 콘텐츠 제작의 기반이 된다.

스토리라인은 브랜드의 다양한 면모를 보여줄 수 있는 콘셉트를 중심으로 구축할 때 가장 효과적이다. 각기 다른 부분에 초점을 둔 스토리라인들을 사용하면 브랜드에 관심을 가진 사람들이 스토리를 서로 다른 관점에서 볼 수 있는 연결의 기회가 늘어난다.

스토리라인은 브랜드 스토리의 홍보와 교육 및 예찬에 도움이 될 주제를 분명히 제시해 콘텐츠 제작에 영감을 준다. 브랜드는 다수의 스토리라인을 제공함으로써 주도적으로 브랜드 스토리의 핵심요소들을 제시하고 이를 조직화된 방식으로 홍보할 수 있다.

스토리라인이 중요한 이유는 다양한 집단과 청중을 겨냥해 서로 다른 방식으로 스토리를 예찬할 수 있는 콘텐츠의 개발을 도와주기 때문이다. 각각의 스토리라인은 브랜드 교육을 위한 기획안이 된다. 이런 길잡이가 있으면 어떤 종류의 콘텐츠가 적합할지 알아보느라 애쓰지 않아도 된다. 브랜드 스토리 개요와 스토리라인들은 브랜드 예찬에 참여하기 위해 사람들이 무엇을 알아야 할지 말해준다.

스토리라인은 직원과 고객, 커뮤니티 멤버들이 스토리 속에서 각자의 역할을 인식하고 예찬에 참여할 기회를 열어준다. 스토리라인을 통해 사람들이 통합의 기회를 쉽게 감지할 수 있는 이유는 이런 스토리라인들이 전형적인 홍보문구와 달리 다양한 인물들과 독특한 스토리로 브랜드를 예찬하기 때문이다.

스토리라인은 우리 주변에 있는 좋은 사례들을 발견하기 쉽게 해준다. CDM을 통해 우리는 평범한 수준을 넘어서는 통찰과 지식, 새로운 인식으로 무장해 세월이 흘러도 변함없이 실질적이고 지속적으로 영향을 미치는 스토리를 생산할 수 있다.

좋은 스토리라인의 힘

다음 사례는 십여 년 전에 있었던 일이지만 지금도 시사하는 바가 크다.

2010년에는 대부분의 헬스클럽과 피트니스클럽들이 회원권 금액을 놓고 출혈경쟁을 벌이고 있었다. 가격경쟁이 위험한 수준까지 치닫자, 골드짐Gold's Gym은 독자적인 레이스를 펼치기로 결정했다. 골드짐은 지난 45년간 자신들이 여러 비즈니스 전략들을 효과적으로 시행해오면서 형성된 스토리에 주목했다. 그들이 주는 일차적인 인상은 '힘'이었다. 그래서 골드짐은 그런 인상의 배경이 된 스토리의 정립에 나섰다. 그들이 고안한 스토리라인은 "당신 자신의 힘을 알라Know Your Own

Strength"였다. 이런 스토리를 정립한 이유는 그들이 근육이나 회비에만 골몰하고 있지 않다는 사실을 알리기 위해서였다. 그보다 그들은 사람들에게 살아갈 힘을 주는 데 의미를 두었다.

골드짐은 자신들이 고안한 스토리라인을 가동하고 안내문, 애플리케이션, 광고, 소셜미디어 게시글을 통해 "힘을 주는 사연들Strong Stories"을 모집했다. 트위터에 '#strongerthan'를 비롯해 다양한 관련 해시태그를 단 게시글을 공유하도록 권유하기도 했다. 골드짐은 회원들에게서 모은 이 사연들로 짧은 영상 3편을 제작했다. 유명 다큐멘터리 감독 엘리엇 라우쉬Eliott Rausch가 연출한 각각의 영상에는 다각도로 조명한 골드짐 고객들의 경험담이 담겼다.

골드짐의 이 브랜드 스토리 영상들은 사람들이 어떻게 운동으로 긍정적인 에너지를 얻어 살아갈 힘을 내게 되었는지를 서로 다른 방식으로 보여주었다. 한 영상에서는 불황기에 집을 날리고 좌절에 빠져 지내다가 운동을 통해 자신감과 활력을 되찾은 에린Erin의 이야기가 그려졌다. 주제에 맞고 공감도 가는 감동적인 이야기였다. 다른 영상에서는 비만 남성 짐Jim의 사연이 소개되었다. 그는 병든 아내에게 신장을 기증할 수 있는 건강한 몸을 만들기 위해 살을 빼야만 했는데, 아픈 가족으로 인한 어려움을 끝내 운동으로 이겨내는 반전 드라마를 펼쳐보였다. 내가 가장 좋아하는 마지막 영상에서는 96세의 해리 할아버지가 건강하게 100세를 맞고자 힘든 몸을 이끌고 운동을 하는 모습이 담겼다. (이 영상은 EveryoneIsAnInfluencer.com/Harry에서 감상할 수 있다.)

상업적인 광고라면 해리 할아버지가 골드짐에서 운동을 하면서 어떻게 활력을 얻고 있는지, 아니면 96세의 나이에도 기력을 잃지 않도록 어떻게 골드짐 트레이너가 그를 돕고 있는지에 대해 설명했을 것이다.

그러나 이 영상이 주는 메시지는 여기에 그치지 않았다. 골드짐의 브랜드 스토리에 스스로도 감동한 영상 제작자는 해리 할아버지가 지닌 힘을 색다른 시선과 진한 여운이 남는 이야기로 담아냈다.

영상이 시작되면 해리 할아버지가 골드짐 직원의 도움을 받아 체육관에 나오는 모습이 그려진다. 이 장면과 함께 해리 할아버지가 자신의 인생관과 젊은이들을 돕고 싶은 바람을 이야기하는 음성이 흐른다. 체육관에 도착한 뒤에는 트레이너가 할아버지를 맞이해 운동을 돕는 장면이 이어진다. 트레이너는 끝까지 삶의 의지를 놓지 않는 할아버지에 대한 존경심을 표현한다. 그런데 이야기가 계속될수록 트레이너가 해리 할아버지를 단지 열심히 운동을 시켜야 할 대상으로만 바라보지 않는다는 느낌이 든다. 두 사람의 관계는 어딘가 독특하다.

"도움을 필요로 하는 사람은 어디에나 있죠"라는 해리 할아버지의 내레이션에 그제야 이 짧은 영상이 전하는 메시지가 무엇인지 감이 잡힌다. 영상의 시선은 이제 트레이너가 필요로 하는 것이 무엇이며, 그가 해리 할아버지에게서 어떤 자극을 받고 있는지에 대한 이야기로 옮겨간다. 트레이너는 이 100세가 다 된 할아버지의 지혜로부터 자기 삶의 이유를 찾는다. 골드짐의 브랜드 스토리를 이보다 더 잘 표현할 수 있을까!

뜻밖의 영향력

사람들은 트레이너가 회원의 목표를 달성시켜주는 영웅으로 묘사되기를 기대한다. 또 체육관에 다니는 회원이 성공적이고 보람된 경험을 하기를 기대한다. 그러나 골드짐은 그 이상을 기대하게 만든다. 트레이너와 회원이 서로 자극을 주고받을 수 있는 관계야말로 모두가 기대하는 이상적인 관계일 것이다. 골드짐의 스토리라인은 관계에 초점을 두고, 브랜드의 감동적인 측면을 말해줄 효과적인 사례로 해리 할아버지와 트레이너의 사연을 보여주고 있다. 이런 아름다운 메시지는 스토리라인 전략을 완벽하게 구사할 때 만들어진다. 골드짐에서는,

- "당신 자신의 힘을 알라"라는 스토리라인이 "힘을 주는 사연" 시리즈를 기획하는 단초가 되었다.
- 이 시리즈를 통해 스토리라인을 기억에 남는 방식으로 교육하고 예찬할 수 있는 회원과 트레이너 들이 식별되었다.
- 이 전략 덕분에 뜻밖의 인플루언서가 될 주역들이 탄생했다.

골드짐은 스토리 발굴에 나섰고, 체력 단련이나 회비 비교 같은 일차원적 소재에 머무르지 않고 보다 진실되고 공감할 수 있는 이야기를 찾고자 했다. 골드짐 트레이너들의 보람되고 뜻깊은 삶을 감동적인 시선으로 바라보게 해줄 마법 같은 이야기 말이다.

"힘을 주는 사연" 시리즈를 통해 골드짐은 자신들이 트레이너와 회원 간의 돈독한 관계를 이해할 뿐 아니라 그러한 관계를 자랑스럽게 여긴다는 사실을 효과적으로 전달했다. 그들은 현재 이러한 특징을 자신들의 차별화 요소로 인식하고, 회원 및 트레이너 들과 함께 이와 관련된 스토리를 예찬하고 있다.

그렇다면 골드짐 트레이너들 중에서는 몇 명이나 이 스토리에 공감할까? 얼마나 많은 트레이너들이 이 스토리에 감명을 받았을까? 또 그

로 인해 얼마나 많은 잠재고객들이 골드짐 트레이너들을 더 긍정적인 시선으로 바라보게 되었을까? 그 수는 상상 이상이다.

강력한 스토리는 마진을 높인다

2010년에 대형 피트니스센터들은 모두 저가경쟁이라는 죽음의 행진에서 벗어나지 못하고 있었다. 그들은 가격과 서비스를 놓고 무한경쟁을 벌이는 잘못된 레이스에 뛰어들었고, 그만큼 마진에 타격을 입었다.

이 죽음의 소용돌이에서 벗어나겠다고 광고를 더 늘릴 수도 없었다. 뭔가 특단의 조치가 필요했다. 회비 액수에만 목을 매는 것은 해결책이 아니었다. 이런 상황에서 골드짐이 내세운 "당신 자신의 힘을 알라"라는 스토리라인은 무척 신선하고 감동적이었다. 그들은 가격을 후려쳐서 회원권을 남발하는 남들과 똑같은 레이스에 참여하지 않고, 자기 브랜드의 가장 감동적인 측면들을 말해주는 스토리를 다각도로 예찬했다.

이 스토리라인 덕분에 골드짐은 사람들의 열정적인 참여를 유도해 바라던 목표를 달성하고 원하는 고객층을 공략할 수 있었다. 대중에게 공개된 회원들의 사연은 브랜드를 지지하는 막강한 인플루언서들을 양산했다. 골드짐은 이렇게 사람들의 뇌리에 그들의 존재를 각인시키면서 브랜드의 위상을 높였다.

강요하지 말고 스스로 예찬하게 하라

브랜드 예찬의 일환으로 개별 스토리들을 소개하다 보면 최고의 스토리라인이야말로 특정 부문의 소비자들에게 다가갈 수 있는 매우 효과적인 수단임을 깨닫게 될 것이다. 브랜드의 약속과 일치하는 사람들과 개념들에 주의를 기울이자.

브랜딩에서는 "브랜드가 생활이 되도록live the brand" 하는 데 목표를 두고 콘텐츠를 계획한다는 이야기를 공공연히 하곤 한다. 이 말은 사람들에게 브랜드에 물들어 살도록 부추긴다는 뜻이다. 그런 이유에서 나는 이 표현이 마음에 들지 않는다. 우리는 남에게 특정한 생활방식을 강요해서는 안 된다. "브랜드가 생활이 되기를" 바란다는 말은 성공적인 콘텐츠 전략을 위한 구호가 될 수 없다. 자연스럽고 본능적으로 이루어져야 마땅한 것을 요구할 때에는 절대 거짓이나 사기로 느껴지지 않게 해야 한다. 의도적인 예찬이라고 해서 사람들에게 브랜드의 스토리를 생활화하라고 말할 것이 아니라 브랜드가 보유한 평판을 스스로 자랑스럽게 여긴다는 사실을 알리고 사람들도 함께 그 스토리를 예찬할 마음이 들게 해야 한다.

브랜드 스토리 교육에 중점을 두고 콘텐츠 계획을 수립하면 이런 의도적인 접근이 가능하며, 이를 지원할 스토리라인들의 윤곽을 잡을 수 있다. 이 스토리라인들은 브랜드 스토리를 교육하는 콘텐츠 제작의 기틀이 된다. 이런 하위개념들을 찾아 스토리를 관리 가능한 콘텐츠들로 분할하면 브랜드가 어떤 대상을 예찬할지에 대해 명확한 기대를 설정할 수 있다.

브랜드 스토리 예찬에 열렬한 지지자들을 동참시키는 방법에 딱히

정해진 규칙은 없다. 어떤 브랜드는 그들의 스토리와 연결될 방법을 알려주는 스토리라인을 통해 암묵적으로 사람들을 초대하고, 또 어떤 브랜드는 예찬자들을 동참시키기 위해 보다 의도적인 스토리라인을 사용한다.

VPX의 자회사인 에너지드링크 제조사 뱅에너지Bang Energy는 교육과 통합에 중점을 둔 스토리라인으로 장기적인 관계를 수립하는 방법을 잘 알고 있는 브랜드다. 이 회사는 서로 다른 3가지 영역에 초점을 둔 스토리라인으로 자신들의 스토리를 종합적으로 예찬한다.

- 뱅에너지 제품에 함유된 다양한 성분들의 효과를 입증하는 과학적 연구결과를 홍보한다.
- 적절한 운동방법과 보충제 복용법에 대한 교육으로 뱅에너지를 건강하고 활력 넘치는 라이프스타일의 대명사로 인식시킨다.
- 뱅에너지 제품의 사용을 예찬하고, 미화하며, 선전하는 전위적이고 자극적인 라이프스타일을 지지한다.

이 각각의 스토리라인은 저마다 다른 영향을 미친다. 뱅에너지는 이런 스토리라인들을 총동원해 다양한 성향의 브랜드 예찬자들이 뱅파티를 계속하도록 필요한 에너지를 공급하고 있다. 심지어 논란의 CEO 잭 오웍Jack Owoc이 말한 "뱅을 끼고 죽도록 놀자If you ain't Bangin' you ain't Hangin'"라는 캐치프레이즈를 내세워, 놀기 좋아하는 사람들을 뱅에너지의 브랜드 스토리 예찬에 동참시키기도 한다. 실제로 이런 사람들은 뱅에너지가 자체 개발한 뱅 인플루언서 제휴 프로그램Bang Influencer Affiliate program을 통해서 자신이 뱅에너지의 브랜드 스토리에 얼마나 잘 어울리는지 쉽게 확인할 수 있다.

일반적인 인플루언서 제휴와 마찬가지로 이 프로그램의 주된 목적도 뱅 인플루언서가 될 사람들을 초대해 그들에게 각자의 소셜미디어 채널에서 브랜드를 홍보하고 지지하도록 하는 데 있다. 그러나 뱅 프로그램은 여기서 한 발 더 나아가 자신들이 어떤 유형의 인플루언서를 원하는지를 분명히 밝히고 있다. 그들은 팀 합류의 조건으로 "화끈한 몸매와 열정적이고 활발한 성격"을 당당히 요구하고 있다. 뱅 인플루언서라는 자리가 오디션을 봐야만 오를 수 있는, 그리고 꼭 오르고 싶은 지위가 되었고, 대중은 그 기회를 추구하게 된 것이다. 지금 이 순간에도 뱅 인플루언서 지망자들은 이 그룹의 일원이 되기를 간절히 바라며 필요한 요건을 갖추려 분투하고 있다.

뱅에너지가 종합적인 스토리라인으로 접근한 덕분에 요즘 모든 소셜미디어 채널들에는 사용자가 직접 올린 활력 넘치는 뱅에너지 관련 콘텐츠와 피트니스 모델이나 패션 인플루언서, 라이프스타일 블로거, 적극적인 서포터들이 올린 이미지가 넘쳐나게 되었다. 뱅에너지에 열정적인 유/무보수 브랜드 예찬자들이 밀려들면서 특히 인스타그램과 틱톡은 '#bangenergy' 해시태그를 단 인플루언서들의 게시글로 도배가 되고 있다.

스토리라인의 효과는 사람들에게 어떤 자리가 어울리는지, 어떻게 영향을 미칠 수 있는지, 어떤 식으로 예찬에 참여할 수 있는지를 이해하도록 도와줄 때 극대화된다. 여러 역할들을 마련해두고 사람들이 스토리로 찾아들어오기 쉽게 만들자. 막무가내로 브랜드의 생활화를 강요하며 관심을 가져주기를 기대할 것이 아니라 공감이 가는 스토리를 전해야 한다. 그래야만 노력을 기울인 만큼 효과를 거둘 수 있다.

불가피한 변화에 대비하라

다양한 콘텐츠 목표로 브랜드 스토리를 예찬할 때 그 메시지는 더 널리 전파되어 사람들의 관심을 유발하고, 브랜드에 대한 이해를 도우며, 그 예찬에 동참할 마음을 불러일으킬 수 있다. 여러 줄기의 스토리라인은 서로 다른 부류의 사람들이 브랜드에서 자신이 할 수 있는 역할을 그려볼 수 있도록 도와주며, 풍부한 기회를 통해 그들이 개인적으로 동일시하는 콘텐츠와 연결될 수 있게 해준다. 연결의 기회를 늘리면 브랜드 안팎의 사람들이 스토리 속에서 자신에게 적합한 역할을 더 쉽게 찾을 수 있다.

브랜드 지지자를 브랜드 인플루언서로 만들고 싶다면, 그들이 브랜드에서 자신의 역할을 그려보고, 어떻게 기여할 수 있을지 구상하며, 진정 스토리에 참여할 마음이 있는지 판단할 수 있도록 돕자. 브랜드 스토리 예찬의 목표는 사람들이 브랜드에 공감하고 연결될 기회들을 인식하기 쉽게 만드는 데 있다. 어떤 개념이 예찬할 가치가 있을지 판단하는 의사결정의 메커니즘으로 브랜드 스토리를 활용하면 (선거로 인한 정세의 급변이나 전염병의 세계적인 대유행 상황에서도) 사람들에게 설득력 있게 다가갈 콘텐츠를 제작할 수 있다.

다음의 단계별 체크리스트를 활용하면 브랜드 스토리 예찬 시 성공적인 콘텐츠 제작 체계를 세울 수 있다.

- **계획 수립:** 중요한 콘텐츠 목표를 전달할 수 있는 스토리라인을 개발하자. 스토리라인이 마련되면 이를 뒷받침할 콘텐츠 목표를 찾아 계획한 뒤 이를 예찬함으로써 고객과 회사, 기업문화에 영

향을 미칠 수 있다. 콘텐츠 전략을 세울 때는 먼저 브랜드의 흥미로운 부분들을 보여주는 작업을 하면서, 지속적으로 이를 뒷받침할 아이디어와 사례 및 설명을 제공하자. 그 방법으로는 해시태그 전략이나 소셜미디어 동영상 시리즈, 연례행사, 지속적인 포스팅 계획, 블로그 전략, 지식공유 계획 등을 활용할 수 있다. 각각의 콘텐츠 계획은 목표하는 스토리라인을 효과적으로 뒷받침하면서 브랜드 스토리를 강화하는 데 도움이 되어야 한다.

- **채널 결정:** 모든 소셜미디어 채널들에 빠짐없이 콘텐츠를 올리기란 사실상 불가능하다. 각 스토리라인의 설계 자체를 점검하는 것이 우선이다. 특정 스토리라인에 적합한 소셜미디어 플랫폼이 있다면 그 미디어를 활용하자. 브랜드 스토리 예찬에 활용할 채널이 10개쯤 있으면 좋겠다는 생각이 들 수도 있지만, 과연 그 10가지를 모두 원활하게 돌릴 수 있을까? 이 질문에 "그렇다"고 자신 있게 대답할 수 있다면 뜻대로 해도 좋다. 그러나 조금이라도 의구심이 든다면 채널을 충실히 관리하면서 브랜드에 도움을 줄 수 있는 정도로 그 수를 제한하자.

- **결과 상정:** 달성하고자 하는 결과를 미리 생각해두자. 스토리라인별로 어떤 태도를 전달할지, 어떤 기능적 측면을 설명할지, 어떤 결과물을 보여줄지 세부적으로 구상하자. 각 스토리라인마다 내부 직원들이 이해할 수 있는 목적이 있어야 한다. 그런 정보를 제공할 때 직원들과 마케팅팀, 경영진을 막론하고 모두가 동일한 이해를 공유하게 된다. 그러한 인식은 모두에게 도움을 주며, 참여와 성공의 기회를 늘린다.

- **타이밍 설정:** 콘텐츠를 올릴 때에는 각 채널별로 타이밍에 신경

써야 한다. 콘텐츠 공유시에는 완급조절이 중요하다. 브랜드에 대한 열정과는 상관없이 사람들이 과도하게 몰리는 경우가 생길 수 있다. 흥을 깨서도 안 되겠지만 사람들을 지나치게 흥분시켜서도 안 된다. 소셜채널들의 콘텐츠 감시 전략들이 지속적으로 시행되고 있음을 명심하자. 그들이 알고리즘을 수시로 변경하기 때문에 일주일 전에 통했던 방식이 이번주에는 통하지 않을 수도 있다. 콘텐츠 계획의 전략과 결과를 수시로 점검하자.

- **시스템 구축:** 콘텐츠 공유 전략을 세우자. 우리 브랜드스토리엑스퍼츠는 이미 10년 전에 "스토리 예찬은 팀 스포츠다"라는 개념을 채택했다. 스토리 예찬에 성공하려면 이런 마음가짐이 필요하다. 그래서 우리는 먼저 모든 고객사가 이 과정을 자동화할 수 있도록 직원들이 콘텐츠를 올릴 수 있는 모바일 업로더를 개발했다. 그리고 수차례 개선을 거듭한 끝에 마침내 브랜드 소통의 판도를 완전히 바꿔줄 '올인앱The All In App'이라는 애플리케이션을 완성했다. 이 앱을 활용하면 문화개발 마케팅을 쉽고 효과적으로 수행할 수 있다. 올인앱은 TheAllInApp.com에서 내려받을 수 있으며, 게임하듯 간편하게 콘텐츠를 공유할 수 있어 진실되고 진정성 있는 콘텐츠를 지속적으로 생산하는 데 도움이 된다. 이런 콘텐츠야말로 스토리 예찬을 위해 무엇보다 귀중한 자산이다. 직원들이 내부 시스템을 통해 직접 생성한 콘텐츠만큼 스토리의 진실성을 보여주기에 효과적인 것도 없기 때문이다.

- **측정과 평가:** 프로그램이 잘 돌아가고 있는지 수시로 평가하자. 브랜드 리더들은 수치와 보고서, 실질적인 결과를 원한다. 당신도 다르지 않을 것이다. 참여도, 팔로워 : 팔로잉 비율, 장소태그

나 해시태그 사용 등을 분석해 프로그램의 성공 여부를 측정할 수 있다. 다만 광대한 정보의 바다에 빠져 허우적대지 않도록 조심하자. 브랜드에 가장 적합한 지표를 선정해 투입한 노력 대비 결과를 세밀히 평가하자.

열정적인 인플루언서에게 프로세스 시행을 맡겨라

CDM 프로세스 자체는 단순명쾌하지만 그래도 이를 시행하려면 시간을 투입하고 노력과 관심을 기울여야 한다. 대형 브랜드들은 대개 스토리 예찬을 담당하는 마케팅 인력을 브랜드 안팎에서 풀가동할 필요가 있다는 사실을 인지하고 있다. 대다수의 중견기업들도 소셜미디어를 통한 스토리 공유 프로그램 시행에 주력할 필요성을 이해하고 있다. 그러나 소기업들은 다르다. 스토리 예찬의 중요성을 인식하고 있는 기업들도 있지만 그렇지 못한 기업들도 많다. 어떤 규모의 기업이든 스토리 예찬이 가지는 영향력을 과소평가해서는 안 된다.

기업은 시간과 인재를 투입해 공감가는 방식으로 스토리를 예찬해야 한다. 상대적으로 열의가 떨어지는 사람들이 미디어와 메시지 작업을 담당하면, 그 메시지로는 결코 신뢰를 얻을 수가 없다. 세일즈맨이 사업을 따내려고 공치사를 늘어놓을 때처럼 청중은 그 메시지에서 수상한 느낌을 받게 마련이다.

프로세스의 성공을 위해서는 사람들을 브랜드로 끌어들이는 데 목표를 둔 기업 차원의 전면적인 예찬 전략이 필요하다. 담당자 한 명에게 다달이 콘텐츠 배포 일정을 계획하고 실행하도록 맡기는 식으로 프로세스를 설렁설렁 시행하면서 그 콘텐츠가 단 30분 만에 반향을 일으킬 수 있으리라 기대하지 말자. 반드시 브랜드에 대해 해박한 지식을 보유하고 있는 열정적인 브랜드 예찬자에게 브랜드를 대변할 책임을 맡겨야 한다. 브랜드 메시지 전략을 담당하는 관리자들 스스로가 열정적인 인플루언서가 아니라면 브랜드 인플루언서 부대를 양성할 수 없다.

너무 많은 브랜드들이 질 낮은 콘텐츠로 사람들의 외면을 받는다. 이런 트렌드는 성의 없는 외부 소셜미디어 관리자들이 콘텐츠 관련 업무를 "후딱 해치워버리자"는 심리로 진행하면서 생겨났다. 이런 사람들의 콘텐츠는 정보 전달에 실패할 뿐만 아니라 오히려 사람들을 떠나가게 만든다. 이처럼 '콘텐츠를 마구 찍어내는' 소셜미디어 담당자들은 해당 브랜드를 위한 게시글을 기계적으로 쓰면서 역시나 굳이 배우거나 이해할 마음이 없는 다른 75개 브랜드를 위한 콘텐츠를 동시에 양산하곤 한다.

의외로 특정 브랜드를 대변해 게시글을 올리는 사람이 그 브랜드에 대해 알려는 노력을 기울이지 않아 해당 브랜드 스토리에 대한 종합적인 지식이나 열정을 결여하고 있는 경우가 많다. 그래도 어쨌거나 그들이 게시글을 올려 콘텐츠를 소개하고 있고, 또 거기에 만족하는 사람들이 있으니 별 문제 없는 것 아닐까?

글쎄다. 그들이 브랜드 내부의 직원들과 협력해 브랜드 스토리를 교육하고 예찬하지 않으면, 그 메시지는 설득력이 떨어지고 새로운 관계를 구축하기는커녕 고객의 시간만 축내는 결과를 초래하고 만다. 이건 큰 문제가 아닐 수 없다.

누가 스토리 예찬을 주도하게 할지 신중하게 선택하자. 보통은 스토리 예찬에 필요한 도구와 기술 및 전략을 보유하고 있는 사람이나 전문 회사에 스토리텔링을 이끌어가도록 맡기는 게 좋다. 브랜드 스토리 예찬을 실행하는 데에는 훈련된 전문가의 기술과 재능이 요구된다.

요즘엔 아무리 작은 업체들도 소셜미디어 관리 업무가 더이상 아르바이트생에게 가볍게 맡길 수 있는 일이 아님을 차츰 깨달아가고 있다. 이 업무를 담당하는 팀이 내부에 있다면, 그 일에 충분한 가치를 부여해 그들이 동기를 가지고 교육과 훈련을 통해서 성과를 낼 수 있도록 하자.

소셜미디어 스토리텔링 프로그램을 주도할 책임자는 반드시 브랜드 스토리의 개요와 제목, 스토리라인 그리고 이러한 것들이 탄생된 배경을 잘 알고 있는 열정적인 기여자이자 리더여야 한다. 스토리텔링 프로그램의 전위대는 대열을 정비하고 안에서 밖으로, 밖에서 안으로 향하는 관계들을 올바른 방향으로 안내할 필요가 있다. 이 점은 아무리 강조해도 지나치지 않다.

**프로그램을 주도할 책임자는
회사와 그 업계에 빠삭하며,
브랜드 예찬자의 역할을 이해하는
열정적인 사람이어야 한다.**

10년 전 나는 이런 생각에서 고객사들과의 긴밀한 관계를 추구하는 마케팅대행사를 설립했다. 브랜드에 대해 속속들이 알지 않으면 그들의 스토리를 제대로 전할 수 없다는 걸 알았기 때문이다. 고객사의 목소리를 대변하는 우리 회사 직원들도 모두가 고객사의 스토리를 자부심과 열정을 가지고 이야기할 책임이 있다는 사실을 인식하고 있다. 열정적인 브랜드 예찬자들은 브랜드에 대해 빠삭하고, 그들의 스토리에 열광하며, 자신도 그 스토리에 참여하고 싶어 안달한다. 스토리 공유 프로그램의 전위대는 이런 식으로 활동해야 한다.

스토리에 대한 믿음과 신뢰를 유발하려면 브랜드가 몸소 그런 경험을 쌓아야 한다. 오만 가지 매체들이 브랜드에 대해 다양한 기대감을 표현하더라도 주도적인 목소리는 브랜드가 내는 게 바람직하다. 브랜드가 앞장서서 메시지를 주도하게 만들자. 일류 브랜드들은 자신들의 행위와 견해, 리더십을 예찬하며 그들의 가치를 꾸준히 강화해나간다.

훌륭한 기업들은 내부 교육부터 시작해 기회가 생길 때마다 메시지를 성장시키며 경쟁사들이 부러워할 만큼의 신뢰와 감동의 수준을 유지한다. 소셜미디어에 콘텐츠를 공유할 때는 내용을 억지로 주입하려 들거나 스토리 전체를 한꺼번에 다 털어놓으려 애쓸 필요가 없다. 한 번에 한 꼭지씩 풀어나가면 된다. 소셜미디어 게시글 하나하나를 작은 승리로 간주하자. 목표하는 곳에 도달하기 위해 계획을 세우고 한 번에 한 걸음씩 차근차근 나아가자. 그러면 작은 승리들이 쌓여 큰 변화를 가져올 것이다. 이런 식으로 브랜드 스토리를 홍보하면 클릭광고나 가격경쟁, 홍보나 혁신에만 의지하지 않아도 된다. 강력한 스토리와 제목, 연관성 높은 스토리라인이야말로 성공의 원동력이다.

요약

- 브랜드 스토리 개요의 제목과 스토리라인의 힘을 이용하는 콘텐츠를 중심으로 브랜드 스토리를 예찬하라.

- 스토리라인의 효과는 더 많은 사람들에게 다가가 열의와 흥미를 불러일으킬 때 극대화된다.

- 하위개념들을 찾아 스토리를 관리 가능한 콘텐츠로 분할하면 예찬할 대상을 명확히 설정할 수 있다.

예찬의 시작:
'작은 나'에서 '큰 나'로

CHAPTER TEN

중국의 사상가 노자는 "남을 아는 것은 지혜요, 나를 아는 것은 깨달음이다"라고 말했다. 브랜드 스토리를 제대로 이해할 때 직원들은 그 메시지에 공감하고 스토리 속에서 자신에게 적합한 자리를 찾을 수 있다. 브랜드 스토리 예찬은 우리를 그러한 깨달음의 길로 인도한다.

열정적인 직원들은 자기 회사의 브랜드 스토리에 진정성이 있는지 알고 싶어하므로 이 단계는 필수적이다. 그들은 그 스토리가 어떻게 발굴되었는지, 어째서 그런 식으로 작성되었는지, 거기에 무슨 의미가 있는지 알고 싶어한다. 브랜드 스토리 예찬은 이런 연결성을 촉진한다.

브랜드의 감동적인 면들은 명확한 브랜드 스토리가 직원들에게 제시되고 설명될 때에야 비로소 스토리라인을 통해 생명력을 얻는다. 스토리라인은 직원들이 스토리의 개요로 깊숙이 파고들어 스토리를 해부하며 스토리의 구현과정에서 자신들이 하는 구체적인 역할을 확인할 수 있는 통로가 된다.

연결을 통한 변모

직원들은 조직과 동떨어진 개인의 입장에서 스토리를 바라보다가 스토리 속에서 자신이 하는 역할의 중요성을 이해하는 방향으로 변화를 겪을 때 "아하!" 하는 깨달음의 순간을 맞는다. 이후 그들은 더이상 외부에서 스토리를 관망하거나 그 메시지를 평가하지 않고 내부로 들어가 자신의 역할을 분명히 확인한다. 그리고 자신들이 스토리에 어떻게 기여하고 있는지 이해하며 남들에게 감동을 주고 영향력을 발휘할 수 있는 능력을 습득한다. 이런 깨달음으로 그들은 '작은 나little i'라는 개인에서 '큰 나Big I'라는 인플루언서로 변모한다.

브랜드 스토리 예찬은 스토리에 생명력을 불어넣는 콘텐츠를 끊임없이 공유하며 개인들을 교육하고 연결성을 증진한다. 브랜드 스토리에 직접 참여하는 사람들은 자신들이 말만 번지르르하게 하는 게 아니라 실제로 그 내용을 실천하고 있다는 사실을 다른 직원들과 고객들에게 몸소 보여주게 된다. 브랜드가 이런 종류의 콘텐츠를 제공할 기회는 무궁무진하다. 다만 스토리에 참여하도록 독려할 때는 브랜드 안팎의 사람들을 모두 초대해야 한다. 그렇지 않으면 예찬은 일어나지 않는다.

내부에서 피어나는 힘

브랜드 스토리 예찬을 성공으로 이끄는 열쇠는 브랜드 스토리와 제목, 스토리라인들을 접한 사람들이 그 스토리가 어떻게 생성되었는지 파악할 수 있도록 하는 데 있다. 그 스토리로 인해 자기 회사가 다른 브랜드들과 구분된다는 사실을 직원들이 깨달을 수 있어야 한다. 브랜드 스토리 예찬이 직원들에게 주는 메시지는, 회사가 브랜드 스토리와 스토리라인들을 되도록 많은 사람들에게 알리고자 하며, 직원들이 그 예찬에 동참해주면 좋겠다는 것이다. 이런 방식으로 스토리를 제시하면 직원들을 무엇보다 중요한 가치—브랜드가 하는 약속에 대한 이해와 존중 그리고 이행—와 연결시킬 수 있다. 경영진이 이 단계에서 직원들을 동참시키면 브랜드에 대한 그들의 지식과 동기, 감동을 증진하고 브랜드에 열정과 에너지를 키울 수 있다.

오프라 윈프리Oprah Winfrey는 "열정은 에너지다. 좋아하는 일에 몰두할 때 샘솟는 기운을 느껴라"라고 말했다. 예찬의 영향이 오래도록 지속되기를 원한다면 처음부터 직원들을 예찬에 참여시키는 게 좋다. 직접 예찬에 참여할 때 직원들은 주변을 겉돌던 개인에서 스스로 스토리 구축에 가담해 판도를 바꾸는 인플루언서로 거듭난다.

브랜드 스토리 예찬이 내부에서부터 시작되도록 할 최고의 방법은 스토리 공개회의를 여는 것이다. 직원들에게 브랜드의 스토리를 소개하고, 그 스토리가 어떻게 구축되었는지 설명한 다음, 어떻게 하면 스토리를 교육하고 사람들의 마음을 움직이는 계획에 그들을 동참시킬지를 연구하자. 이것이 파티가 열리게 만들 수 있는 매우 효과적인 방법이다.

내가 처음으로 브랜드 스토리 공개 프레젠테이션을 했던 곳은 직원 35명이 빽빽이 들어앉은 어느 고객사의 작은 회의실이었다. 그들에게는 회사와 리더 그리고 자신들의 스토리에 공감하려는 마음이 없어보였다.

몇 달 전 방문했을 때 그들은 회사에 대한 충성심이라고는 찾아보기 힘든 무사태평한 모습이었고, 회사의 목표에 관심이 없는 것은 물론 고용주를 향한 시선도 곱지 않은 분위기였다. 몇 주 뒤 브랜드 스토리 평가를 하면서 나는 그런 괴리가 어디에서 비롯되었는지 알게 되었다.

인상분석과 설문조사 결과에서는 의외로 정직성과 신뢰감, 충성심이 이 회사의 토대를 이루고 있다는 사실이 드러났다. 그중에서도 신뢰도를 나타내는 점수는 천장을 뚫고나갈 기세였다. 연결지점들을 이으며 지도를 그려나가니 고용주의 성품이 그러한 기풍을 형성하는 근간임을 분명히 알 수 있었다. 그의 청렴성과 정직성, 충성심이 바로 회사를 떠받치는 근간이었다. 그런데 몇몇 미꾸라지들이 그러한 강점을 예찬하는 대신 역이용하고 있었다. 이들은 고용주의 친절함을 나약함으로 바라보도록 사람들을 선동했다. 이 미꾸라지들이 다수를 차지하는 것은 아니었지만 부정적인 인플루언서로서 물을 흐리며 분위기를 지배하고 있었다.

고용주를 위시한 다른 직원들은 다들 각자의 업무와 고객서비스로 여념이 없어 그러한 문화를 바로잡는 데 신경을 쓰지 못하고 있었다. 나는 어떤 평가 결과가 나왔는지 신이 나서 설명했지만, 그들은 아직까지 큰 깨달음을 얻지 못하는 눈치였다. 그들이 자랑스럽게 여길 만한 점이 무척 많았기에 나는 어서 예찬을 시작하고 싶어 조바심이 났다.

먼저 나는 그들의 브랜드 스토리가 어떤 단계를 거쳐 발굴되었는지 보여준 다음 브랜드 스토리 개요과 제목을 공개하고 그 의의를 설명해나갔다.

프레젠테이션이 이루어지는 동안 미묘한 변화가 감지되었다. 곳곳에서 관심을 표하는 움직임이 일었고 고개를 끄덕이거나 미소를 짓는 모습도 이따금씩 눈에 띄었다. 그러나 아직까지 모인 사람들 대다수가 그 메시지에 공감하고 있는지는 확실치 않았다. 그래도 희망적인 조짐이었다.

나는 옆으로 비켜서서 새로 제작된 그들의 브랜드 스토리 영상을 빔 프로젝터로 상영했다. 이 3분짜리 영상은 직원들에게 창업주와 회사의 감동적인 면들을 완전히 새로운 눈으로 이해하고 공감할 수 있게 해주었다. 이 영상은 회사의 진실된 면모를 잘 담아낸 수작이었다.

영상이 상영되는 동안 나는 직원들의 표정 변화를 살폈다. 정직한 업무처리 방식과 배려하는 태도가 회사를 움직이는 원동력이라는 설명이 나오자 상당수가 동의의 표시로 고개를 끄덕이며 미소를 보였다. 회사와 경영진이 어떤 기준을 준수하고 있는지, 어떤 식으로 신뢰를 구축하며 성과를 보장하고 있는지 설명할 때는 그들에 대한 자부심이 피어오르는 듯했다. 그리고 마지막으로 고객과 직원들을 위해 옳은 일을 하는 것이 회사의 단호하고도 흔들림 없는 목표라는 이야기에서는 가슴이 뭉클해져 감정이 북받쳐 오르는 것 같았다.

영상이 끝나자마자 직원들 사이에서 열렬한 박수갈채가 터져 나왔다. 몇 명은 일어서서 박수를 쳤고, 나머지는 주변 사람들과 감상평을 나누었다. 모두가 만면에 미소를 띤 모습이었다.

영상을 보면서 그들은 자신들의 진정한 브랜드 스토리가 살아나는 것을 느꼈다. 눈앞에서 펼쳐지는 이야기에 그들은 관객의 입장이 되어, 좀전에 프레젠테이션에서 들었던 회사의 평판이 어떻게 얻어진 것인지를 생생하게 배우게 되었다. 그 영상은 흩어진 점들을 이어나가며 그들의 스토리를 예찬하는 역할을 훌륭히 해냈다. 그로 인해 스토리의 전체적인 윤곽이 그려졌고, 직원들은 자신들이 특별한 기업에서 일하고 있다는 사실을 새삼 깨닫게 되었다. 이후 그들이 보여준 열의를 생각하면 지금도 가슴이 벅차다.

사람들은 진정성을 추구한다.
진실된 브랜드 구축은 사람들의 마음을 안정시킨다.

기업들은 브랜드 개발과정에서 '열정'이 얼마나 큰 역할을 하는지 자주 과소평가하곤 한다. 이런 기업들은 열정을 그저 표면적인 흥분감의 표현으로 치부한다. 그러나 열정은 단지 겉으로만 보이는 가면이 아니라 속에서부터 우러나오는 마음이다. '열정enthusiasm'이라는 영어 단어는 그리스어로 **영감**이라는 뜻을 지닌 'enthousiasmos'에서 유래된 말이다.

참된 열정은 브랜드 스토리와 마찬가지로 진정성에서 비롯되며, 자연스러운 감정의 발현이다. 이런 종류의 경험은 유도할 수 있을 뿐 강제하거나 억지로 조작할 수는 없다. 브랜드가 열정을 가지고 사람들을 교육하면 스토리의 가치와 메시지가 명확하고 확고해져 영향력을 발휘하게 된다.

이런 식의 근본적인 지지는 사람들을 브랜드 스토리와 연결시키고 예찬에 참여하도록 유도한다. 그럼 이제부터는 어떻게 이런 식의 자발적인 참여를 이끄는 교육 계획을 세울 수 있는지 살펴보도록 하자.

회사의 사장부터 계산대 직원까지, 스스로가 조직의 성공에 이바지하고 있다는 자부심을 느낄 때만큼 힘이 나는 경우도 없다. 기억에 남는 상품이나 서비스 또는 경험을 제공하는 일에 동참하면 흥이 나고 보람이 느껴진다. 이처럼 무언가 변화를 일으키는 자리에 있으면 자신이 일을 잘하고 있다는 사실이 입증되고, 자신의 행동에 영향력이 있음을 깨닫게 된다. 그런 느낌은 한 사람을 인플루언서로 변화시킬 만큼 커다란 힘을 발휘한다. 브랜드 스토리 예찬에 참여할 동기와 의지, 에너지를 북돋우는 것은 바로 이런 연결성이다.

직원들이 브랜드 스토리 예찬시에 자신이 할 수 있는 역할을 이해하면, 스토리 속에서 자신의 자리를 찾게 되고, 조직의 일원이라는 데 자부심을 느끼며, 자기 역할 이상을 조망할 수 있게 된다. 그렇게 되면 더 이상 직장에 출퇴근 도장을 찍으며 하루하루를 넘기는 데 안주하지 않고, 명확한 비전으로 열과 성을 다해 주변에 영향을 미치는 브랜드 예찬자가 된다.

이런 고차원적 관점은 흥분감과 에너지, 성취감에서 비롯된다. 또한 이런 관점은 직원들로 하여금 자신들의 통찰력과 아이디어를 스토리에 주입해 교육과 성장 및 성공에 기여할 마음을 갖게 한다. 직원들의 참여를 확보하는 일은 브랜드 스토리 예찬에 앞서 갖추어야 할 전제조건이자 콘텐츠 개발과 연결성 구축으로 브랜드를 성공으로 이끌 열쇠다.

지도부에서 먼저 종합적인 브랜드 스토리 개요를 제시할 때 직원들은 브랜드를 한 덩어리로 바라보며 전반적인 내러티브를 이해하고 공감할 수 있다. 직접 이야기를 들려주든 아니면 녹화된 영상으로 보여주든, 이 첫번째 단계는 무척 중요하다. 설명을 들은 직원들은 브랜드 스토리가 발굴된 과정을 이해하고, 브랜드가 힘겹게 구축한 평판을 인정하며 거기에 자부심을 가질 수 있다.

퍼즐 조각들이 맞추어지고 나면 브랜드의 정체성이 무엇인지, 브랜드가 대변하는 바가 무엇인지가 명확해진다. 그러나 전체를 한 덩어리로 바라볼 때와 스토리 속에서 자신의 역할을 찾을 때 얻어지는 힘은 각각 다르다. 자신의 의견이나 도움 또는 참여가 경험적 가치를 더한다는 사실을 분명히 확인하는 순간 거기서 얻어지는 힘은 전혀 새로운 차원의 영향력을 미치게 된다. 사람들은 변화를 일으키기 원하며, 그럴 기회와 연결될 때 막강한 능력을 발휘한다. 이런 종류의 연결에서 나오는 영향력은 브랜드 스토리를 뛰어넘어 더 넓은 범위로 확장된다. 실제로 주위를 둘러보면 이런 의미 있는 결합의 위력을 보여주는 사례들을 도처에서 찾아볼 수 있다.

요리로 대동단결

내 어머니는 지금껏 내가 만나본 그 어떤 사람보다 더 부지런한 분이다. 어머니는 웨스트버지니아대학에서 교육학 박사학위를 받고 프랜시스컨대학에서 교수이자 학과장으로 매일같이 장시간 근무하셨다. 아버지 역시 교육학 박사학위를 받고 교육감과 대학교수로 일하셨다. 두 분 다 여유시간이 많지 않았지만, 그래도 어머니는 집안 살림과 가족을 살뜰히 챙기셨다. 어머니는 슈퍼우먼처럼 끼니때마다 손수 요리한 음식으로 상을 차리셨다. 굳이 그럴 필요가 없었지만, 어머니에게는 그게 낙이었다. 어머니가 즐거운 마음으로 하루일과를 꾸려가시는 모습은 참으로 감동적이었다.

그렇게 뭐든지 척척 해내시던 어머니가 70대에 뇌졸중을 앓으면서 뜻대로 움직이지 않는 몸과 사투를 벌이게 되었다. 그래도 운동기능을 다시 조절하고자 죽기 살기로 노력한 끝에 결국에는 완전히 회복하셨다. 그렇게 되기까지 어머니는 좋아하던 일상의 활동을 하는 데 지장을 받았는데 특히 요리가 그랬다. 나는 밀키트를 몇 달치 주문해드리면 도움이 되지 않을까 싶었다. 매주 배달되는 블루에이프런^{Blue Apron} 밀키트에는 모든 재료가 다 들어 있어서 간편하게 조리할 수 있었다. 아버지만 좀 도와주시면 어머니가 거기 나온 조리법대로 식사 준비를 하시기에 큰 무리가 없을 것 같았다. 문제는 아버지가 요리를 거의 해보신 적이 없다는 점이었다. 가끔 야외에서 고기를 구워먹을 때나 한번씩 해본 정도였지 아버지가 주방 일을 제대로 하시는 걸 본 적이 없었기 때문에 나는 과연 두 분이 식사를 잘 차려 드실지 확신할 수 없었다. 그런데 정말 뜻밖의 소식이 들려왔다.

아버지는 기꺼이 그 기회를 붙잡으셨다. 아버지는 블루에이프런 밀키트를 당신이 요리에 참여할 수 있는 절호의 기회로 여기고, 어머니가 힘겨운 시간을 보내는 동안 곁에서 요리를 거들어주셨다. 두 분이 함께하신 일은 식사준비 그 이상이었다. 부모님은 서로 협력해 누가 무슨 일을 할지 계획하고, 각자의 재능을 발휘해 음식을 만들어내셨다. 평생 처음으로 두 분은 한 팀이 되어 식사준비를 하고 계셨다. 부모님은 나에게 영상통화로 어떤 요리를 했는지 보여주시면서 얼마나 맛있는지 감탄을 연발하곤 하셨다. 어머니는 다시 요리를 할 수 있게 되어 너무나 행복해하셨고, 아버지는 자신의 기여를 뿌듯해하셨다. 부모님은 합심해 요리 이상의 무언가를 창조하고 계셨고, 그 일을 자랑거리로 만드셨다. 이러한 연결성으로 두 분의 스토리는 "오늘 저녁에 뭐 먹을까?"라는 일차원적 질문을 뛰어넘는 보다 숭고한 이야기가 되었다.

리더가 앞장서야 한다
(CDM은 단순하지만 결코 쉽지는 않다)

처음에 나는 '식사준비를 거들어주셨으면' 하는 내 바람에 아버지가 부응해주시지 않으면 어쩌나 불안했다. 내 아이디어가 실현되려면 아버지가 나름의 방식으로 납득할 만한 이유를 찾아 스스로 동기부여를 하셔야 했다. 감사하게도 아버지는 그 책임을 기꺼이 맡으셨다. 평생 리더로서 성공적인 삶을 살아오신 아버지는 참으로 특별한 경로로 블루에이프런 밀키트의 예찬자가 되셨다. 아버지의 적극적인 참여가 없었다면 그 밀키트 요리는 절대 완성될 수 없었을 테고, 어머니가 치유의 경험을 하지도 못하셨을 것이며, 두 분이 함께 예찬할 거리도 없었을 것이다. 아버지는 몸이 불편하거나 요리에 서툰 사람도 음식을 만들 수 있게 해주는 블루에이프런 스토리의 감동적인 측면에 공감하고, 그 스토리 속에서 자신이 할 수 있는 역할을 찾아 훌륭히 수행하셨다.

이 사례에서 알 수 있듯이, 단 두 사람으로 이루어진 조직에서도 리더는 자신들의 스토리에 공감하고 그 스토리를 예찬하는 역할을 담당할 필요가 있다. 리더가 조직의 계획을 전폭적으로 지지하고 구성원 전체의 참여를 독려할 때 비로소 브랜드 스토리의 메시지는 그들의 문화에 속속들이 배어들 수 있다.

기업의 리더들은 알아야 한다. 겉으로만 요란한 마케팅 메시지와 달리 스토리는 속으로 조용히 번져나간다는 사실을. 스토리는 조직의 혈관을 타고 흐르는, 살아 숨쉬는 생명체다. 스토리와 스토리라인들이 드러나면 전 직원이 그 스토리에 자부심을 가지게 된다. 왜냐하면 그 스토리에는 진정성이 있으며 내부에서 발굴된 것이기 때문이다.

스토리는 계략이나 속임수를 쓰기 위한 도구가 아니다. 스토리는 브랜드가 사업을 운영하는 태도와 방식 그리고 무엇을 성취하는지를 말해준다.

스토리는 전할 가치가 있으며, 따라서 모두가 나서서 가용할 수 있는 모든 채널을 활용해 되도록 많은 지지자들에게 그 메시지를 전파할 필요가 있다. 브랜드 스토리 예찬이 마케팅팀만의 업무가 아니라 누구에게나 해당되는 일임을 전 직원에게 알리자. 한 사람 한 사람의 참여가 소중하다. 그들 모두가 영향을 미치고 감동을 줄 능력을 가지고 있기 때문이다. 직원들이 직접 예찬에 나서면, 메시지를 더 널리 확산하고, 사람들에게 브랜드의 생생한 경험을 전하며, 왜 그들 스스로가 스토리 생성과정에 직접 참여하고 싶어질지에 대한 이해를 도울 수 있다. 어떻게 하면 콘텐츠에 기여할 수 있을지 사람들에게 확실히 방법을 알려주고, 또 실제로 기여가 이루어지면 그들의 참여를 예찬하자.

차분히 준비하며 때를 기다려라

스토리 예찬에는 노력과 인내, 끈기가 필요하다. 지원군이 금세 합류하리라는 보장은 없다. 사람들에게 정보를 주고, 영향을 미치고, 행동을 유발하기까지의 모든 계획을 시간표를 짜서 진행할 수 있는 것도 아니다. 브랜드 예찬은 대개 작게 시작해 의도적인 노력을 꾸준히 기울인 끝에 마침내 관심과 지원, 더 나아가 참여를 이끌어내는 과정이기 때문이다.

사람들은 각자의 뜻에 따라 특정한 스토리와 결합하며, 광범위한 예찬을 이끌어내기까지는 장기간이 소요되기도 한다. 교육과 홍보 및 목표를 위한 사업에 꾸준한 노력을 기울이는 대표적인 조직들로는 자선단체, 시민단체, 보호시설 등이 있다. 그들은 자신들의 스토리를 열정적으로 홍보하는 한편 창의적인 방식을 강구해 메시지를 전하고, 인식을 제고하며, 영향력을 증폭시킨다. 이들은 참을성 있게 버티면서 자신들의 메시지가 조명받을 수 있는 적절한 때가 무르익기를 기다린다.

2020년에 미국에서 대대적으로 일어난 '흑인의 생명도 소중하다' 운동은 누구나 인플루언서가 될 수 있다고 믿을 때 가능한 일을 잘 보여주는 대표적인 사례가 되었다. 이 운동은 미네소타주 미니애폴리스에서 백인 경찰의 과잉진압으로 46세의 흑인 남성 조지 플로이드가 사망한 이후 폭발적으로 확산되었다. 이 사건은 엄청난 변화를 불러왔다. 새로운 법이 제정되었고, 관련 프로젝트들을 지원하는 후원금이 쏟아져 들어왔으며, 과거에는 불가능하게 여겨졌던 중대한 조치들이 시행되기 시작했다. 인종차별을 자행했던 인물들의 동상이 철거되고, 불쾌감을 주는 브랜드 이미지들이 제거되었으며, 스포츠 구단들이 구단명을 바꾸는가 하면, 세계 전역의 사람들이 '흑인의 생명도 소중하다' 운동을 전폭적으로 지지하기 시작했다.

그러나 이런 변화를 가져온 힘이 하루아침에 생긴 것은 아니다. 그 토대는 패트리스 컬러스Patrisse Cullors와 알리샤 가르자Alicia Garza, 오팔 토메티Opal Tometi가 2013년에 처음 '흑인의 생명도 소중하다'라는 이름의 단체를 설립하면서 마련되었다. 현재 글로벌 네트워크로 성장한 이 단체는 십여 개의 지부를 두고 흑인에 대한 폭력과 제도적인 인종차별에 반대하는 캠페인을 벌이고 있다. 이 단체의 창립 이래로 많은 사람들이 이 운동에 관심을 보이며 참여해왔다. 그러나 2020년 5월 25일, 조지 플로이드가 사망했을 때는 과거와 반응이 달랐다. 수십 년간 지펴온 불에 기름이 부어진 격이었다.

이 사건이 '흑인의 생명도 소중하다' 운동에 돌파구가 될 수 있었던 것은 그간 이 운동을 주도해온 사람들의 헌신과 열정, 끈기 덕분이었다. 한 사람의 일회성 행동이나 저항이 아니라 예찬이 필요한 스토리에 대한 헌신이 쌓이고 쌓여 이런 결과가 이룩된 것이다. 인종차별주의는 용납될 수 없는 생각일 뿐 아니라 죄악이라는 명백한 사실을 사람들에게 알려왔던 사람들의 스토리 말이다.

2020년에 이르기까지 다년간 '흑인의 생명도 소중하다' 네트워크측은 가능한 모든 수단을 동원해 사람들의 지지와 참여를 유도하기 위한 교육과 인식 제고에 힘썼다. 그들은 자체 프로그램을 통해 장기적이고 지속적인 노력으로 교육과 지지세를 확장해나갔다. 그리하여 조지 플로이드 사망 사건이 벌어졌을 때는 변화의 분위기가 무르익어 있었다. '흑인의 생명도 소중하다' 운동의 지지자들은 이 저항운동을 다음 단계로 진전시킬 준비가 완벽하게 되어 있었다. 이제 그들은 관심을 얻는 데 그치지 않고 행동하기를 원했다. 그리고 모두에게 인플루언서가 되어주기를 요구했다.

이 열정적인 활동가들은 이제 강경노선으로 전환해 뜻을 같이하는 사람들이 함께 목소리를 높이고 운동에 가담해주기를 촉구했다. '흑인의 생명도 소중하다'는 믿음을 가진 사람들이 그 사건에 침묵한다는 것은 있을 수 없는 일이었다. 이 운동과 저항의 취지는 타인종에 대한 혐오와 편견을 깨기 위해 '흑인의 생명도 소중하다'는 사실을 예찬할 필요가 있다는 것이었고, 그래서 그들은 메시지를 퍼뜨려줄 사람들의 도움을 필요로 했다.

이처럼 거센 참여에 대한 요구는 변화의 바람을 몰고 왔고, 예상 밖의 인플루언서 부대가 동참하면서 역사적인 성과들이 이어졌다. 십대와 이십대 청년들 다수가 막강한 신진 활동가 집단으로 부상했다. 그들은 틱톡 영상, 다이렉트 메일, 인스타그램 게시글 등의 소셜미디어 정보를 접하며 자신들도 그런 플랫폼들을 통한 교육과 인식 제고에 동참해 실질적인 변화를 일으킬 수 있음을 깨달았다.

'흑인의 생명도 소중하다' 운동의 지지세는 전에 없이 커졌고, 미국은 물론 세계 각국에서 응원이 쇄도했다. 개인들은 인플루언서를 자처해 '흑인의 생명도 소중하다'는 부인할 수 없는 사실을 공개적으로 지지했다. 시위대는 거리로 나가서 당당히 목소리를 높였다. 그렇다면 과연 이들을 #BlackLivesMatter 스토리의 '예찬자'로 볼 수 있을까?

물론이다. 이 운동의 지지자들을 인플루언서로 나서게 만든 집단의식은 '흑인의 생명도 소중하다' 운동에 대한 지지가 얼마나 열렬했는지를 보여준다. 집단의식은 특정한 사고방식을 공유하고 예찬한다. 간혹 이 운동에서 예찬의 측면이 간과될 때가 있는데 특정 행동을 촉구하는 과정에서 이 운동의 진정한 의미나 메시지와 부합하지 않는 격분과 폭력적인 사건들이 유발되는 경우가 있기 때문이다. 이런 행동들은 결코 이 운동이 지향하는 바가 아니며, 그 뜻을 오해하는 사람들이 벌이는 활동이 운동의 중심이 되어서도 안 된다.

진실된 스토리는 열정적인 사람들이 모여 함께 그 스토리에 관해 이야기하고, 춤추고, 구호를 외치며, 예찬을 하게 만든다. 그 목적은 대대적인 예찬을 통해 스토리를 듣고 감동한 사람들이 행동에 나서 변화를 일으키도록 하는 데 있다. '흑인의 생명도 소중하다' 운동의 조직자들은 사람들의 참여를 요구했고, 그 요구는 수용되었다. 강력한 예찬은 외면할 수 없기 때문이다. 특히나 거기에 납득할 만한 설명과 에너지, 열의가 더해질 때는 더더욱.

'흑인의 생명도 소중하다' 운동은 "그래요, 이 스토리에 공감했으니 앞으로 당신이 할 일은 세상에 나가 소리를 높여 그런 당신의 생각을 알리는 거예요"라는 말로 사람들의 행동을 촉구했다. 그 결과 엄청난 수의 사람들이 자신의 소임을 깨닫고 사방팔방에서 예찬의 목소리를 높였다. 활발한 토론이 이루어졌고, 여전히 논란은 남아 있지만 실질적인 변화가 일어났다.

> 어떤 스토리의 예찬에 동참한다는 것은 더이상 관망만 하지 않고 특정 사고방식과 마음가짐에 대한 예찬을 통해 집단의식을 공유한다는 뜻이다.

소통을 통해 사람들이 스토리 속에서 자신의 역할을 알아보게 하는 일만큼 보람된 일도 없을 것이다. 어떤 스토리에서든 자기 역할을 찾으면 인생이 바뀔 수 있다. 그 속으로 들어가 실질적인 영향력을 미치게 되기 때문이다.

새로운 참여자의 에너지와 참여도는 예찬자의 열의와 공감가는 설명, 다른 예찬자들과의 교류를 통해 증가한다. 스토리가 이해되면 사람들이 그 속에서 자신의 역할을 깨닫게 되고, 덩달아 참여도도 높아져 인플루언서로 거듭날 수 있다.

지금까지 브랜드 예찬이 활성화되기까지 공감대 형성에 필요한 노력과 열정, 끈기에 대해서 살펴보았다. 다음으로는 예찬을 지속시키기 위해 취할 수 있는 조치들에 대해 알아보도록 하자.

요약

- 브랜드 스토리 예찬의 목적은 지지자들을 '작은 나'라는 개인에서 '큰 나'라는 인플루언서로 변모시키는 데 있다.
- 화합 가능한 직원들을 주변을 겉돌던 개인에서 직접 스토리 구축에 가담해 판도를 바꾸는 인플루언서로 거듭나게 할 계획을 세워라.
- 브랜드 스토리 공개회의를 열면 직원들의 공감을 얻어 조직 내부에서부터 예찬을 일으킬 수 있다.
- 사람들은 변화를 일으키기 원하며, 그럴 기회와 연결이 될 때 막강한 능력을 발휘한다.
- 리더는 자신들의 스토리에 공감하고 그 스토리를 예찬하는 역할을 담당할 필요가 있다.

최전방 전투

CHAPTER ELEVEN

긍정적이고, 강력하며, 명확한® 조직을 구축하기 위해서는 태도, 추진력, 방향성이라는 브랜드의 3요소가 필요하다는 점을 명심하자. 거짓말은 통하지 않으며, 켄달 제너가 경찰관에게 펩시 캔을 건넨다고 해서 구조적인 인종차별 문제가 해결되지도 않는다.

스토리라인은 기회의 창을 열어주며, 이 기회를 이용하려면 지도부부터 준비가 되어 있어야 한다. 그러나 이 모든 준비도 기업의 핵심인력들이 적극적으로 뛰어들어 브랜드 스토리를 이해하고 예찬을 시작하지 않으면 무용지물이다.

고객들과 접점이 있는 최전선의 근로자들이야말로 어느 회사에서나 이름 없는 영웅들이다. 이들은,

- 관계를 시작한다.
- 서비스를 제공한다.

● 관계를 유지한다.

이런 역할을 하는 직원들에게는 스토리를 전파할 기회와 책임이 있다. 이들이 스토리를 통달하고 있어야 멘토들로부터 스토리를 교육할 방법을 배울 수 있으며, 지속적으로 문화를 강화해줄 자극제와 도구들을 주변에 두고 활용할 수 있다. 브랜드 스토리 예찬은 고객들로부터 자발적인 동의를 이끌어낸다. 이런 접근방식은 영업사원들은 물론이고 회사의 지도부와 최전선의 직원들 모두에게 어마어마한 혜택을 가져다준다.

예찬의 시작은 관계를 여는 영업사원으로부터

고객을 조종하려 들기보다 브랜드 스토리 교육에 힘쓸 때 영업사원은 브랜드의 최대 장점이 무엇인지 더 확실하게 주지시킬 수 있다. 그들은 기업의 문화를 증진하는 한편 기업이 구축하려는 사업에 도움이 될 고객들과 원하는 관계를 맺을 수 있는 분위기도 조성한다.

문화개발 마케팅에서는 다른 어떤 직원들보다 영업사원들이 얻을 수 있는 이득이 많다. 단순히 할인 혜택 같은 조건 외에 다른 수단으로도 타사와 경쟁할 수 있어 신규고객들과 관계를 시작하기가 훨씬 수월하기 때문이다.

어떤 제안을 할 때 이들은 경쟁사들보다 더 깊이 있는 이야기를 들려줄 수 있다. 이들에게서 회사의 정체성과 추구하는 가치, 다른 기업들과의 차이점을 솔직하게 전해들은 신규고객들은 이 회사에 관심을 가지게 되고, 과거에 거래를 한 적이 있는 고객들은 자신들이 이 회사와 거래했던 이유가 가격 때문이 아니라 이들이 추구하는 가치 때문이라고 당당히 밝히게 된다.

"있잖아, 여기 제품이 좀 비싸기는 해도 그만한 가치가 있어"라면서 새로 산 물건을 자랑하는 친구의 이야기를 아마 심심치 않게 들어보았을 것이다. 스스로 발굴한 스토리에 부응하는 모습을 보일 때 브랜드는 이러한 기회를 지속적으로 창출하고 유지해나갈 수 있다.

메르세데스Mercedes, 티파니Tiffany, 스타벅스, 애플, 루이비통Louis Vuitton, 디즈니랜드Disneyland는 다들 경쟁사에 비해 물건값을 비싸게 받는데도 골수팬과 엄청난 브랜드 가치를 보유하고 있다.

리더가 먼저 헌신과 진실의 문화를 조성해야 한다

고객을 상대하는 직원들은 브랜드의 스토리라인 전파에 헌신해야 한다. 맨 처음 고객의 전화를 받는 전화상담원부터 애프터서비스 담당자에 이르기까지 모든 직원들이 스토리의 일부분이다.

단순히 스토리를 전하는 것만으로는 부족하다. 우선 리더부터 조직 내에서 브랜드 스토리에 부합하는 모습을 보여야 한다. 리더는 말과 행동에 무게가 있어야 하며, 자신이 한 말에 대해서 책임을 져야 한다. 리더부터 모범을 보이지 않으면 조직 전체에 악영향이 번진다. 리더가 조직에 헌신을 다하지 않으면,

● 최전선의 직원들도 헌신을 다하지 않게 된다.

- 영업팀도 헌신을 다하지 않게 된다.
- 그로 인해 브랜드에 피해가 발생한다.

다음의 경우에 무슨 일이 벌어질지 상상해보자.

- 브랜드 스토리는 진실성을 내세우는데 영업사원이 부정한 행위를 저지를 때
- 브랜드는 친절한 서비스를 약속하는데 전화상담원이 불친절하게 응대할 때
- 브랜드는 전문성을 약속하는데 기술자가 업무 숙지를 제대로 못하고 있을 때

기업의 실상이 '게시글'에 쓰인 모습과 달라서는 안 된다. 기업의 행태가 스토리와 모순되면 그 내러티브는 거짓이다. 약속을 해놓고 지키지 않으면 아예 안 하느니만 못하다.

브랜드는 진실된 사례들을 제시하고 스스로 한 약속을 지켜나가며 브랜드 스토리에 숨은 진정한 의미를 예찬하는 데 헌신해야 한다.

거짓으로 꾸미지 말고 진실을 드러내라.
말을 앞세우지 말고 행동으로 보여줘라.
약속만 남발하지 말고 결과로 증명하라.

예찬을 위한 체계구축

앞서 미디어 채널들을 활용해 스토리를 예찬하려면 콘텐츠 계획을 세워야 한다고 말한 바 있다. 고객들과 직접 접촉해 대면교육을 할 수 있는 최전선의 직원들을 위해서도 별도의 콘텐츠 계획을 세워야 한다. 이들이 고객과 만나는 기회를 최대한 활용할 수 있도록 자원과 체계를 제공할 필요가 있다.

그 목표는 영업팀이 가장 효과적인 방식으로 스토리를 공유할 수 있도록 돕는 데 있다. 브랜드 스토리를 체계적으로 제시할 혁신적인 아이디어를 차근차근 구상하고 자료를 준비하자. 이런 종류의 지침과 지원은 이들의 개성과 자유를 침해하지 않는 범위 내에서 제공되어야 한다. 영업팀이 앵무새처럼 똑같은 말만 반복하며 돌아다니기를 원치는 않을 것이다. 적절한 도구만 주어지면 이들은 형식에 구애받지 않고 능수능란하게 사람들을 교육할 수 있다.

또한 브랜드는 스토리 예찬이 지속적으로 이루어지게 할 프로그램과 절차 및 기술도 개발해야 한다. 흥미와 관심을 유발하는 동시에 교육에도 활용할 수 있는 새롭고 혁신적인 방법들이 많다. 새롭게 정립된 브랜드 스토리 개요와 제목, 스토리라인들이 기존에 사용해온 여러 도구와 기법들에 새로운 생명력을 불어넣어줄 것이다. 브랜드 스토리가 명확해지면 교육과 예찬을 위한 방법들은 얼마든지 찾을 수 있다.

관계합의서

형식은 조금씩 다르더라도 관계합의서는 거의 모든 업종에 존재한다. 제휴계획서나 VIP 프로그램 따위로 불리는 것이 바로 관계합의서다. 나는 관계를 무엇보다 중시하기 때문에 이런 유형의 문서들을 모두 관계합의서의 일종으로 본다. 명칭이야 뭐라고 부르건 관계합의서는 문화개발 마케팅 프로세스에서 활용하기에 더없이 좋은 도구다.

말 그대로 관계합의서는 브랜드와 관계를 맺을 때 얻을 수 있는 가치를 사람들에게 알리고 교육할 기회를 창출한다. 그러나 많은 브랜드들이 이런 합의서의 메시지를 근시안적인 시각에서 전하는 데 그친다.

그들이 저지르는 가장 큰 실수는 고객이 브랜드에서 개인적으로 얻을 수 있는 혜택이 무엇인지 보여주는 데에만 국한해 이런 합의서를 사용한다는 것이다. 물론 어떻게 하면 더 많은 할인이나 사은품 또는 특별서비스를 받을 수 있는지 설명해 소비자가 누릴 수 있는 혜택을 상세히 알리는 것도 중요하다. 그러나 관계합의서가 고객과 기업문화에 줄 수 있는 혜택은 이보다 훨씬 더 많다.

관계합의서는 조직의 스토리 중 가장 감동적인 면들을 반복과 교육이 가능한 형태로 공유하는 데에도 활용되어야 한다.

기업이 자기 브랜드 스토리를 명확히 파악하고 있으면 이런 합의서를 그들의 정체성과 존재 이유에 대해 고객들에게 교육할 수단으로 활용할 수 있다. 그 목적은 기업의 역사와 문화, 창립 배경, 핵심가치와 특유의 시스템 등을 창의적이고 자랑스럽게 예찬할 방법을 찾는 데 있다.

각 항목은 최전선의 직원들이 고객을 일대일로 교육할 때 꺼낼 수 있는 화두가 된다. 지도부는 합의서 제시에 우선순위를 두고, 그에 대한 연수를 실시하며, 이런 합의서를 제시할 수 있는 위치에 있는 모든 직원들이 그 기회를 십분 활용하도록 해야 한다.

이처럼 관계합의서를 제시할 체계적인 방법을 개발하면 고객과의 관계를 견고히 할 수 있을 뿐 아니라 직원들에게도 고객에게 다가갈 더 확실한 무기가 생긴다.

이 부분에 방점을 둘 때 관계합의서는 판매의 도구에서 관계구축의 도구로 발전한다.

이런 식으로 관계합의서를 활용하지 않으면 CDM을 통해 기업문화를 조성하고 직원 및 고객들과 동시에 관계를 구축할 수 있는 절호의 기회를 놓치게 된다.

체험형 고객보상 프로그램은
고객과의 관계를 더욱 끈끈하게 만든다

고객보상 프로그램Loyalty program은 수십 년간 시행되어온 관계구축의 또다른 도구다. 오늘날에는 교육체험 제공과 장려금 지급, 정보 공유 등으로 기업들이 고객보상 프로그램을 다각화하고 있다. 이런 프로그램을 통해 브랜드를 차별화하고 사람들을 교육할 수 방법 중 하나는 브랜드와 관련된 특별한 체험을 계획하는 것이다.

예컨대 피츠버그 파이리츠는 가장 충성도 높은 팬들을 위한 특전으로 시구를 하거나 배팅 연습에 참여할 기회를 준다. 이 체험 마케팅을 위해 피츠버그 파이리츠측에서는 시간을 내고 몇 가지 조율만 하면 되지만, 팬들에게는 그 경험이 평생 잊을 수 없는 귀중한 추억으로 남는

다. 그리고 그 결과, 그들 사이에는 오래도록 기억에 남는 기분 좋은 관계가 형성된다. 어느 누가 프로야구 경기장에서 시구를 하거나 방망이를 휘둘러본 짜릿한 경험을 잊을 수 있겠는가?

"우리가 이걸 줄게요"라는 말 대신 "우리가 함께해줄게요"라고 말하는 프로그램이 최고의 고객보상 프로그램이다. 관계의 가치를 일깨워주는 고객보상 프로그램을 개발하면 더 큰 기회가 열린다. 폭넓은 시야로 고객이 참여할 수 있는 활동을 프로그램에 포함시키고, 그런 프로그램을 통해 브랜드에 관심을 보이는 사람들을 관람자에서 공감자로, 더나아가 예찬자로 변모시키면 브랜드 스토리 교육과 예찬을 기업문화속에 단단히 자리잡게 할 수 있다.

최전선의 직원들을 염두에 두고 고객보상 프로그램을 계획하자. 애플리케이션으로 고객보상 프로그램을 관리할 때에도 이를 통해 브랜드의 가치를 높이고 고객들의 참여 기회가 보장될 수 있도록 하자.

애플리케이션도 인플루언서 역할을 할 수 있다

스타벅스는 앱을 활용해 과거보다 더 다양한 프로모션으로 고객들에게 다가가고 있으며, 그들의 앱은 고객을 브랜드 예찬자로 만드는 데일조하고 있다. 스타벅스 앱 이용자들은 고객보상 프로그램을 통해서지정된 목표를 달성하고 무료 커피 쿠폰을 얻을 수 있다. 그러나 이 앱의 기능은 거기에 그치지 않는다. 스타벅스 앱은 사람들을 교육하고, 브랜드의 가치를 구축하며, 고객들의 참여를 유도하는 통신포털의 역할도 한다.

알림을 보고 앱에 접속하면 데일리스페셜 메뉴가 뜨고 생일에는 선물도 준다. 또 앱을 이용해 미리 주문을 넣어놓으면 기다릴 필요 없이 카운터에서 바로 커피를 받을 수 있다. 이 앱은 고객들의 선호도를 기억하고 구매이력을 저장해두었다가 개인별 맞춤 메뉴를 추천해준다. 메시지로 신메뉴에 대한 정보를 얻을 수도 있다. 이를테면 에그바이트에 들어간 재료와 칼로리부터 수비드sous vide(밀폐된 비닐봉지에 담긴 음식물을 미지근한 물속에서 오랫동안 데워서 조리하는 방법 – 옮긴이) 방식의 복잡한 조리법에 이르기까지 메뉴에 대한 모든 정보가 이런 메시지에 망라되어 있다. 사람들은 앱을 통해서 각종 이벤트에 참여하고 브랜드에 대해 배우며 관계를 발전시켜 나간다.

스타벅스는 홈페이지에 직접 들어와 그들의 상품이나 서비스, 기업문화에 대해 살펴보는 고객들이 많지 않다는 판단에 대신 앱을 전면에 내세워 체계적으로 콘텐츠를 제공하고 고객교육을 통한 신뢰확보로 예찬자들을 합류시키는 포용적인 접근방식을 취하고 있다. 스타벅스를 생각할 때 감동과 교육의 이미지가 떠오르는 이유는 이들이 이처럼 탄탄한 콘텐츠 계획으로 각고의 노력을 기울여 고객감동과 교육을 실천하기 때문일 것이다. 애플리케이션부터 매장 내 경험, 소셜미디어 게시글에 이르기까지 그들은 브랜드 예찬자를 양성할 자체 프로세스를 보유하고 있다.

'거물' 기업들이 충성심과 영향력을 확보하는 법

요즘 잘나가는 브랜드들을 보면 훌륭한 관계증진 프로세스를 보유하고 있는 경우가 많다.

- **아마존 프라임**Amazon Prime: 아마존은 '프라임 멤버십Prime Membership' 제도를 도입해 고객들이 얻을 수 있는 가치와 경험의 수준을 새로운 차원으로 끌어올렸다. 이 제도에는 그들의 혁신적인 태도와 획기적인 가치를 제공하려는 노력이 고스란히 담겨 있다. 프라임 멤버십에 가입하면 온라인쇼핑 시 통상 4-7일이 걸리는 배송기간을 48시간이나 24시간 또는 당일 배송으로 단축할 수 있으며, 현재 일부 마켓에서는 2시간 배송도 이용할 수 있다. 프라임 멤버십은 이런 특별 배송서비스만 제공하는 것이 아니다. 아마존 비디오를 비롯해 뮤직, 게임 등 고객에게만 주어지는 다양한 특전 및 혜택은 아마존의 제품 및 서비스가 고객들의 삶을 얼마나 편리하고 풍요롭게 해주는지 일깨워준다. 또한 아마존은 '아마존 프라임 데이Amazon Prime Day' 같은 고객참여 행사들을 열어 공동체 의식과 예찬의 정신도 배양하고 있다. 이처럼 아마존은 프라임 멤버십을 통해 가격 이상의 가치를 생각하는 기업문화를 조성하며 고객과의 관계구축과 영향력 증대, 고객감동을 실천하고 있다.

- **그래멀리**Grammarly: 우리는 컴퓨터로 문서를 작성할 때 오탈자와 맞춤법 확인 기능을 줄곧 소프트웨어에만 맡겨왔다. 이 기본 기능은 유용하기는 해도 별달리 눈에 띄는 것이 아니어서 누구도 거기에 관계의 요소가 빠져 있다는 사실을 눈치채지 못했다. 그래멀리는 이 점을 포착하고 개인 맞춤형 문법검수를 통해 사람들의 원활한 소통을 지원하는 서비스를 개발했다. 이 회사가 대성

공을 거둘 수 있었던 이유는 스스로를 유익한 글쓰기 도구에 한 정짓지 않고 사용자의 글쓰기를 격려하고 동기를 북돋워주는 상대로 관계를 설정했기 때문이다. 앱에서 제공하는 기능 외에도 그래멀리는 글쓰기 실력을 키우고, 글의 설득력을 높이며, 일과 인생에서 성공할 방법 같은 귀중한 정보를 블로그를 통해 공유하고 있다. 그래멀리의 기업문화는 그들이 고객들의 성취에 표시하는 지대한 관심에서 여실히 드러난다. 그래멀리는 사용자 개개인의 글쓰기 활동내역을 일주일에 한 번씩 이메일로 알려주는 시스템을 운영하고 있다. 이 이메일은 주별 생산성, 완성도, 사용 어휘의 변화를 보여주는 그래프를 제공해 사용자의 글쓰기 실력이 얼마나 향상되고 있는지를 보여준다. 그래멀리는 사용자에게 글쓰기를 독려하고, 현황을 파악하게 하며, 평가를 통해 지속적인 노력을 기울일 동기를 심어준다.

- **판도라**Pandora: 뮤직 플랫폼 판도라는 고객의 참여를 기반으로 고객과 개별적인 관계를 구축한다. 이 회사는 "고객의 취향에 맞는 음악만을 재생한다"는 사명하에 교육과 참여를 통해 공동의 가치가 달성되는 독특한 상호관계를 구축함으로써 자신들의 선언을 실천하고 있다. 사용자가 음악을 들으면서 '좋아요' 또는 '싫어요'를 클릭하면 판도라는 이 정보를 수집해 개개인의 데이터를 바탕으로 사용자에게 그들이 좋아한다고 표시한 곡들과 더불어 이와 유사한 곡과 아티스트를 함께 소개한다. 2020년 8월, 판도라는 자사 홈페이지에 그들이 매달 약 7천만 명의 고객에게 상당한 수준의 정교한 개인 맞춤형 음악감상 경험을 제공하고 있다는 내용을 공지했다. 사용자들은 모바일 앱과 인터넷, 약 2천 종의 기기

를 통해서 이 플랫폼을 관리한다. 이렇게 긴밀한 관계와 높은 참여도는 판도라가 사용자들에게 홍보와 소통의 노력을 기울인 덕분이다. 일례로 그들은 사용자가 얼마나 많은 곡에 '좋아요'를 클릭했으며 몇 시간이나 음악을 들었는지 주기적으로 알려준다. 정말이지 판도라는 예찬할 수밖에 없는 브랜드다. 열심히 참여할수록 더 마음에 꼭 맞는 음악을 찾아주는 기가 막힌 서비스를 누가 마다하겠는가.

● **달러셰이브클럽**Dollar Shave Club: 회사명에 '클럽'이라는 단어가 들어 있는 회사가 예찬의 관계를 구축하는 데 남들보다 뛰어난 것은 어쩌면 당연한 일일 것이다. 이 면도날 정기배송 서비스 업체는 남성들에게 면도용품을 구매하는 새로운 방법을 소개하는 획기적인 동영상과 함께 불쑥 세상에 나타났다. 달러셰이브클럽은 사람들에게 자신들의 스토리에 참여하라고 대놓고 말한다. 그들이 필요로 하는 것은 고객이 아니라 멤버이기 때문이다. 그들에게는 이런 동지들이 누구보다 중요하다. 기업주와 직원, 고객 모두가 클럽의 멤버다. 애초부터 시작점이 다른 것이다. 달러셰이브클럽 홈페이지는 찾아오는 사람들에게 시간낭비 없이 꼭 맞는 상품과 정보를 제공할 수 있도록 그들이 선호하는 제품과 필요한 품목에 대한 설문을 실시해 곧바로 관계를 구축한다. 또 매달 물건을 발송하는 기회를 이용해 간단하지만 센스 있는 메시지로 꾸준히 멤버들을 교육하고 관계를 강화한다. 이렇게 확보한 탄탄한 회원층으로 무려 10억 달러라는 거금에 유니레버에 매각된 뒤에도 그들은 브랜드의 페르소나(브랜드 소비자의 욕망과 가치가 투영된 가상의 인물−옮긴이)를 한 가지로 한정하지 않고 포용적인 마

케팅을 통해 브랜드 확장을 꾀하고 있다. 회사가 아니라 진짜 클럽 같은 느낌이다.

지도부가 먼저 솔선수범해야 한다

기업의 지도부는 CDM을 성공으로 이끌 계획을 마련해야 한다. 지도부가 스토리 예찬에 얼마나 중점을 두느냐에 따라 CDM의 성공 여부가 달라진다. 지도부 전체가 브랜드의 약속을 지키고 프로세스를 착실히 이행해 성공을 도모해야 한다.

업무적응 교육

브랜드 스토리 예찬의 장기적인 성공을 보장하기 위해서는 업무적응 교육시스템Onboarding System을 구축할 필요가 있다. 조직이 성장할수록 새로 합류하는 직원들에 대한 업무적응 교육을 통해 기업문화와 유대감이 지속될 수 있도록 신경써야 한다. 새로운 직원을 맞아 그들이 알아야 할 지식을 전수하고 조직이 돌아가는 방식을 숙지시키기란 작은 기업들에게는 힘겹고, 대기업에게는 거의 불가능에 가까운 일이다. 업무적응 교육의 핵심은 신입사원들에게 브랜드의 스토리와 핵심가치, 중요한 프로그램들 및 브랜드 경험을 형성하는 개념들을 체계적으로 교육할 콘텐츠의 기반을 마련하는 데 있다.

연수

도구는 사용자가 그 도구의 용도와 사용법을 알고 있을 때에만 제 기능을 발휘할 수 있다. 브랜드 스토리를 교육하는 도구들의 경우도 마찬가지다. 지도부는 이런 스토리 예찬을 위한 도구들에 대해 필요할 경우 반드시 연수를 실시해야 한다. 직원들이 사용법을 제대로 알고 있어야 그 도구들을 활용한 교육 효과가 크게 향상된다. 직원들이 관계합의서를 제시할 최선의 방법과 회사의 콘텐츠 공유 앱 사용법 및 회사 특유의 고객보상 프로그램을 홍보할 방법을 알 수 있는 시스템을 마련할때 모두가 승자가 될 수 있다.

문화카드

문화카드Culture Card는 직원들이 지갑에 넣어가지고 다니거나 모니터에 꽂아놓고 보면서 기업의 스토리를 상기할 수 있는 직원전용 카드다. 사명선언문을 주지하고, 목표를 되새기며, 각오를 다지고, 주요 프로세스를 기억하게 할 목적으로 지금껏 온갖 종류의 기업카드들이 제작되어 왔다. 어떤 회사는 인상분석에서 조사된 상위 5가지 속성을 보유하고 있는 직원들에게 기념으로 철제 문화카드를 만들어주기도 했다.

호텔 브랜드 리츠칼튼Ritz-Carlton은 '신조카드Credo Card'라는 것을 만들어 자신들의 스토리가 주는 기대를 자랑스럽게 예찬하고 강화하는 것으로 유명하다. 이 카드에는 다음과 같이 리츠칼튼의 근간을 이루는 내용들이 담겨 있다.

- 리츠칼튼의 신조 (브랜드 스토리)
- 리츠칼튼의 모토 (브랜드 스토리 제목)
- 리츠칼튼의 3단계 서비스, 임직원의 약속, 서비스 가치 (스토리를 뒷받침하는 스토리라인들)

리츠칼튼은 이 카드를 통해서 호텔 임직원의 태도와 기업의 운영방식, 기업이 추구하는 목표가 지속적으로 예찬되도록 하고 있다. 이 카드는 전 직원에게 배부되어 스토리의 가치를 예찬하는 습관이 자동으로 몸에 배도록 하는 역할을 한다.

내부 게시물

브랜드 스토리의 핵심문구들을 표기한 내부 게시물Internal Signage을 활용하면 일상 속에서 자연스럽게 브랜드의 가치를 알리고 직원들의 우수성을 상기시킬 수 있다. 본사 이사회실과 건물 외벽, 사무 공간, 창고, 휴게실 등 직원들에게 문구에 담긴 메시지와 그 중요성을 곱씹어 보게 할 수 있는 장소라면 어디든 브랜드와 관련된 게시물을 설치하자. 적절한 게시물을 통해 브랜드 스토리를 지원하면 내부적으로 브랜드 가치를 증진하고 스토리에 대한 참여도를 높이는 동시에 끊임없이 브랜드 스토리에 관한 기대감을 갖도록 할 수 있다.

브랜드 스토리 영상

대면소통이 부족해진 요즘에는 지식과 경험을 공유하기에 영상물보다 더 좋은 수단이 없다. 그런 이유에서 점점 더 많은 기업들이 브랜드 스토리 영상을 제작하고 있다. 브랜드에 대한 소개와 브랜드가 해온 선택의 과정들을 담은 짧은 영상은 브랜드에 대한 이해를 통해 영상을 본 이들이 브랜드와 연결될 수 있게끔 도와준다. 지난 10년간 우리 브랜드스토리엑스퍼트팀은 마음을 사로잡는 진정성 있는 영상들을 통해 브랜드의 스토리와 스토리라인들을 예찬하는 프로세스를 완성했다. 이런 영상들을 얼마 못 가 폐기될 홍보물로 기획해서는 안 된다. 브랜드 스토리 영상은 오래도록 브랜드의 가치를 알리고 신뢰감을 주며 지속적인 관계구축을 통한 문화형성에 이바지할 교육의 도구다. 제대로만 제작하면 이런 영상도 현실이 반영된 작품으로 충분히 사람들의 흥미를 끌며 미래의 스토리 예찬을 위한 기반을 조성할 수 있다.

브랜드 예찬의 전선은 내부에서 시작된다

CDM을 실행할 때는 외부로 전선을 펼치기에 앞서 먼저 내부의 전열부터 가다듬어야 한다. 내부의 직원들이 예찬에 참여하지 않으면 안에서든 밖에서든 예찬을 일으킬 수가 없다.

내부 직원들의 마음을 먼저 사로잡아야 외부로 영향력을 확산할 수 있다. 그런데 이런 작업에 필요한 시간과 자원을 투자하지 않고 지름길로 가려는 리더들이 너무나 많다. 그런 지름길을 택하면 브랜드의 메시지를 전파하거나 소통과 예찬에 도움이 되는 놀라운 기회들을 이용하기가 힘들어진다. 시간을 충분히 할애해 브랜드 스토리 예찬을 성공적으로 시작하고 지속시킬 계획을 세우자.

요약

- 브랜드 스토리를 발전시킬 수 있는 기회와 책임은 회사의 모든 구성원에게 있다.
- 직원들이 브랜드 스토리를 효과적으로 예찬하도록 하려면 이를 지원할 적절한 도구가 필요하다.
- 고객보상 프로그램과 관계합의서는 기업 안팎에서 장기적인 관계를 구축하는 데 결정적인 역할을 할 수 있다.
- 창의성을 발휘하여 브랜드의 참모습을 보여줄 수 있는 프로그램을 개발하고 제휴관계를 구축하라.
- 브랜드가 어떤 특색을 지니고 있으며 어떤 식으로 가치를 제공하는지 조명할 방법을 찾아라.

승리를 위한
올인

CHAPTER TWELVE

나는 1970-80년대에 피츠버그에서 어린 시절을 보냈고, 당시 피츠버그 파이리츠 야구단은 피츠버그를 '챔피언의 도시'로 불리게 할 만큼 메이저리그에서 대단한 성공을 구가하고 있었다. 파이리츠는 내가 제일 좋아하는 팀이었다.

17년 전 우리집은 피츠버그에서 상당히 멀리 떨어진 플로리다주 브레이든턴으로 이사를 했는데, 마치 운명처럼 피츠버그팀도 1969년부터 그곳으로 춘계훈련을 오고 있었다. 훗날 우리 회사가 피츠버그 파이리츠와 그들의 마이너리그팀인 브레이든턴 머로더즈Bradenton Marauders를 위해 다양한 마케팅 서비스를 제공하기로 협약했을 때는 파이리츠와의 인연이 운명이라는 느낌이 한층 더 강해졌다. 내가 이 일을 하면서 느끼는 큰 기쁨 중 하나는 지금까지 10년이 넘도록 피츠버그 파이리츠와 함께 일을 하고 있다는 것이다.

그들을 내 고객사라고 부를 수 있게 된 것은 대단한 영광이다. 내가 평생 파이리츠를 응원해오다가 그들을 위해 일을 하게 되기까지 파이리츠는 많은 우여곡절을 겪었다. 내가 어릴 때만 하더라도 그들은 잘나가는 구단이었고, 월드시리즈 챔피언십에서 우승을 차지하기도 했다. 그러나 나와 함께 일하기 시작한 2009년에는 1992년 이후로 우승 이력이 전무한 팀이 되어 있었다. 파이리츠 팬들에게도 참으로 답답한 시절이었다. 그사이 구단주가 몇 차례 바뀌었고, 경영진도 수시로 교체되었다. 숱한 실망을 거듭하던 끝에 파이리츠 팬들은 희망을 잃어가기 시작했다.

그런데 2010년, 클린트 허들Clint Hurdle 감독이 파이리츠에 영입되면서 상황이 달라졌다. 허들은 파이리츠로 오기 바로 직전에 콜로라도 로키스팀을 이끌고 내셔널리그 최초로 우승을 달성하며 월드시리즈 챔피언십에 진출했던 터라 감독계에서 핫한 인물이었다. 훨씬 성적이 좋은 팀에 갈 기회도 많았을 텐데 어째서 그가 파이리츠로 오게 된 것일까?

「베이스볼 위클리Baseball Weekly」와의 인터뷰에서 허들은 파이리츠의 닐 헌팅턴Neal Huntington 단장과 프랭크 쿠넬리Frank Coonelly 사장을 만났을 당시의 상황을 이렇게 묘사했다. "저는 그들의 눈을 똑바로 쳐다보며 물었습니다. '올인하시겠습니까?' 그랬더니 그들이 이러더군요. '올인 하겠습니다.'"

"올인하시겠습니까?"라는 질문은 이후 허들을 상징하는 대명사가 되었다. 그는 먼저 내부의 구단주들부터 선수들은 물론이고 조직 전체에 걸쳐 '올인'한다는 말의 의미가 무엇인지, 어떻게 그러한 사고방식을 가질 수 있는지를 교육했다. 그리고 '올인' 스토리에 충실하려면 슬로건을 내세우기보다 조직문화에 기여해야 한다는 점을 조직 내부 사람들에게 분명히 주지시켰다.

허들은 변화를 약속하며 먼저 경영본부의 마음을 사로잡고 선수들을 올인 정신으로 무장시켰으며, 나아가 팬들에게도 그러한 정신을 전파하고자 했다. 그가 "올인하시겠습니까?"라는 질문의 방향을 조직 외부로 돌리자, 묘하게 마음을 움직이는 구석이 있어서인지 이 질문은 온라인과 대중매체에서 커다란 화젯거리가 되었다. 언론은 이 질문의 메시지에 주목해 파이리츠 팬들에게 묻기 시작했다. "당신도 올인하시겠습니까? 허들처럼 말이에요." 이 일화는 어떤 스토리가 조직 내부에서 커다란 반향을 일으킬 때 그것이 외부 사람들까지 귀 기울이게 할 만큼 충분한 파급력을 미칠 수 있다는 사실을 잘 보여준다.

허들의 리더십과 열정은 불과 1년 만에 효력을 발휘했다. 2011년 올스타전 휴식기를 앞두고 파이리츠는 47승 43패의 기록을 세우고 있었고, 파이리츠가 속해 있는 내셔널리그 중부지구에서 1위 팀보다 단 한 경기밖에 뒤져 있지 않았다. 파이리츠가 5할이 넘는 승률로 올스타전 휴식기에 들어간 것은 근 20년 만이었다. 2011년에 그들의 총 승수는 2010년보다 15경기나 더 많았다. 무엇보다 팬들의 자신감과 사기도 다시 치솟았다.

2012년 시즌 시작 전, 나는 시즌티켓 소지자들을 위해 춘계훈련기에 열리는 한 프리시즌 행사에 참석한 적이 있다. 그 자리에 함께한 천여 명의 파이리츠 팬들 중에는 30년을 한결같이 파이리츠의 시즌권을 구매해온 우리 부모님도 계셨다. 부모님은 나와 같은 테이블에 앉아 계셨는데, 허들 감독이 지나가다 빈자리를 보고 앉더니 자기가 연설할 차례가 될 때까지 잠깐만 있다가 가겠다고 했다. 그는 어머니에게 말을 걸고 아버지에게 농담을 건네다가 자기 차례가 되어 무대로 올라가면서는 사람들과 일일이 악수를 나누었다. 이런 행동은 허들에게는 일상이며, 이 사례는 그가 얼마나 성품 좋고 친절한 사람인지를 단적으로 보여준다.

그날 무대에 오른 허들은 언제나처럼 감명 깊은 연설을 하고는 질문이 있느냐고 물었다. 나는 그때 나왔던 첫번째 질문과 그의 답변을 잊을 수가 없다. 무대 바로 앞에 앉아 있던 한 무뚝뚝한 남자가 물었다. "이번 시즌 목표가 어떻게 됩니까?" 허들 감독은 잠시 생각에 잠겼다가 자신 있게 대답했다. "우리의 목표는 매년 변함없이 월드 챔피언십 우승입니다. 하지만 말만으로는 불가능하지요. 우승에 필요한 행동과 태도를 보여야 합니다." 허들은 이렇게 답변을 마무리했다. "저는 매일같이 선수들에게 행동과 태도가 결여된 비전은 환상에 불과하다고 이야기합니다. 이 3가지 모두를 총동원해 올인해야 하지요."

이 말은 곧 성공을 멀뚱히 눈으로만 좇아서는 안 된다는 뜻이다. 성공을 향한 비전은 행동과 태도로 뒷받침되어야 한다. 브랜드 스토리에 태도와 추진력, 방향성이 모두 담겨야 한다는 것과도 일맥상통하는 이야기다.

허들이 그렇게 말한 것은 전혀 놀라운 일이 아니었다. 처음부터 그는 조직 내부에서 성공 스토리를 일구는 데 집중했고, 그 스토리는 그가 성공에 필요한 재료라고 믿었던 비전과 행동, 태도 위에 구축되었다.

허들은 다른 사람들도 그와 함께 올인하며 스토리 예찬에 참여할 필요가 있다고 강조했다. 그는 확신에 찬 리더십으로 파이리츠팀이 자신들의 스토리에 생명력을 불어넣고 그 스토리를 예찬할 마음을 가지도록 만들었다.

2011년을 놀라운 회생의 시즌으로 마무리한 뒤 허들과 파이리츠 구단은 앞으로 성적을 더 끌어올리고, 끝까지 긴장의 끈을 놓치 않으며, 계속해서 모든 것을 바쳐 올인하겠노라고 다짐했다. 그리고 그 약속을 충실히 이행했다. 2012년에도 플레이오프 진출권은 그들을 비켜갔지만 기록이 더 향상되었고 분명한 진전이 있었다.

21시즌 연속 플레이오프에 진출하지 못했던 파이리츠팀은 2013년에 이르러 드디어 전세를 역전시키며 1992년 이후 처음으로 플레이오프에 진출했다. 덕분에 그들은 야구 역사상 가장 놀라운 팀으로 회자되었고, 파이리츠에 대한 예찬을 주도했던 클린트 허들 역시 2013년 메이저리그 올해의 감독상 수상의 영예를 안았다. 2014년에도 파이리츠가 또다시 좋은 성적으로 플레이오프 진출에 성공하면서 클린트 허들은 2년 연속 메이저리그 올해의 감독상 최종후보에 올랐다.

허들 감독은 파이리츠와 함께하는 기간 동안 한 번 더 플레이오프 진출의 쾌거를 이루었으며, 비록 월드시리즈 챔피언십 우승은 차지하지 못했지만 파이리츠를 20년간의 부진에서 건져올려 꾸준히 우승팀 대열에 들게 함으로써 야구 역사에 뚜렷한 족적을 남겼다. 그는 "올인하시겠습니까?"라는 질문으로 팀의 사고방식을 바꾸었으며, 그 정신은 피츠버그 파이리츠의 야구에 다시금 흥분감과 에너지를 불어넣었다.

나 역시 감격에 벅차 파이리츠를 예찬하는 일에 올인했고, 그 경험은 실로 경이로웠다. 클린트 허들이 그토록 짧은 기간 내에 가져온 변화는 올바른 사고방식을 가진 사람 하나가 얼마나 큰 영향력을 미칠 수 있는지를 극명하게 보여주었다. 그의 열정과 자신감은 파이리츠의 브랜드 스토리가 예찬될 수 있었던 원동력이었다. 그동안 비슷한 사례를 많이 보아왔지만 내게는 이때의 기억이 가장 큰 감동으로 남아 있다.

반대로, 리더가 부적절한 태도로 악영향을 끼쳐서 말 그대로 파티를 끝내버렸던 사례도 무수히 많았다.

확신은 CDM 이행의 필수조건이다

예전에 내가 어느 리더십 행사에서 강연을 했을 때의 일이다. 한 사업가가 유독 브랜드 스토리 예찬의 중요성을 이야기하는 대목에서 공감을 표시하는 모습이 보였다. 그는 맨 뒷자리 앉아 있었지만 열심히 메모를 하고 고개를 끄덕이며 집중해서 강연을 듣고 있었다. 강연이 끝나자마자 그는 내게 득달같이 달려와서는 자기 회사를 도와달라고 부탁했다. CDM이야말로 "(자기) 회사에 꼭 필요한 것"이라면서 말이다.

설명에 따르면 그는 중형 생활용품 매장을 몇 개 가지고 있으며, 자기네 스토리를 이야기하기 위해서는 내 도움이 필요하다고 했다. 수십 년간 그가 생활용품 사업에서 성공할 수 있었던 비결은 저가정책을 펼친 데 있었다. 그러나 업계의 판도가 바뀌면서 더 큰 경쟁자들이 등장했다. 로우스Lowes, 홈디포Home Depot, 베스트바이 같은 대형 매장들이 우후죽순 생겨났고, 그들의 마케팅 전략 역시 최저가 정책에 집중되어 있었다. 그가 생각하기에, 낮은 가격으로 자기들이 쌓아온 명성이 흔들려 사업을 더이상 지탱할 수 없게 되는 것은 오로지 시간문제였다.

그는 문화개발 마케팅을 대형 브랜드들과 자신의 매장을 차별화할 한 가지 방법으로 보았다. 그의 열의에 감동한 나는 바로 다음주에 매장으로 찾아가 그를 다시 만나기로 했다.

그곳은 밝은 분위기에 깔끔하고 현대적인 곳이었다. 게다가 특유의 시스템에 서비스도 훌륭하고 직원들의 자질도 우수해 보였다. 그곳은 분명 제대로 돌아가고 있는 듯했고, 이야기할 만한 흥미진진한 스토리가 숨겨져 있을 것 같았다.

나는 그들에게서 자랑스럽게 예찬할 만한 스토리를 발굴할 수 있으리라는 확신이 들었다. 우리는 곧장 프로세스에 착수했다.

인상분석을 실시한 결과, 그들의 스토리는 예상했던 것보다 훨씬 더 흥미진진했다. 가장 많이 파악된 5가지 인상이 "평판이 좋다, 정보에 밝다, 공동체 중심적이다, 가족 중심적이다, 토박이 업체다"였다. 알고 보니 그들의 사업은 단순히 가격에만 의존하고 있는 게 아니었다. 더 깊이 파고들자 가장 감동적인 인상들이 그들의 업무처리 방식과 직원들에게서 발생하고 있음을 알 수 있었다. 고객들은 그들이 수고로운 과정을 거쳐 고객들에게 세심한 서비스를 제공해 주는 데 큰 고마움을 느끼고 있었다. 그들이 공급업체들과 제휴를 맺는 획기적인 방식에서도 한 가지 스토리라인이 드러났다. 그들의 판매과정에는 분명 브랜드 특유의 개성이 묻어났다.

그러한 인상분석 결과를 머릿속에 담으니 스토리의 개요가 얼추 잡히는 듯했다. 나는 결과물을 정리해 밝혀진 사실들을 의뢰인과 경영진에게 소개했다. 그들은 그 개요를 마음에 들어 했다. 목표에 부합하는 명확하고 근사한 개요였다. 이 개요로 그들은 자신들이 하나의 팀으로 어떤 존재인지, 공동체에서는 어떤 의미를 지니는지, 자사 제품들을 통해 어떤 식으로 가치를 전달하고 있는지를 한눈에 알아볼 수 있었다. 개요가 종합적이고 감동적이었기 때문에 그 정도면 예찬을 시작하기에 충분했다.

우리는 다음으로 진행할 단계들에 대해 논의하고 콘텐츠 계획 마무리, 브랜드 스토리 영상 촬영, 다른 직원들에 대한 프로그램 공개를 위한 대략적인 일정을 짠 뒤에 회의를 마쳤다. 나는 그들 스스로가 프로그램에 열광하며 그 열정을 전염시킬 필요가 있다고 강조했다. 우리는 전 직원을 브랜드 예찬자로 만들기를 원했다. 다들 내 의견에 동의했다. 나는 회의 참석자 전원에게 준비가 되었다는 다짐을 받고는 웃는 얼굴로 악수를 나눈 뒤 회의실을 떠났다. 그런데 하룻밤 사이에 상황이 돌변했다.

다음날 의뢰인이 전화를 걸어왔다. 인상분석 결과를 계속 들여다보다가 아홉번째 인상으로 조사된 "경쟁력이 있다"라는 항목에 대해 논의를 하고 싶어졌다고 했다. 그는 그 항목이 높은 순위의 인상이 아니라는 점을 인정하면서도 놓치기 아쉬워했다. 가격을 조금 더 낮추어 경쟁력을 확보하면 과거에 저가전략으로 달성했던 성과를 재차 거둘 수 있지 않을까 하는 생각에서였다. 나는 지난 한 해 동안의 마케팅에서 그들이 저가전략에 할애한 비율이 얼마나 되느냐고 물었다. "100프로죠." 그의 즉각적인 답변에 나는 미소를 짓고는 재차 물었다. "그러면 저가전략을 얼마나 더 밀어붙일 수 있죠?"

그는 자신들이 지금껏 가능한 최대한도까지 가격경쟁력을 확보하고자 애써왔으며 그것으로는 충분하지 않았다는 사실을 인정했다. 이 실패한 전략이 바로 애초에 그가 나에게 자신들의 스토리 발굴을 도와달라고 부탁하게 된 원인이었다.

그럼에도 속내를 털어놓으면 놓을수록 그는 저가전략에 집착하는 모습을 보였다. 그런 식으로는 프로그램을 도입한다 하더라도 승산이 높아 보이지 않았다. 그러나 나는 당황하지 않고 다시 한 번 인상분석

결과를 제시하면서 가격경쟁력이 그들의 스토리에서 일정 부분 역할을 한 것은 사실이지만 관계구축에 훨씬 더 큰 도움이 된 것은 그들 브랜드의 감동적인 측면들이라는 점을 짚어주었다. 특히나 그들이 가격경쟁력을 잃은 뒤에는 더더욱 그랬다.

나는 그에게 발굴된 스토리의 유효성을 역설하거나 스토리 개발에 그가 주도적으로 나서 줄 것을 강요하지 않았다. 그보다는 초심을 잃지 않게 하려고 애썼다. 그의 지원 없이는 프로그램이 작동할 수 없었기 때문이다. 직원들을 예찬에 동참시켜 달라고 간청하지도 않았다. 그런 식으로 될 일이 아니었다. 리더가 우유부단한 태도를 보이면 브랜드 스토리가 예찬되는 문화를 조성할 수가 없다. 거기에는 확신이 필요하며, 예찬이 이루어지기를 원한다면 리더가 먼저 자신들의 스토리를 신뢰하고 지지해야 한다.

우리는 CDM 프로세스를 통해 그들의 스토리를 분명히 이해했고, 그들 브랜드의 가장 감동적인 측면들이 무엇인지 파악했다. 나는 그 측면들이 어떻게 접촉면을 확대해나갈 수 있을지가 눈에 그려졌다. 그들의 스토리는 만방에 퍼져나갈 준비가 되어 있었다. 그러나 정작 의뢰인은 그렇지가 못했다. 그는 변화에 대한 두려움을 극복하지 못했다.

어쩔 수 없는 일이었다. 사업에 대한 압박 때문에 그는 당장 눈에 보이는 성과를 필요로 했다. 그로 인해 가격 중심의 마케팅으로 최대한 빠른 시일 내에 보상을 얻고자 하는 유혹이 커졌고, 그들의 스토리를 통해 변화를 꾀하고자 하는 의지는 위축되었다. 눈앞에 기회가 있었음에도 그는 과감히 그 기회를 붙잡지 못했다. 아무리 내가 그들의 스토리를 말하고 그들 브랜드의 예찬자를 만들어주고 싶어도 지도부의 지원과 긍정적인 에너지 그리고 확신이 뒷받침되지 않고는 불가능한 일이었다. 기업의 수장이 먼저 자신들의 스토리를 자랑스러워하고 예찬에 열의를 보이지 않는 한 CDM은 효과를 낼 수 없다.

가격은 누구나 낮출 수 있다. 그러나 스토리 예찬은 아무나 할 수 없다.

현실적으로 상품이나 서비스에 대한 가격경쟁은 누구나 벌일 수 있다. 진정한 차별화 지점은 브랜드가 직원들을 통해 전하는 경험에 있다. 궁극적으로 브랜드는 그들이 말하는 스토리와 그 스토리가 실현되는 방식이 일치되는 만큼만 힘을 발휘할 수 있다.

새롭게 정립한 브랜드 스토리를 지지하고 예찬하는 이유는 처음에는 안에서 밖으로, 이후에는 밖에서 안으로 차근차근 관계를 증진해나가기 위해서다. 많은 기업들이 이 과정을 단축시키기를 원하며 그 과정이 하루아침에 뚝딱 이루어지기를 바라기도 한다. 기업의 수장은 CDM이 확신을 가지고 장기간의 노력을 기울여야 하는 프로세스라는 사실을 깨달을 필요가 있다.

헌신을 다하지 않으면 죽도 밥도 안 된다

헌신을 다한다 하더라도 매번 일이 잘 풀리는 것은 아니다. 하지만 헌신을 다하지 않으면 죽도 밥도 안 될 것은 뻔한 일이다.

앞서 살펴본 생활용품점 운영자와 클린트 허들의 접근법에는 상당한 차이가 있었고, 그 주된 차이는 마음자세에 있었다. 스스로가 예찬의 출발지점인 만큼 리더에게는 예찬을 시작할 확실한 동기가 있어야 한다. 리더가 신이 나서 예찬을 주도하지 않으면 사람들의 호응을 얻거나 참여를 유도할 수가 없다.

대대적으로 예찬할 생각이 아니라면 브랜드 스토리를 발굴해봐야 의미가 없다. 페라리를 가지고 있어도 직접 타보지 않으면 도로를 질주할 때의 희열을 느낄 수 없는 것과 마찬가지다. 브랜드 스토리를 예찬하면 단지 스토리만 소개할 수 있는 게 아니라 영향력 엔진을 가동해 스토리가 지닌 잠재력을 최대한 발휘할 수 있다. 이렇게 할 때 스토리와 그 의미 그리고 스토리가 대변하는 바에 대한 자부심과 흥분감, 열띤 호응을 불러일으킬 수 있다. 이런 의욕을 자극하는 것이 바로 CDM의 목표다.

브랜드 스토리에는 마케팅 메시지 이상의 의미가 있다는 사실을 조직의 전 구성원이 이해할 필요가 있다. 브랜드 스토리는 브랜드의 정체성이 무엇인지, 또 브랜드가 어떤 식으로 운영되며 어떤 경험을 제공하는지를 말해준다. 브랜드 스토리 개요를 제시하는 것은 색다른 판매제안을 하거나 직원들에게 사명선언문을 외우라고 시키는 것과는 다르다.

브랜드의 가장 감동적인 측면들을 부각시키는 종합적인 스토리를 제시하자. 이것이 핵심적인 브랜드 스토리를 중심으로 브랜드에 대한 기대를 설정하고, 브랜드의 참모습을 예찬하며, 참여를 유도하는 문화를 적극적으로 육성해나갈 방법이다.

직원이 자신들의 스토리에 공감하면 스스로 브랜드 예찬자가 될 뿐만 아니라 맡은 일에서도 발군의 실력을 발휘하게 된다.

존경받는 경영학자 짐 콜린스Jim Collins 스탠포드대 교수가 아마도 이런 특성을 가장 잘 표현한 사람이 아닐까 싶다. 그는 25년간 경영학 분야에 종사하며 조사한 우수한 리더들의 업무 스타일을 이렇게 평가했다. "내가 지금껏 연구한 훌륭한 리더들은 하나같이 자신들의 에너지와 열정을 외부로 발산했다. 그들은 스스로에게 매몰되지 않고 보다 높은 이상을 추구했다." 콜린스의 지적대로 사람들은 사적인 이익을 넘어 더 큰 대의를 추구하는 스토리에 공감하고 이에 참여할 때 숨겨진 잠재력을 십분 발휘할 수 있다.

브랜드 스토리 예찬은 직원들로부터 시작된다. 이들은 일상 속에서 브랜드를 대변하는 브랜드 예찬자들로, 최전선에서 세상과 접촉하며 세상과 조직 사이에 다리를 놓는다.

내부 직원들의 적극적인 브랜드 예찬은 기존고객들의 참여도와 충성도를 높이고, 좋은 평판을 형성해 인재와 신규고객을 유입시키며, 결과적으로 조직의 성과를 극대화하는 효과를 가져온다. 직원들이 공동의 목표에 무관심하거나 열의를 보이지 않으면 브랜드가 제공하는 경험의 질이 떨어지게 마련이다. 반대로 직원들이 긍정적인 태도와 강력한 추진력, 명확한 방향성으로 열과 성을 다해 열정의 파도를 일으키면 사람들이 너도나도 그 신나는 분위기에 동참할 마음을 품게 된다.

열의를 가지고 브랜드 스토리 예찬을 주도하면 영향력을 발휘하고 행동을 자극할 힘이 생긴다. 그러나 그런 힘을 얻으려면 지도부가 올인해야 한다. 최고의 리더들은 누구보다 앞장서서 예찬을 지휘한다. 그들은 뜻을 같이하는 직원들의 손을 잡고 조직의 전 구성원이 맡은 업무를 즐겁게 수행하고, 조직의 일원으로 더 큰 행복을 누리며, 개인적인 삶에서도 보람을 느끼도록 인도한다.

> **"좋은 리더는 사람들이 리더를 신뢰하게 하며**
> **훌륭한 리더는 사람들이 자기 자신을 신뢰하게 한다."**
>
> _ 엘리너 루스벨트 Eleanor Roosevelt

우유부단한 태도로는 마음을 움직이는 리더가 될 수 없다. 어떤 목표를 추구하기로 결정하고 나면 그 목표를 위해 매진하며 헌신을 다하자. 사람들 앞에서 강연을 하려고 하든, 어떤 대회에 참가하려고 하든, 브랜드 예찬자를 키우려고 하든, 지나치게 몸을 사리다가는 자신감이 떨어져 제대로 된 실력 발휘를 할 수가 없다.

태도는 (좋든 나쁘든) 순식간에 전염된다

리더가 헌신을 다하지 않으면 조직에 스토리를 전파하기 힘들다. 그러나 다른 핵심적인 직원이 결정적인 역할을 해주면 이런 상황에서도 스토리를 전파하고 예찬을 일으킬 수 있다. 어떤 경우에든 앞장서서 진두지휘를 하겠다고 마음을 먹었으면, 앞길에 놓인 장애물을 인정하고 해결방법을 강구한 뒤 스스로를 믿고 앞으로 나아가자.

몇 년 전 우리 가족은 테네시주 피전포지에 있는 한 친구의 산속 오두막으로 휴가를 다녀왔다. 그레이트스모키산맥의 절경을 처음 접한 우리는 다들 놀라움에 입이 떡 벌어졌다. 그 집은 리틀피전강이 휘돌아나가는 강굽이의 깊은 물웅덩이에서 8미터 높이로 우뚝 솟아올라 '정강이뼈'라는 별명으로 불리는 절벽 위에 자리하고 있었다.

아래로 내려다보이는 강물이 아름다웠지만 나는 다이빙에 취미가 없었다. 그런 모험을 할 만큼 젊은 나이도 아니었다. 여덟 살, 열한 살, 열세 살 난 세 아들들도 무모한 성격이 아니어서 절벽에서 뛰어내리고 싶어할 것 같지는 않았다. 아니, 절대 그럴 일이 없으리라 100프로 확신했다. 절벽 다이빙을 하려고 수십 년간 매년 정강이뼈를 찾아오는 사람들이 있다는 얘기는 들었지만 우리는 별 관심이 없었다.

휴가 사흘째 되는 날 우리 사부자는 강가로 산책을 나갔다. 돌아오는 길에 이웃집에서 잔디를 깎고 있던 남자가 우리를 보더니 잔디깎이 기계의 소음을 뚫고 큰소리로 물었다. "정강이뼈에서 다이빙 해봤어요?" 나도 큰소리로 대답했다. "아니요, 아직." 그러고는 계속 가던 길을 가려는데 그는 우리를 그대로 보내줄 생각이 없는지 잔디깎이 기계를 끄고 우리 쪽으로 걸어오며 말했다. "아직 안 해봤다니 무슨 말이에요?! 정강이뼈가 바로 저긴데요!" 나는 다이빙 지점이 정확히 어디인지도 잘 모른다고 해명했다. 그는 더 가까이 다가오며 말했다. "내가 아는 사람은 한 사람도 빠짐없이 다 저 절벽에서 다이빙을 했어요. 다들 엄청 재미있어 했고요." 이웃집 남자는 내친걸음으로 우리를 지나쳐 앞장서 갔다. "다이빙 지점이 어딘지 알려줄게요. 보아하니 댁은 생각이 없는 모양이지만."

얼떨결에 우리 사부자는 다 같이 그를 따라갔다. 처음 이야기를 나눈 곳에서 30미터쯤 가자 남자가 절벽 끄트머리의 다이빙 지점에서 걸음을 멈추었다. "여기에요." 세 아들 앞인지라 나는 뛰어야 하나 어쩌나 고민이 되었다. 절벽 가장자리에서 1미터 떨어진 곳까지 가보고는 내가 말했다. "얘들아, 뛰려면 못 뛸 건 없겠다."

문제는 내가 뛰어내릴 수 있을지의 여부를 고민해본 것이지 실제로 뛸 마음은 없었다는 것이다. 나는 다이빙을 하고 싶은 생각이 눈곱만큼도 없었다. 어쨌거나 이왕 그렇게 된 거 나는 신발을 벗고 절벽 끄트머리로 다가가 아래를 내려다보면서 뛰어내릴 용기를 짜내보려고 했다. 어렸을 때 수영장에서 다이빙대 끝으로 쭈뼛쭈뼛 발을 옮겨본 적이 있는 사람은 알 것이다. 그 오금 저리는 느낌을!

이도저도 못하고 망설이고 있던 차에 여덟 살 막내 코비Koby가 소리쳤다. "아빠, 저 할 수 있어요! 제가 해볼게요! 저 뛰어내릴래요!" 원래 과장이 심한 아이인지라 나는 코비의 말을 진지하게 받아들이지 않았다. 코비를 조용히 시키고 나는 다시 정신을 집중했다.

그렇게 한참을 아이들과 이웃집 남자가 숨죽이며 지켜보았지만 끝내 나는 뛰어내리지 못했다. "잠깐만 쉬었다가 다시 해볼게." 나는 뒤로 물러서며 멋쩍게 웃었다.

이웃은 나를 위로해주려 애썼다. "맞아요, 거기 서서 아래를 내려다보면 발밑이 까마득한 게 아찔하죠." 그의 위로에 오히려 나는 더 머쓱해졌다.

잠시 뒤 다시 절벽 끝에 어정쩡하게 서서 뛰어내릴 용기를 끌어모아보려 애쓰는데 코비가 다시 졸라대기 시작했다. "아빠, 제가 할게요. 하게 해주세요. 아빠, 아빠, 아빠……" 나는 정신을 집중해보려고 하다가 어차피 코비가 뛰어내리지 못할 거라는 생각에서 말했다. "그래, 코비. 그럼 한번 해봐라. 그리고……" 여기까지 말했을 때 벌써 아이는 그 조그만 발로 순식간에 절벽 끝으로 내달려 공중으로 몸을 던지고 없었다.

첫째와 둘째는 입을 쩍 벌린 채로 나를 바라보았다. 나 역시 어안이 벙벙했다. 조마조마한 마음으로 아이가 떨어진 지점을 찾으려 아래를 내려다보는데 코비의 머리가 수면 위로 퐁 튀어 올라왔다. 아이는 미소를 지으며 소리쳤다. "끝내줘요!" 이웃도 기뻐하며 한 마디 했다. "댁도 저렇게 하면 돼요!" 그 말에 나는 더 기분이 상했다.

둘째 아들 카일Kyle이 곧바로 셔츠를 벗어던졌다. "코비가 뛰었으니 저도 할래요!" 그러고는 눈 깜짝할 사이에 카일도 절벽 아래로 몸을 던졌다. 두 녀석이 아래에서 함께 깔깔대는 동안 맏아들 켈리 주니어Kelly Jr.가 말했다. "아빠, 아빠가 뛰시면 저도 뛸게요." 나는 여전히 뛰어내리고 싶지 않았지만 더이상은 별 도리가 없었다.

내가 먼저 뛰어내렸고 켈리도 뒤따라 뛰어내렸다. 사부자가 모두 난관을 극복한 것이다. 우리는 함께 기쁨을 만끽했다. 남은 휴가 사흘 동안 나는 몇 차례 더, 아이들은 수십 번을 더 절벽에서 뛰어내렸다.

그 절벽 위에서 나는 이런 교훈을 얻었다. **뭔가를 하려거든 스스로를 믿고 과감하게 필요한 노력을 기울여야 한다.**

여러 선택지들을 놓고 이리저리 가늠하느라 시간을 보내다가는 실패는 따 놓은 당상이다. 처음에 나는 끄트머리에 서서 강물을 내려다보며 한참 동안 그 상황을 분석하다가 그만 두려움에 휩싸이고 말았다. 그냥 뛰어내렸으면 될 일이었다.

이미 절벽 끝에 도달하기 전부터 나는 상황을 가늠해보고 있었다. 그곳은 안전해 보였고, 뛰어내리지 못할 이유가 없었다. 하지만 망설이는 사이 두려움과 의심이 내 행동을 가로막았다. 그날 나를 움직이고 행동하게 만든 리더는 내 아이들이었다.

물론 두려움 없는 태도가 무조건 좋다는 뜻은 아니다. 무모하게 사업을 추진하는 것 역시 위험할 수 있다. 미리 상황을 진단하고 정보에 의거해 결정을 내려야 한다. 하지만 준비가 되었다는 판단이 서면 반드시 행동에 옮겨야 한다. 스포츠 경기에서도 부상은 실전에서보다 그다지 격렬하지 않은 연습경기 중에 오히려 더 많이 발생한다. 경기에 자연스레 몰입이 안 되고 잡생각이 많아지기 때문이다.

대담함과 무모함은 다르다.

주위를 둘러보면 변화가 닥쳐올 때 두려움에 뒷걸음질 치는 사람들을 쉽게 찾아볼 수 있다. 그러나 그런 식으로 회피해서는 아무 일도 안 된다. 의미 있는 행동을 하려면 용기가 필요하다. 또 어떤 결정을 내릴 때마다 여러 선택지가 가져올 수 있는 결과를 하나하나 따져보느라 이러지도 저러지도 못하는 사람들이 있다. 이들은 겁에 질려 아무 결정도 내리지 못하는 상태가 되어 아주 간단한 행동조차도 취하지 못한다. 이런 현상을 가리켜 '분석마비Analysis Paralysis'라고 한다.

장애물을 헤쳐 나가지 못하면 조직 전반에 걸쳐 브랜드 예찬자를 육성하는 리더가 될 수 없다. 브랜드 예찬자들은 긍정적인 태도와 강한 추진력, 명확한 방향성에 반응하는 타고난 전투부대다.

- 두려움은 감정과 열정을 억눌러 태도에 영향을 미친다.
- 의심은 용기와 자신감을 꺾어 추진력에 영향을 미친다.
- 믿음이 부족하면 비전과 목적이 희미해져 방향성이 흔들린다.

우리는 부정적인 생각으로 의도치 않게 스스로의 날개를 꺾고 새로운 연결의 기회를 가로막곤 한다. 앞서 소개한 생활용품점 운영자도 자신의 부정적인 감정에 굴복해 직원들과 함께 전혀 새로운 차원의 성공을 경험할 기회를 놓치고 말았다. 이런 일은 비일비재하게 벌어진다.

살다보면 누구나 장애물을 만난다. 그러나 미리미리 계획을 세워두면 그럴 때마다 행동을 제약하는 감정들을 극복할 수 있다.

이런 감정들을 초월해 생각과 행동을 통제할 수 있을 때 자신감이 생기고 성공에 도달할 수 있다. 힘들더라도 이런 감정들을 지배하는 연습을 꾸준히 하면 자신감이 커지고 성공할 확률이 높아진다. 이 점을 이해하면 어떤 분야에서든 자신의 의지에 따라 인플루언서가 될 수 있다.

요약

- 단 한 명의 예찬자만 있어도 브랜드 예찬을 주도하며 크나큰 영향을 미칠 수 있다.
- 확신은 필수다. 우유부단한 태도로는 성공에 도달할 수 없다.
- 헌신을 다하지 않으면 실패는 따 놓은 당상이다.
- 분석마비에 걸리지 않도록 하라. 결심한 일은 과감히 실행하라.

예찬하라. 교육하라. 장악하라.

AFTERWORD

콘텐츠를 생성해 기업의 특색을 드러내고 홍보하는 일은 요즘 '가욋일'이 아니라 의무가 되었다. 어떤 사업체든 기성 경쟁사와 거대기업은 물론이고 이제는 핸디^{Handy}나 우버^{Uber} 같은 앱들의 공세에도 취약해졌다.

지도부나 인사과는 더이상 직원들이 스토리의 관람자 역할에 안주하도록 뒷짐지고 바라만 보아서는 안 된다. 이런 식의 안일한 관리감독은 직원들의 사기를 저하시킬 뿐만 아니라 스토리와의 연결고리를 찾는 데 애를 먹는 핵심인물들을 놓치게 될 위험도 초래한다. 지도부는 브랜드를 바라보는 사람들을 관람자에서 공감자로, 다시 예찬자로 변화시키는 데 콘텐츠 계획과 브랜드 예찬의 노력을 집중할 필요가 있다.

이런 변화의 단계들을 염두에 둘 때 기업들은 각 구성원의 현재 위치를 용이하게 파악하고 다음 단계로 진전시킬 기회를 모색할 수 있다.

- 관람자는 스토리를 접하고도 특별한 감흥을 느끼거나 행동에 나설 자극을 받지 못한 사람들이다. 이들은 주어진 업무만 수행할 뿐 자신이 스토리에서 어떤 역할을 할 수 있을지는 생각하지 않는다. 이런 사람들은 태도와 노력에 열의를 보이지 않으며 성과도 미미하다.
- 공감자는 자신의 역할을 이해한다. 이들은 회사가 자기 삶에 주는 가치를 알고 자신이 하는 업무의 타당성과 중요성을 인식한다. 업무는 충실히 완수하지만 회사와의 일체감을 느끼지는 못한다.
- 예찬자는 회사와 자신의 업무에 열정적이다. 이들은 조직을 신뢰하며 조직의 미래에 관심을 가진다. 이들의 조력과 참여는 회사를 성장시키고 사람들에게 영감을 주며 영향력을 확산시키는 데 귀중한 밑거름이 된다.

직원들을 다음 단계로 진전시키는 데 우선순위를 두자. 이들을 관람자의 위치에 머물도록 방치해놓고 문화를 정체시켜서는 안 된다. 직원들의 참여도와 공감도를 지속적으로 평가하자. 직원들이,

- 자신이 하는 일을 의미 있게 여기는가?
- 자기 일의 진가를 인정받고 있다고 느끼는가?
- 각자에게 적합한 방식으로 지원받고 있다고 느끼는가?
- 아이디어와 경험을 공유하도록 장려받고 있다고 느끼는가?

직원들에게 브랜드 스토리를 예찬할 마음이 우러나게 할 다채롭고

포용적인 문화를 개발하기 위해서는 성장과 참여를 유도할 방법을 찾아야 한다. 내부 직원들에게 그들이 지닌 영향력에 대해 교육하는 한편 그들이 조직에서 지니는 중요성을 알리는 데에도 혼신의 노력을 기울일 필요가 있다. 기업은 조직 안팎에서 이런 식의 관계가 증진될 수 있는 협력적인 환경을 만드는 데 힘써야 한다.

이제는 파티를 시작할 때

'팀에는 내가 없다'라는 말이 있다. 개인플레이를 하기보다 다른 사람들과 '일사불란하게 손발을 맞출 때' 더 큰일을 이룰 수 있다는 뜻이다. 스포츠의 경우에는 잘 들어맞는 말이다. 그러나 우리는 이런 생각을 탈피한 지 이미 오래다. 기업에서 시키는 대로 사명선언서나 줄줄 외고 있는 사람들만 있어서는 곤란하다. 훌륭한 기업과 위대한 문화는 개개인의 다양한 특성들이 어우러져 형성된다.

오늘날의 기업들에게 절실히 필요한 것은 직원들이 팀에서 개개인으로 협력하면서 저마다의 재능과 개성, 아이디어를 조직문화에 주입하는 풍토다. 개개인으로 협력한다는 의미는 각자의 개성과 관점을 그대로 가지고 마음 맞는 사람들과 브랜드 스토리 예찬에 동참한다는 뜻이다. 이렇게 할 때 각자가 최선의 모습으로 자의적인 선택에 의해 보다 큰 대의에 참여할 수 있다.

개개인으로 협력할 때는 본인의 의식적인 선택에 의해 스스로 앞길을 가로막는 장애물을 헤치고 과감하고도 당당하게 예찬에 동참하게 된다. 이런 식의 성장과 변화를 불러일으키고 싶다면 리더가 먼저 노력을 기울여야 한다. 리더가 먼저 스토리 속에서 자신의 역할에 주인의식을 가지고 솔선수범하는 모습으로 조직의 성공을 꾀해야 한다. 브랜드 예찬을 통해 조직이 더 많은 사

람들과 접촉해 변화를 유발하며 진정한 관계를 구축할 수 있게 하려면 이러한 노력이 필요하다.

두려움과 의심, 불신은 이런 변화를 일으키기에 리더로서 당신의 역량이 아직 부족하다거나, 예찬을 할 만큼 당신의 브랜드가 썩 특별하지 않다거나, 사람들이 당신의 이야기를 듣는 데 관심이 없을 거라는 생각에서 비롯된다. 그러나 그런 생각에 흔들려서는 안 된다. 인플루언서들을 움직이는 인플루언서가 되려면 의식적이고 단호한 결심으로 그런 생각들을 성찰하면서도 더 큰 목표를 추구해야 한다.

당신의 스토리는 예찬되어야 한다.

그런 믿음으로 기회가 올 때 확실히 붙잡아라.

오늘날에는 누구든 인플루언서가 될 수 있다. 사람들이 스스로의 의지와 열정, 목적을 가지고 예찬에 동참할 때 그 행위의 효과가 증폭되어 거대한 물결을 일으킬 수 있다. 이 책에 소개된 단계별 계획들이 그러한 물결을 일으키도록 도와줄 것이다. 그러려면 노력이 필요하지만 무엇이든 거저 되는 일은 없다. 이제는 열의를 가지고 행동에 나설 때다.

기회

브랜드 스토리 예찬에 나서려면 먼저 최상의 레이스를 펼칠 수 있도록 몇 가지 도구를 갖출 필요가 있다. 우선 다음의 2가지 교훈을 마음에 새기자.

1. 예찬에는 노력이 필요하다.
2. 노력한 만큼 보상이 따른다.

이 책에서 말한 전략과 솔루션을 실행하기 위해서는 어정쩡한 태도로 프로세스에 임해서는 안 된다. 원하는 결과를 얻으려면 총력을 기울여야 한다.

윌리엄 아서 워드William Arthur Ward는 "소심한 생각만큼 성취를 제한하는 것이 없으며, 자유로운 상상력만큼 가능성을 확대하는 것이 없다"고 말했다. 의심과 불신에 갇혀서는 상상력을 마음껏 발휘할 수가 없다. 먼저 스스로가 이런 생각에 갇혀 있지는 않은지 점검할 필요가 있다. 부족한 믿음은 불안감을 일으키고 정신을 어지럽히며 진전을 방해한다.

> 소심한 생각만큼 성취를 제한하는 것이 없으며, 자유로운 상상력만큼 가능성을 확대하는 것이 없다.

- 조직에서 변화를 주도하기에 당신의 역량이 부족하다는 두려움이 든다면 그와 관련된 내용을 적어라.
- 회사 내에 과연 팀정신이라는 것이 존재하는지 의심이 든다면 그와 관련된 내용을 적어라.

● 소셜미디어 활동으로 회사를 알리려는 노력이 시간낭비일 뿐 회사에 득이 될 것 같지 않다면 그와 관련된 내용을 적어라.

이런 감정들이 들 때는 외면하거나 저절로 사라지기를 기대하지 말고 그대로 인정하자. 의식적으로 하나하나 검토하면서 그런 감정들의 실체를 밝혀야 한다. 핑계를 대고 회피해버리면 애초에 실패할 일도 일어나지 않기 때문에 아예 시작도 하지 않고 포기하는 경우가 많다. 이럴 때 우리가 어떤 핑계를 대는지 인식하면 그런 감정들의 존재에 좀더 책임감을 가지고 보다 적극적으로 대응할 수 있다.

잠시 시간을 내어 어떤 두려움과 의심, 불신이 리더로서의 역량을 잠식하는지 적어보자.

나를 방해하는 달콤한 핑계들

1. _____

2. _____

3. _____

4. _____

5. _____

이렇게 달콤한 핑계들을 나열하다보면 자각이 생기고 두려움이 사라진다. 존재를 들키고 나면 이런 방해요소들은 지배력을 상실한다. 이제 각 문장을 검토하며 모든 핑곗거리를 떨치고 행동에 나설 수 있도록 계획을 세워보자. 안전지대를 벗어나 변명하지 않고 최선을 다하는 것만으로도 미미하게나마 진전이 있을 것이다. 이렇게 마음을 다잡으면 올바른 인식을 바탕으로 사리에 맞는 결정을 내릴 수 있다.

부정적인 생각들이 머릿속을 채우고 당신의 행동을 조종하도록 내버려둘 것인가, 아니면 이에 대항해 문제를 인식하고 성공의 길로 나아갈 것인가?

당신은 '큰 나'라는 인플루언서가 되기로 선택한 사람이므로 이런 장애물을 파악하고 나면 '큰 나'의 힘을 이용해서 그 장애물을 극복해야 한다. '큰 나의 선언'은 자신의 감정을 받아들이고 힘을 내어 영향력을 발휘할 능력을 키울 수 있는 방법이다. 이런 과정을 거치면 부정적인 감정을 잠재우고 필요한 일에 노력을 집중할 수 있다. 열정과 헌신, 책무를 다하는 인플루언서가 되겠다는 선언이 바로 이 '큰 나의 선언'이다.

상자 안에 핑계들을 물리칠 '큰 나의 선언문'을 작성해보자. 앞서 소개한 예문들을 다시 쓰면서 새로운 각오를 다져 봐도 좋다.

- 나는 내 행동의 주인이 되어 과감하게 변화를 주도할 것이다. 나는 말로만 변화를 얘기하지 않고 내가 회사에 보이는 태도와 가시적인 노력으로 날마다 이를 확실히 뒷받침할 것이다.
- 나는 팀정신이 하루아침에 구축될 수 없다는 걸 충분히 이해한다. 따라서 직원들을 지원하고 경험을 공유하며 그들의 참여를 예찬할 수 있는 기회를 다각도로 모색해 팀정신을 세우는 데 앞장설 것이다.
- 나는 소셜미디어 활동의 성공 여부가 사람들의 참여에 달려 있다는 걸 알고 있다. 그러므로 프로그램의 성공에 나 스스로 기여할

수 있는 방법들을 고민하고 배우는 한편 다른 사람들도 함께 참여시켜 프로그램을 지원할 것이다.

이런 선언문은 변명만 늘어놓던 나약한 마음가짐을 새롭게 전열을 가다듬고 '올인'할 수 있는 마음가짐으로 전환시켜준다. 이처럼 선언문을 작성하는 것만으로도 사고방식을 재편해 감정을 통제할 수가 있다.

선언문의 각 문장은 스스로에 대한 약속이자 다짐으로 기능하며 장애물을 극복하고 거리낌 없이 행동에 나설 동기를 심어줄 수 있어야 한다.

올인할 각오를 다져주는 선언들

1. _____

2. _____

3. _____

4. _____

5. _____

부정적인 감정들에서 헤어나면 홀가분한 마음가짐으로 CDM을 주도할 준비가 된다. 그런 다음엔 뒤를 돌아볼 필요가 없다. 두고 온 짐들은 새로운 여정에는 쓸모가 없으며, 거기에 미련을 두다가는 아무 것도 이룰 수 없다. 브랜드 예찬자들은 부정적인 감정에 휘둘리지 않으며, 예찬을 주도하기 위해 스스로의 생각을 통제하고 변화를 일으키며 최

고의 인플루언서로 거듭난다.

이런 프로세스를 따르는 리더들은 알아보기도 쉽고, 그들에게서 배움을 얻기는 더 쉽다. 이 책은 이런 원칙들을 당신의 삶에 적용할 수 있는 능력을 갖추어줄 뿐만 아니라 이런 특성을 지닌 사람을 알아보는 데에도 도움을 준다. 주위에서 일상적으로 배움을 얻을 수 있는 영향력 있는 브랜드 예찬자들을 찾아보자. 그들이 누구보다 중요한 인플루언서들이다. 그들은 긍정적인 방식으로 사람들을 인도하고 감명을 주며 솔선수범하는 모습으로 영향력을 발휘한다.

이 책에 소개된 모든 예시들에서 알 수 있듯이 용기 있게 나서서 진정성 있게 브랜드를 이끌어나가면 세상에 커다란 변화를 일으킬 수 있다. 끈기 있게 매달리기만 하면 된다. 나는 월트 디즈니의 만화영화 〈로빈슨 가족Meet the Robinsons〉을 무척 좋아하는데, 이 영화는 다름 아닌 월트 디즈니 본인의 생각을 중점적으로 다룬 작품이다. 그의 말에서 우리는 그가 성공의 조건으로 어떤 태도와 추진력, 방향성이 필요하다고 생각했는지를 엿볼 수 있다.

우리는 뒤를 돌아보느라 꾸물대지 않습니다.
계속 앞으로 나아가며 새로운 문을 열고 들어가
새로운 시도를 하지요……
호기심은 늘 우리를 새로운 길로 인도합니다.

로빈슨 가족이 입버릇처럼 쓰는 "계속 앞으로 나아가라Keep moving forward"라는 말은 이 가족의 문화를 짐작할 수 있게 하는 표현이자 이 영화의 중심주제다. 영화는 이 말을 통해 실수를 할 때도 실패를 딛고 계속 앞으로 나아가야 한다는 메시지를 전달한다. CDM도 이런 방식으로 작동한다. 즉, CDM은 적극적 기여와 지속적 학습, 긍정적 성장과 발전의 과정이다. 브랜드 스토리는 사람들의 참여를 통해서 성장하고 발전한다.

허튼소리는 삼가고 현실적인 태도로 공감대를 형성하자. 현실세계에서는 갖가지 난관과 차질이 발생하기 때문에, 스스로에게 진실해야만 이런 어려움을 헤쳐 나갈 수 있다. 스토리 개발과 추가, 스스로에 대한 정의, 브랜드 자산에 대한 예찬을 절대 멈추지 말자.

지속적인 발전 가능성의 여부는 누구에게나 있는 훌륭한 기회, 즉 자신이 갈 길을 직접 선택하고 자기만의 스토리를 만들어갈 자유를 활용하느냐 그렇지 않으냐에 달려있다. 남들이 뭐라고 하든 당신은 세상에 나서서 당신의 스토리를 예찬하는 '긍정적이고 강력하며 명확한®' 인플루언서가 될 수 있다. 누구에게나 이런 기회가 있다. 그 기회를 붙잡아 스스로에 대한 믿음을 가지고 계속 앞으로 나아가기만 하면 된다.

감사의 말

내 친구들은 지난 10년간 내가 이 책을 마무리하기까지 얼마나 애를 썼는지 잘 알고 있다. 나는 오랜 기간 집필에 공을 들였고 가족과 친구, 동료 들의 도움과 응원이 없었다면 아마 탈고를 하기 힘들었을 것이다.

먼저 내 아내 서맨사Samntha에게 고마움을 전하고 싶다. 아내는 내면과 외면이 모두 아름다운 사람일 뿐만 아니라 내가 본 누구보다 성실한 사람이다. 아내의 내조와 믿음은 이 책을 쓰는 동안 큰 힘이 되었으며, 우리가 함께 일궈온 사업과 삶은 매일 내게 기쁨을 주는 원천이다.

세 아들 켈리, 카일, 코비에게는 모두 끝내주게 멋진 녀석들이라고 말해주고 싶다. 아이들이 경영서에 수록된 이런 감사의 말을 볼 리가 있을까마는, 이번 기회를 빌려 아이들이 내게 얼마나 특별한 존재인지 꼭 말해주고 싶다. 이 보물 같은 아이들이 내게 온 것은 신의 축복이며, 내가 이 아이들의 아버지라는 사실이 매순간 감사하다. 아이들의 사랑과 웃음, 응원에 고마움을 전한다.

날 때부터 나는 교육자 집안에서 태어나는 행운을 얻었다. 부모님과 두 형까지 모두 교육학 박사학위 소지자인 터라 나는 가족들에게서 지혜를 빌리고 여러 가지 조언을 구할 수 있었다.

어릴 적부터 아버지가 소개해주신 리더십 관련 서적이나 전략계획 및 문화구축에 대한 설명은 꽤 흥미로웠다. 그 배움이 밑거름이 되어 내가 마케팅과 문화개발을 결합해 평생의 업으로 삼을 수 있었던 것이다. "일찍 일어나라" "허튼소리 하지 마라" "인생의 주인으로 당당히 세상에 나서라"는 가르침도 아버지에게서 받은 것이다.

어머니는 내게 심장과도 같은 존재다. 어머니는 내게 아낌없는 사랑을 주시고 예술적인 재능을 키워주셨을 뿐 아니라 가족에게 감사하는 마음도 갖게 해주셨다. 이런 가정에서 자랄 수 있었던 것은 크나큰 축복이 아닐 수 없으며, 나는 그 점을 무척 고맙게 생각한다.

우리 형들 같은 형제를 둔 것 역시 로또를 맞은 것이나 다름없다고 나는 늘 입버릇처럼 말하곤 한다. 오하이오주에서 어린 시절을 보낼 때 많은 사람들이 내게 말했다. 졸업생 대표에다 미식축구 주 대표선수, 레슬링 주 챔피언까지 지낸 형들이랑 부대끼고 사느라 힘들었겠다고 말이다. 하지만 나는 한 번도 그런 압박감을 느낀 적이 없다. 오히려 형들의 성취를 응원하고 그 발자취를 따라갈 수 있어서 영광이었다. 형들은 학문적으로나 운동 면에서나 그리고 직업적으로도 내게 나아갈 길을 제시해주는 내 인생 최고의 인플루언서들이었다.

운동을 하면서 만난 여러 코치님들과 팀원들도 내게 많은 영향을 주었다. 고등학교 시절의 존 크레이그John Craig 레슬링 코치님은 몇 가지 이유에서 내가 가장 좋아하는 분이다. 첫째, 크레이그 코치님은 내 인생을 변화시켜주셨다. 코치님의 지도로 나는 더 나은 선수가 되는 데,

그리고 보다 나은 사람이 되는 데 큰 도움을 받았다. 둘째, 크레이그 코치님은 말보다 행동이 중요하다는 사실을 가르쳐주셨다. 미식축구 코치님이 툭하면 레슬링으로 나를 이길 수 있다는 말씀을 하시기에 그 얘기를 전했더니 크레이그 코치님은 레슬링 연습시간 전에 그를 초대해 시범경기에서 자기 말을 증명해보일 수 있도록 해주셨다. 결과는 나의 완승이었다. 여러모로 크레이그 코치님께 감사드린다.

이 책에 소개된 사례들로부터 알 수 있듯이 나는 사업을 하면서 운 좋게도 많은 사람들로부터 배움을 얻었다.

초창기에는 카라펠로티^{Carapellotti} 가족과 밥 니커슨^{Bob Nickerson}, 마크 버치^{Mark Burch}, 페기 리치먼드^{Peggy Richmond}, 케니^{Kenny}와 페니 데이비스^{Penny Davis} 부부, 페리^{Perry}와 재닛 웨이드^{Janet Wade} 부부, 절친 마이크 올리버^{Mike Oliver}, 슈퍼볼 챔피언 알 젠킨스^{Al Jenkins}, 패리스 알라메^{Faris Alameh}, 안 그로스^{Ann Gross}, 그리고 빼놓을 수 없는 밥 클라인^{Bob Klein}을 비롯해 다수의 유력한 파트너들이 나를 믿고 신뢰하며 인내심을 가지고 프로세스에 참여해주었다.

이 책의 서두에서 나는 이 책을 브랜드스토리엑스퍼츠의 임직원들에게 바친다고 이야기한 바 있다. 그들과 함께 일할 수 있어서 즐거웠고 그들의 노고와 믿음, 뒷받침이 없었더라면 우리는 파트너들에게 성공과 행복을 안겨줄 수 없었을 것이다.

우리 브랜드스토리엑스퍼츠는 그동안 여러 훌륭하신 분들의 애정과 지도편달로 계속해서 나아갈 힘을 얻었다.

첫 고객으로 만난 제이미 디도메니코와의 파트너십은 대단히 성공적이었고, 그가 운영하는 쿨투데이는 문화개발 마케팅을 통해 성장했다. 그러나 그보다 더 값진 소득은 소중한 친구를 얻게 되었다는 것이다. 그는 참된 리더로서 사람들을 돌보며 그들의 성공을 돕기 위해 매진하는 모습으로 언제나 모범을 보이고 있다. 그는 나에게 너무나도 소중한 존재다.

우리 프로세스를 믿고 처음부터 적극적으로 참여해준 트래버 구비Trevor Gooby에게 고마움을 전한다. 그는 더없이 좋은 친구로 뉴욕에서 차에 치일 뻔한 나를 구해주었는가 하면 야구장에서 급작스레 출산을 하게 된 산모의 아기를 받은 일로 우리 회사에서 낸 첫 보도기사의 주인공이 되기도 했다. 이보다 더 좋은 관계가 어디 있겠는가?

2009년 이후 지금까지 서로에게 득이 되는 파트너십을 유지하고 있는 피츠버그 파이리츠에 감사한다. 우리는 굉장한 성과를 거두었고, 수차례 마케팅상 수상의 기쁨도 맛보았으며, 그들의 스토리를 예찬하는 일에 큰 즐거움을 느꼈다. 어릴 때부터 좋아하던 야구팀과 일할 기회를 누릴 수 있다는 사실에 고맙기 그지없다.

앤디 라이언Andy Ryan, 피터Peter와 체이옌 레비Cheyenne Levi 부부, 존John과 앤 젠나로Ann Gennaro 부부, 랜디 와들, 글렌 블러베, 레이첼 마드리갈Rachelle Madrigal, 제프 프두브닉Jeff Pdoobnik, 맷 모스Matt Morse, 리치 보그다Rich Bogda, 제프 밸러드Jeff Ballard, 존John과 재키 팬크러즈Jackie Pankraz 부부, 존John과 셰릴 디에츠Cheryl Dietz 부부, 탐 달Tom Doll, 탐 웰즈Tom Wells, 에릭 스완슨Eric Swanson, 니어링즈Neerings 가족, 헉스Hucks 가족, 맷 타이너Matt Tyner, 줄리 디도메니코Julie DiDomenico, 랜디 볼드윈Randy Baldwin에게도 감사인사를 전한다. 이들 덕분에 나는 일과 인생에 대해 많은 배움을 얻었다.

우리 프로세스를 믿어준 켄 헤인즈Ken Haines와 메건 맥낼리Meghann McNally, 앤디Andy와 트래비스 피어스필드Travis Piercefield 부부, 아트 래그스

데일Art Ragsdale, 렌치 그룹Wrench Group에게 특별히 감사드린다. 각자 자기 업계에서 세계 최고인 이들이 보내는 지지는 내게 큰 의미가 있다.

서비스타이탄Service Titan의 설립자인 아라 마데시안Ara Mahdessian과 바헤 쿠조얀Vahe Kuzoyan에게 고마움을 전한다. 나는 그들의 성장을 지켜보는 일이 즐거웠다. 우리는 창업한 지 얼마 안 된 그들을 쿨투데이 사무실에서 만났고, 그들이 개발한 소프트웨어 덕분에 쿨투데이에 훨씬 더 많은 도움을 줄 수 있었다. 우리의 활동과 행사들에 보내준 그들의 지원에 감사함을 느낀다. 그들의 소프트웨어는 매우 유용했고 우리는 환상적인 파트너였다.

넥스스타네트워크Nexstar Network의 지원에도 감사드린다. 이들은 우리와 비슷한 교육 집단으로, 수많은 기업주들과 직원들을 변화시키는 모습이 무척이나 감명 깊었다. 지난 10년간 이들과 교류하며 우리는 많이 배우고 성장했다.

아이펙iPEC의 조운 라이언Joan Ryan 대표이사와 코칭 커뮤니티에 고마움을 전한다. 그들의 프로그램은 문화개발 마케팅 프로세스를 구축하는 데 꼭 필요한 재료였다. 그들의 지도와 영감에 감사를 표한다. 또 아이펙의 강사로 내 평생의 친구가 된 셸비 힐Shelby Hill 박사를 알게 된 것도 행운이었다. 셸비의 통찰력과 혁신적인 리더십 개발방식은 대단히 인상 깊었을 뿐 아니라 이 책에서 내가 밝힌 여러 관점들을 형성하는 데에도 도움이 되었다.

출판업계 최고의 인사들과 협력하며 좋은 영향을 받을 수 있었던 것 역시 크나큰 축복이었다. 재닛 골드스타인Janet Goldstein과 엘리자벳 마셜Elizabeth Marshall 덕분에 나는 이 책을 쓰는 여정의 첫걸음을 뗄 수 있었다. 팸 슬림Pam Slim과 켈리 킹먼Kelly Kingman, 젠 레포Jen Repo와 에밀리 앤

젤Emily Angell은 이 책을 쓰는 내내 지원과 조언을 아끼지 않았다. 타드 새터스턴Todd Sattersten은 내가 포틀랜드를 방문했을 당시 큰 도움을 주었고, 이 프로젝트를 다른 시각에서 바라볼 수 있게 해주었다. 둘도 없는 친구 크리스 존슨Chris Johnson은 최종원고 작업에 큰 힘이 되었다. 그는 명석한 두뇌와 뜨거운 열정, 독특한 스타일로 소제목들과 전체 원고가 깔끔하게 정리되도록 도와주었다.

이 책의 발행인 로히트 바르가바Rohit Bhargava에게 무한한 감사를 드린다. 그는 대단한 혜안으로 이 프로젝트를 바라보며 내게 최고의 인재들을 연결시켜주었다. 차비 아르야 바르바가Chhavi Arya Bhargava와 마니 맥마혼Marnie McMahon, 허브 샤프너Herb Schaffner, 제스 테블로Jesse Tevelow, 샘 사르키시안Sam Sarkisian을 비롯해 광범위한 아이디어프레스Ideapress의 인맥과 함께할 수 있어서 다행이었다. 콘텐츠를 재구성하고 결승선에 도달할 수 있도록 이끌어준 그들에게 감사드린다.

마지막으로 디어드리 마든Dierdre Madden 교수님께 감사의 말씀을 드리고 싶다. 마든 교수님은 내가 졸업한 볼드윈월러스대학의 정보통신학과 학과장이셨다. 대학에 다니는 동안 나는 교수님의 강의를 여러 번 수강했다. 3학년 말에 내가 전공을 바꾸기로 결정한 것을 아시고는 교수님은 나에게 면담을 하러 오라고 전화를 하셨다.

면담 자리에서 교수님은 내가 마케팅과 정보통신에 상당히 재능이 있어 보이는데 전과를 한다는 소식에 깜짝 놀랐다고 말씀하셨다. 내가 우리 가족이 다들 교육 분야에 몸담고 있는지라 그쪽으로 진로를 변경하는 편이 안정적일 것 같다고 설명드리자 교수님은 나에게 당신의 아들 이야기를 들려주셨다. 교수님의 아들은 더 안전한 길로 가라는 교수님의 종용에도 불구하고 자신이 좋아하는 진로를 택했다고 했다. 교수님은 살짝 물기 어린 눈으로 지난날을 회상하며 그런 아들이 직업적으로 성공하고 행복하게 지내는 모습을 보면서 좋아하는 일을 할 때의 위력을 실감했다고 말씀하셨다.

나는 마든 교수님의 방을 나온 뒤 교육학과로의 전과를 취소하고 정보통신학과에 남았다. 그로부터 1년 뒤인 1994년에 졸업을 한 이후로 나는 마케팅/정보통신 분야에서 독보적인 길을 걸어왔으며 이 일을 하는 매 순간이 즐겁다.

마든 교수님은 당신 스스로 깊은 감명과 영향을 받았던 아들의 스토리를 예찬하며 그 속에 담긴 메시지를 내게 전해주셨고, 그 스토리는 내 인생을 바꾸었다. 교수님은 우리가 면담을 한 지 10년 뒤에 돌아가셨다. 그 면담이 나에게 얼마나 큰 의미가 있었는지 교수님께 말씀드릴 기회를 갖지는 못했지만, 이렇게 그 스토리를 전할 때마다 나는 그때 배운 교훈을 다시금 되새기게 된다. 교수님은 진정성 있고 진실된 마음을 공유할 때 우리 '모두가 인플루언서가 될 수 있음'을 몸소 보여주신 분이었다.

색인

인플루언서는 가까이에 있다

브랜드 스토리의 예찬자를 찾아라

초판인쇄 9월 21일
초판발행 9월 29일

지은이   캘리 키넌
옮긴이   최소영

책임편집 박영서
편집   심재헌 김승욱
디자인   최정윤 조아름
마케팅   황승현
브랜딩   함유지 함근아 김희숙 박민재 박진희 정승민
제작   강신은 김동욱 임현식

발행인   김승욱
펴낸곳   이콘출판(주)
출판등록 2003년 3월 12일 제406-2003-059호
주소   10881 경기도 파주시 회동길 455-3
전자우편 book@econbook.com
전화   031-8071-8677(편집부) 031-8071-8673(마케팅부)
팩스   031-8071-8672

ISBN 979-11-89318-35-2 03320

I